비전을
발견하고
디자인하라
VISION

도서출판 지·민

비전을
발견하고
디자인하라
VISION

발 행 2021년 11월 11일 초판 발행

지은이 이창현

발행인 이병렬

편 집 편집팀

표 지 이상희

전자책 편집팀

발행처 도서출판 지·민

등 록 2021-000056

주 소 서울시 마포구 양화로 56, 504호(서교동, 동양한강트레벨)

전 화 02-322-8317

팩 스 0303-3130-8317

이메일 jmbooks@jmbooks.kr

정 가 18,000원

ISBN 979-11-973902-2-7

Copyright© 이창현, 2021

비젼을 발견하고 디자인하라

VISION

인생을 바꾸는 열쇠!

비발디 연구소와 함께하는 '비전' 찾기 프로젝트!

도서출판 지·민

들어가면서

흔히 '꿈 Dream'과 '비전 Vision'은 같은 의미처럼 사용한다. 하지만, 두 단어는 조금은 다르다. '꿈'은 막연한 미래를 생각하는 바람이지만, '비전'은 구체적인 미래를 말한다. 비전의 어원은 '보다'를 뜻하는 Video 비디오에서 시작되었다. 비전은 '보이는 것'을 뜻하는 'View 뷰', '시각적인'을 뜻하는 'Visual 비주얼'과 같은 어원이다.

'꿈'은 눈에 보이지 않지만, '비전'은 눈으로 볼 수 있다. 비전은 꿈을 디자인하고 행동하여 업그레이드 한 것이다. 이렇게 '꿈'과 '비전'의 의미에서 차이가 있지만, 이 책에서는 '꿈'과 '비전'을 같은 의미로 사용할 것이다.

많은 사람은 꿈을 이루는 방법을 알지 못한다. '꿈은 있는데 어떻게 해야 할지, 무엇을 어디에서부터 시작해야 할까.'라며 답답해한다. 그렇게 막연한 생각을 반복할 뿐 어떻게 꿈을 이루어나가야 하는지는 모른다. 그래서 꿈을 꾸는 것조차 포기하기에 이른다.

그러나 꿈을 이룬 사람은 분명히 있다. 이들은 꿈을 어떻게 이룬 것일까? 순전히 운이 좋아서? 머리가 좋아서? 학력이 좋아서? 이룬 것은 아니다. 그들은 자신의 꿈을 이루는 방법을 찾았고, 실행했기 때문이다.

나는 20대에 꿈을 찾아 방황했다. 가수, 진행자, 개그맨 등 다양한 분야에 도전했다. 당시 마냥 열심히만 하면 성공하고 꿈도 이룰 수 있을 것으로 생각했다. 그러던 중 강사로서의 기회가 생겼다. 나는 강의하기 위해 많은 책을 찾아보고, 강의하던 도중 꿈을 현실로 만드는 방법을 알게 되었다.

알게 된 꿈을 현실로 만드는 방법을 나만의 방법으로 구성했다. 그 방법은 바로 '**비**전을 **발**견하고 **디**자인하라(이하 비·발·디)'였다. 나는 비·발·디를 통해 꿈의 방향을 발견했고, 더 선명하게 디자인 하고 행동했다.

20대에 무료 강의를 시작하면서 10년 뒤 '전국구 강사'가 되는 비전을 세웠다. 지금은 연 200회가 넘는 강의를 진행하는 전국구 강사가 되었다. 그리고 11년 동안 11권의 책을 쓴 작가가 되었다. 꾸준히 비·발·디한 덕분에 10년 전 내가 원했던 꿈을 이룰 수 있었다.

20대 중반, 당시 나는 비전을 이루는 방법을 제대로 알지 못했다. 하지만, 비전을 이루어가는 방법을 깨닫고 실행해 나가면서 내 인생 이 조금씩 바뀌어 가는 경험을 했다. 그 방법과 경험을 이 책을 통해 나누려고 한다.

비전이 없는 사람에게는 비전을 발견하기 위해

비전이 보이지 않는 사람에게는 비전을 디자인하기 위해

비전을 시작하려는 사람에게는 비전에 한 걸음 더 다가서도록 하기 위해

인생의 출발점은 바꿀 수 없지만, 도착점은 바꿀 수 있다. 신은
내 안에 '비전'이라는 씨앗을 심어놓았다. 이 씨앗을 '비·발·디'하여
당신의 비전이 현실이 되기를 진심으로 바란다.

2021년 늦가을
비발디 연구소에서

이창현

차례

세 번째   비전을 실행하라

네 번째   비전을 이루어라

#강점 #내_안에 #재능 #지식 #기술 #약점
#스위트스폿 #동경 #학습속도 #만족감
#다중지능 #싸이 #프레디머큐리 #미켈란젤로
#에너지

첫 번째

비전을 발견하라

정글에 가서 집을 짓는다는 가정 해 보자. 정글에 집터를 정했다면 무엇을 먼저 해야 할까? 어떤 집을 지을지 설계도 만드는 것을 떠올릴 것이다. 물론 설계도도 중요하다. 하지만 더 중요한 것이 있다. 바로 '재료'다.

재료에 따라 집을 짓는 설계도는 달라지기 때문이다. 북극에 가면 재료가 얼음이기 때문에 이글루 igloo를 짓는다. 나무가 많은 곳에는 통나무집, 돌이 많은 제주도라면 돌담집을 지을 수 있다. 집은 재료에 따라 설계도가 달라진다.

마찬가지로 비전도 디자인부터 하는 것이 아니라 내 재료를 찾아야 한다. 그런데 많은 사람이 자신의 재료를 찾지 못한다. 대부분 학교나 부모가 만들어 주는 설계도를 먼저 받는다.

"너는 선생님이 되어야 해! 경제적으로 안정되니까!"
"너는 의사가 되어야 해! 우리 집안에 의사 한 명은 있어야 하니까!"

자신의 생각과는 상관없이 자신의 재료와 관련 없는 설계도를 받는다. 이러한 설계도를 어릴 때부터 반복해서 들으며 주입되어 자신의 꿈으로 착각하게 된다. 그러다 막상 의사가 되어 병에 걸린 사람에게서 질병이 옮을까 두렵고, 비위도 약하다는 것을 알게 된다. 그제야 설계도가 자신에게 맞지 않는 것을 알게 된다.

부모나 선생님의 바람 때문에 법대를 들어가 사법시험을 준비하는 사람은 얼마나 많으며, 자신이 흥미를 느끼는 운동이나 노래를 하는 대신 '안정적인 월급쟁이'가 되려고 자기소개서를 쓰는 사람들 또한 흔히 볼 수 있다.

자신의 재료와 설계도가 맞지 않으면 그 일에 대한 즐거움, 보람, 희망이 적을 수밖에 없다. 여러 사람에게서 그 일을 하는 이유도 들어보면 돈이나 주변 사람의 기대 때문에 그 일을 하게 되는 경우가 많다.

내 지인 한 명도 자신의 재료에 맞지 않는 설계도를 제시받았다. 그는 초등학교 때부터 운동에 남다른 능력이 있었으며 축구, 농구 등 구기 종목뿐만 아니라 육상에서도 재능이 뛰어났다. 하지만, 집안 사정이 여의찮아 운동 대신 취업을 제안받았다. 그래서 실업계(전문계) 고등학교를 졸업한 뒤 지금까지 15년 동안 자신이 원치 않는 직장을 다니고 있다.

그는 아직도 '내가 만약 야구를 했더라면…' 이라는 생각을 하고 있다. 그는 '내가 돈만 생기면 당장 이 직업을 그만두겠다.'라며 불만스러운 직장생활을 하고 있다.

초등학교에서는 학생들에게 '장래 희망'이라는 빈칸은 주면서 그 빈칸을 찾는 방법에 대해서는 알려주지 않는다. 빈칸을 메워야 하기에 알고 있는 직업 중 가장 멋있는 '대통령'을 쓰거나 '의사', '판검사', '선생님'을 쓴다. 그러나 막상 멋있다고 생각하는 직업을 쓰고나면, 그렇게 되기 위해서는 어디서부터 시작해야 하는지 모른다.

초등학교 때는 우리나라를 대표하는 대통령으로 꿈이 시작된다. 시간이 지날수록 꿈의 포부는 조금씩 작아진다. 중학생이 되면 판검사 또는 의사로 줄었다가 고등학생이 되면 선생님, 간호사로 포부를 줄인다. 대학생이 되면 제일 안정적이고 결혼하기도 쉽다는 공무원 시험에 많이 도전한다.

도서관이나 학원가에는 공무원 시험을 치르기 위해 공부하는 취업준비생이 넘쳐난다. 공무원 시험은 46.4 대 1의 경쟁률 2020년 7급 공무원 시험로 낙타가 바늘구멍 통과하기만큼 어려운 것이 지금의 현실이다.

이렇듯 꿈이 자꾸 바뀌고 포부가 줄어드는 이유는 그 꿈이 진짜 내 꿈이 아니기 때문이다. 그 직업들은 빈칸을 채우기 위한 직업이었다. 게다가 그 꿈을 어떻게 이루는지 관심도 없다. 무작정 빈칸에 쓰는 것이 일반적이다. 나에게 맞는 꿈을 찾기보다 당시 유행하는 꿈, 부모님이나 선생님이 권유해 준 직업을 빈칸에 적는다.

대부분 사람은 불안한 미래에 대한 두려움을 가지게 된다. 그것을 대비하는 가장 안정적인 방법으로 '잘 알려진 직업', '누구나 아는 직장'을 선택한다. 이 직업은 자신과 맞지 않는다는 것을 경험한 뒤 늦게 알아차린다. 하지만 이미 사용한 돈과 시간 때문에 쉽사리 진짜 꿈을 향해 발걸음을 돌리지 못한다. 이렇게 일하면 스스로 재미가 없어 열정을 불러일으키지 못한다.

재료에 맞지 않는 설계도는 좋은 집을 지을 수 없다. 자신의 재능에 맞지 않는 꿈은 만족감이 줄어들기 마련이다.

벤저민 프랭클린 Benjamin Franklin은 "자신의 능력을 감추지 마라. 재능은 쓰라고 주어진 것이다. 그늘 속의 해시계가 무슨 소용이랴!"라는 말을 남겼다. 아무리 멋진 해시계라도 사용하지 않고 그늘에 두면 아무런 소용이 없다. '나'라는 사람도 마찬가지다. 자신의 능력을 찾아 사용하지 않고, 창고 안에서 내버려 두면 녹이 슬어버린다.

비전을 이루기 위해서는 먼저 자신에게 맞는 재료를 발견하는 것이 그 무엇보다도 첫 번째 해야 할 일이다. 자신을 제대로 바라봄으로써 나만의 비전을 발견하자.

강점으로 짓는 비전

한 기자가 어느 동네에 이사를 왔다. 기자의 양 옆집은 모두 아름다운 정원을 갖추고 있었다. 기자는 살면서 꾸준히 두 집 주인이 하는 행동을 보게 되었다. 왼쪽 집 주인은 자신의 정원을 가꾸기 위해서 일 년 내내 잡초를 뽑고, 가지치기하느라 늘 바빴다. 오른쪽 집 주인은 자신의 정원을 가꾸기는 했지만, 가끔 가지치기했고 나머지 날은 물만 주고, 자신의 정원에서 책을 읽고 편하게 정원을 즐기고 있었다. 그런데 기자는 두 정원이 모두 비슷하게 아름답다는 것을 알고 의문이 들었다.

"한 집은 매일 가꾸고, 다른 집은 잘 가꾸지 않는데, 왜 두 집 모두 정원이 비슷하게 보일까?"

기자는 궁금해서 정원에서 쉬고 있는 오른쪽 집 주인에게 물었다.

"제 왼쪽 집은 매일 열심히 잡초를 뽑느라 여념이 없는데, 이 집은 손질을 크게 하지 않는데도 이렇게 정원이 아름다운 이유가 무엇입니까?"

"건넛집 정원의 나무는 잡초에 약한 품종이고, 우리 집에 있는 나무는 잡초에 강한 품종입니다. 이 나무 주변에는 잡초가 잘 나지 않으니 굳이 잡초를 뽑을 필요가 없죠."

'강점'이라는 무한 자원

사막에서 아무것도 찾지 못한 사람은 사막에는 모래밖에 없다고 생각
했다. 그는 사막은 신이 버린 땅이라고 부정적인 생각을 했다. 또 다른
사람은 사막에서 유전을 발견해서 막대한 부자가 되었다. 그는 사막은
신이 내린 땅이라 생각하고 더 많은 재산을 모을 수 있었다. 사막은
겉으로 보았을 때는 아무것도 없어 보이지만, 사막 아래에는 막대한
자원이 묻혀있을 가능성이 크다.

사람도 사막과 마찬가지다. 겉으로 보면 평범해 보이고 특별한 능력은
없어 보이지만, 누구나 자신만의 고유한 능력이 묻혀있다. 그런데 누구는
이것을 사용해서 성공한다. 반대로 누구는 이것을 평생 묻어만 둔 채
살아간다.

비전을 이루기 위해서는 먼저 자신만의 자원을 발견해야 한다. 자신의
자원 중 핵심 요소는 '강점 Strength'이다. 강점이란 자신의 여러 가지
능력 중 다른 능력보다 더 뛰어나고, 더 빨리해 낼 수 있는 능력을 말한다.
강점을 잘 활용하면 다른 사람들과 다르게 차별화를 할 수 있다. 강점을
통해 더 빠르고, 더 쉽게 그 일을 한다. 게다가 돈도 더 잘 벌 수 있고,
더 즐겁고 더 행복하게 살아갈 수 있다.

강점은 타인과의 비교를 통해 찾을 수 있다. 오늘날은 무한 경쟁 시대
인 만큼 타인보다 잘하면 좋은 것이 사실이다. 만일 타인과의 비교를
통해 강점을 찾을 수 없다면, 자신 안에 있는 능력들을 서로 비교해

보면 된다. 예를 들면 글을 쓰는 나, 그림을 그리는 나, 사진을 찍는 나, 컴퓨터 프로그램을 다루는 나, 운동하는 나 등 여러 활동 능력을 비교하며 자신의 강점을 찾아내는 것이다.

땅속에 묻힌 기름이나 천연자원은 계속해서 사용하면 언젠가는 고갈된다. 하지만, 자신의 강점은 생을 마감하기 전까지 마르지 않고 계속 사용할 수 있는 무한한 자원이다. 자신의 강점은 비전을 이루기 위한 핵심 자원으로 활용할 수 있다.

뇌 전문 과학자들은 사람이 능력을 무한히 쓸 수 있는 이유를 알아냈다. 마커스 버킹엄은 『나를 가슴 뛰게 하는 에너지 강점』에서 다음과 같이 말했다.

"뇌에는 뇌세포인 뉴런을 연결해주는 시냅스가 있다. 시냅스는 뉴런을 연결해 소통하게 해주는 일종의 회로 역할을 한다. 시냅스는 인간이 태어나 세 살이 될 때까지 대략 만오천여 개의 접합을 통해 천억 개의 뉴런을 이어준다. 하지만 이때를 정점으로 시냅스는 급속히 연결을 해체하기 시작해서 열다섯 살이 지날 즈음이면 회로의 절반 이상이 끊어진다. 한 번 끊어졌던 것이 두 번 다시 맞붙는 일은 없다. 중요한 것은 연결을 유지하면서 가장 빈번하게 소통하는 회로이며 사람의 능력 및 특성으로 구현된다. 사람이 서로 남다른 것은 이런 회로의 차이 때문이다."

『나를 가슴 뛰게 하는 에너지 강점』 중에서;
마커스 버킹엄 지음/강주헌 옮김/위즈덤하우스

뇌 회로가 강점을 만들고, 더 빠르고 더 쉽게 일을 해낼 수 있게 한다. 강점은 끊임없이 계속할 수 있는 나만의 재료이다. 꿈을 이루고 싶다면, 최고의 자원인 강점을 활용하자.

강점은 내 발밑에 있다

그렇다면 강점은 어디 있을까? 사람들은 다른 사람의 강점은 쉽게 찾는다. 자신의 강점을 찾기보다는 그 사람처럼 되기를 바란다. 자신의 재료를 찾지 못하는 사람들은 주변에서 많은 사람이 가지는 직업을 선망의 대상으로 삼는다.

다음은 템플대학의 설립자 러셀 콘웰 Russell Conwell 목사의 저서인 『내 인생의 다이아몬드』의 일부이다.

고대 페르시아 시대, 인더스강에서 그리 멀지 않은 곳에 알리 하페드가 살고 있었다. 하페드는 농장을 갖고 열심히 일하며 살고 있었다. 어느 날, 동방의 현자라는 한 승려가 하페드를 찾아와 그에게 신이 만든 광물 중 구리보다 중요하고 은보다 멋지고 금보다 귀중한 것이 다이아몬드라는 이야기를 들려주었다.

다이아몬드를 듣게 된 하페드는 자신의 농장과 재산이 초라하게 느껴졌다. 하페드는 다이아몬드 광산을 찾기 위해 농장을 팔고 가진 돈을 긁어모은 뒤, 가족은 이웃에 맡기고 다이아몬드를 찾는 길을 떠났다.

그는 인근의 산과 중동은 물론, 유럽 전역을 돌아다녔다. 그러나 그는 다이아몬드 광산을 찾지 못했다. 돈이 모조리 떨어지자 그는 같이 다니던 사람들에게 버림받았다. 결국, 빈털터리가 된 그는 절망하였고 자신의 몸을 파도에 던져 다시는 이 세상으로 돌아오지 못했다.

한편, 하페드의 농장을 산 사람은 낙타에게 물을 먹이러 정원으로 나갔다. 그는 개울가의 하얀 모래땅에서 신비하게 반짝이는 검은 돌을 보았다. 검은 돌에서는 눈부실 만큼 영롱한 무지갯빛이 퍼져 나왔다. 주인은 그 돌이 신기해서 집으로 가져와 벽난로 선반 위에 올려놓고 한동안 잊고 지냈다.

며칠 뒤, 하페드에게 다이아몬드에 대해 알려준 승려가 농장을 다시 방문했다. 거실로 들어서는 순간 승려는 벽난로 선반 위에 반짝이는 물체를 보고는 깜짝 놀랐다.

"'하페드가 다이아몬드 광산을 찾아 돌아왔구나!"

그러나 승려는 현재의 농장 주인을 통해 자초지종을 듣고는 검은 돌이 다이아몬드가 확실하다고 알려주었다. 두 사람은 황급히 개울가로 달려가 하얀 모래땅을 맨손으로 파헤치기 시작했다. 그런데 세상에! 처음에 주운 것보다 훨씬 아름답고 값나가는 보석들이 계속 나오는 것이었다.

하페드는 자기 발밑은 살펴보지도 않은 채 다이아몬드를 찾아 미지의 세계로 떠났다. 다이아몬드는 자신에게 있었는데 그것을

알아채지 못한 것이다. 보석의 가치를 모르는 사람 눈에는 그저
평범한 돌에 지나지 않을 뿐이다.

『내 인생의 다이아몬드』 중에서;
러셀 콘웰 저/지소철 역/이코북

우리의 다이아몬드 광산도 멀리 있는 것이 아니라 내 발밑에 있다.
그러나 다이아몬드 광산은 굉장히 힘들고 어려운 일처럼 위장하고
있어 눈에 쉽사리 띄지 않는다.

비전의 재료는 멀리 있는 것이 아니다. 바로 내 안에, 내 발밑에 있다.

나의 스위트스폿은 어디인가

농구선수 마이클 조던 Michael Jordan 이야기다. 조던은 자신의 팀을 1991년부터 1993년까지 3회 연속 우승시켰다. 조던은 '농구 황제'라는 별명도 얻었다.

1994년, 조던은 갑자기 농구 은퇴를 선언했다. 조던은 1년 동안 마이너 리그 야구선수로 변신했다. 조던의 야구 성적은 썩 좋지 않았다. 신문은 '농구 황제'가 '야구 둔재'로 몰락했다는 기사를 내기에 이르렀다. 그의 타율은 0.202, 실책은 11번이나 되었다. 조던은 어린 시절 꿈이었던 야구선수에 도전했지만 몰락하고 말았다.

좌: https://hr.shoponline2021.net/category?name=michael%20jordan%20basketball
우: https://www.sabbathrecorder.com/wp-content/uploads/2013/06/p.27-michael-jordan-swing-CLR.jpg

1995년 조던은 다시 농구 코트로 복귀하여 1997년까지 세 시즌 연속 NBA 우승을 이루며 '농구 황제'의 부활을 알렸다. 조던에게 농구는 스위트스폿 Sweet Spot 즉, 강점이었다.

스위트스폿

자신의 강점을 기반으로 노력하면 일은 쉽고 빠르게 이루어진다. 야구나 골프 등의 스포츠에서도 스위트스폿을 잘 활용하는 선수가 좀 더 쉽게 승리한다. 스위트스폿 Sweet Spot은 골프채, 테니스 라켓, 야구 방망이 등으로 공을 칠 때 공이 가장 효과적으로 쳐지는 부분, 즉 많은 힘을 들이지 않고 원하는 방향으로 멀리 빠르게 날아가게 하는 최적의 점을 말한다.

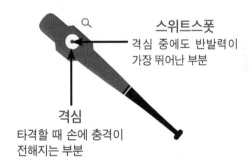

스위트스폿
격심 중에도 반발력이
가장 뛰어난 부분

격심
타격할 때 손에 충격이
전해지는 부분

야구에서 좋은 체격과 강한 힘을 갖춘 선수가 홈런을 많이 치는 것은 사실이다. 하지만 단순히 덩치가 크고 힘이 좋다고 해서 홈런을 많이 쳐낼 수 있는 것은 아니다. 홈런을 치기 위해서는 힘뿐만이 아니라 스위트스폿을 사용하는 기술도 필요하다. 홈런을 치려면 야구 방망이의 스위트스폿에 정확하게 공을 맞히는 능력이 필수다. 거포의 자질을 갖췄다는 선수가 실패하는 경우는 대개 정확도가 매우 떨어지거나 힘을 실어내는 기술이 부족해서, 즉 스위트스폿을 활용하지 못해서이다.

비전을 이룬 사람들은 자신의 강점에 시간과 노력을 쏟는다. 강점에 에너지를 투자하면 더 큰 결실을 얻을 수 있음을 알기 때문이다. 강점은 후천적인 노력으로도 발전될 수 있다. 하지만, 나는 노력만으로 강점으로 만들 수는 없다고 생각한다. 강점을 1점~10점으로 가정한다면, 노력으로는 2~3점 정도 상승할 수 있다.

예를 들어, 음악적 재능이 평균인 5점일 때 열심히 노력하면 7~8점까지 상승할 수 있다. 평생을 바친다면 8점까지는 어찌 될 수도 있다. 그러나 타고난 강점이 8점인 사람을 따라잡기란 쉽지 않다. 차라리 자신의 강점이 7점 이상인 분야에서 노력하면 최고의 자리에 올라가는 것이 그리 어려운 일만은 아닐 것이다.

손자병법에 나오는 '지피지기 백전불태 知彼知己 百戰不殆', '적을 알고 나를 알면 100번 싸워도 위태롭지 않다'라는 뜻이다. 꿈을 디자인하기 전에 먼저 나를 알아야 한다. 내 안에 있는 강점을 발견하는 것이 먼저다. 그리고 본격적인 꿈과 싸운다면 위태롭지 않다.

'한 우물을 파라'는 속담이 있다. 이 속담은 맞다. 하지만, 땅속에서 물길을 찾는 것이 먼저다. 물길을 찾은 뒤에 한 곳을 파는 것이다. 마찬가지로 자신의 강점이 무엇인지를 찾는 것이 먼저다. 그다음에 그것을 노력하고 성장시켜야 한다.

약점 위에 꿈을 짓는 것은 모래 위에 짓는 집과 같다. 스위트스폿은 쓰면 쓸수록 더 빠르고, 더 쉽게 되는 특징이 있다. '스위트스폿', 즉 강점은 비전을 이루기 위한 핵심적인 '열쇠'이다.

나의 스위트스폿은

나 또한 강점 영역과 약점 영역이 있다. 여느 남학생들처럼 학창 시절에 축구를 열심히 했다. 축구를 열심히 하면 반 대표는 할 수 있다고 생각했다. 하지만 축구를 하면 할수록 실력이 늘기보다 부상만 늘어갔다. 학교체육대회 경기를 준비하던 중 뼈에 금이 가는 상처를 입어, 결국 체육대회 날은 경기장조차 밟아보지 못했던 경험이 있다.

축구뿐만 아니라 농구, 야구, 달리기 등 모든 체육은 아무리 해도 실력은 늘지 않았다. 미술도 마찬가지였다. 그림에는 영 젬병이었다. 그러니 미술 시간은 늘 재미 없었다. 교과서에는 그 흔한 그림 낙서도 하나 없다. 지금도 사람을 그릴 때는 동그라미와 작대기 5번만 긋는다. '졸라맨'처럼 말이다. 더 상세하게 그림을 그렸다 가는 사람인지 동물인지 외계인인지도 구별할 수 없는 초현실주의 그림이 되고 만다.

하지만, 컴퓨터 영역은 달랐다. 컴퓨터 수업 시간은 선생님이 말씀이 끝나기도 무섭게 과제를 완수했다. 게다가 친구들에게 가르쳐주곤 했다. 가끔 컴퓨터가 고장 나면 수리 기사를 불렀다. 기사가 고치는 방법을 유심히 지켜본 뒤 고장이 나면 같은 방법으로 컴퓨터 고쳤다. 친구들 사이에 입소문이 나면서 친구들은 컴퓨터가 고장 나면 컴퓨터를 고쳐 달라는 요청을 해왔다.

지금도 주변에서 컴퓨터를 살 때 함께 가 달라거나 컴퓨터가 잘 안 된다며 어떻게 할지 묻는 전화를 자주 받는다. 그래서 대학교에서 컴퓨터 정보통신공학과를 전공했고, 성적 또한 노력에 비해 잘 나왔다고 생각한다. 컴퓨터 관련 일은 무의식적으로 빠르고 정확하게 해내는 신기한 능력을 갖추고 있다는 것을 알았다.

강사로서의 초창기 강의 주제도 컴퓨터 활용 분야인 파워포인트, 블로그였다. 파워포인트와 블로그, SNS를 주제로 여러 권의 책도 출간했다. 돌아보니 컴퓨터에 관한 일은 다른 일에 비해 힘들지도 않았고, 생각보다 잘 되었다. 게다가 주위에서 컴퓨터 재능을 알아주었다. 컴퓨터와 기계를 다루는 능력이 나의 스위트스폿, 즉 강점이었다.

약점은 관리하고,
강점은 활용하자

동물들이 모여서 세운 동물학교가 있었다. 이 학교는 수영, 달리기, 날기를 반드시 통과해야만 졸업할 수 있었다. 이 학교에 토끼, 붕어, 독수리, 오리가 입학했다. 토끼는 달리기를 잘했다. 하지만 수영에서 점수를 까먹는 바람에 수영 보충 수업을 받았다. 붕어는 수영은 1등이었지만 달리기에서 낙제했다. 독수리는 선생님이 독촉해도 날기 수업 외에는 도통 수업에 참여하지를 않았다. 결국, 자기 방식만 고집하다가 독수리는 학사 경고를 받았다. 결국, 최우수 졸업생은 오리였다. 수영, 달리기, 날기에서 최고 높은 점수를 얻지는 못했지만, 오리는 모두 할 수 있었다. 오리는 나머지 동물들이 평균 점수가 낮아서 최우수상이 된 것이다.

이 이야기는 교육학자 리브스 R.H Reeves의 동물학교 이야기를 각색한 것이다. 만약, 당신이 하늘을 나는 것을 배운다면 누구에게 배우고 싶은가? 최우수 졸업생인 오리에게 배우겠는가? 아니다. 하늘을 멋지게 날기를 원한다면 독수리에게 배울 것이다. 동물들은 각자 강점을 가지고 태어난다. 사람도 마찬가지로 개개인의 강점을 가지고 태어난다.

아인슈타인 Albert Einstein은 다음과 같이 말했다.

"성적에 연연하지 말고 성실히 공부하라. 낙제만 하지 않는다면,
모든 과목을 잘할 필요는 없다."

모든 것을 잘할 필요는 없다. 하지만, 자신이 잘하는 하나는 강점은
찾아야 한다. 어쩌면 동물학교의 예처럼 자신의 약점에 투자하고 있지
는 않은지 돌아볼 필요가 있다. 인생을 살 때, 강점을 기반으로 강점
중심으로 살 것인가? 약점만 보완하다 살 것인가?

약점보다 강점에 투자하라

강의 중 청중들에게 이렇게 질문을 했다.

"체육을 잘한다는 것은 재능일까요?"
"네."
"음악을 잘한다는 것은 재능일까요?"
"네."
"그렇다면 공부를 잘하는 것은 재능일까요?"
"……"

대부분 사람들은 공부에 대해서는 바로 대답하지 못했다. 상당수의
부모님과 선생님은 열심히 교육받으면 모든 아이가 시험을 잘 칠 수
있으며 공부를 잘할 것으로 생각한다.

예를 들어 한 초등학생의 성적표를 보자. '국어: 수, 영어: 수, 수학: 우, 과학: 수, 사회: 우, 가정: 양'이라는 성적표를 받아왔다. 부모는 아이의 성적표 중 '가정: 양'이라는 성적에 제일 먼저 눈이 간다. 그래서 잘한 과목에 대한 칭찬은커녕 잘하지 못한 과목에 집중하지 못한 것을 탓하고 꾸중한다. 학교에서도 가정에서도 약점을 보면 보완하는 것이 일반적이다.

예전에 기업에서는 사람은 교육만 충분히 받으면 분야를 막론하고 유능해질 수 있고, 모든 사람의 성장 가능성은 그들의 약점을 개선하는 데 있다는 믿음을 가졌다. 이러한 믿음을 바탕으로 기업들은 높은 학력과 좋은 스펙 Spec을 지닌 사람을 뽑았다. 그들이 어떤 재능을 지녔는지는 상관없이 그들을 교육하여 회사에 맞는 인재로 만들고자 하는 것이다. 이렇게 뽑힌 인재 중 회사가 기대하는 만큼의 실적을 올리는 경우는 전체의 20%를 넘지 못한다. 나머지 80%는 취약한 부분을 개선하기 위해 다시 교육이 이루어지지만, 만족할 만한 결과를 올리기는 쉽지 않다.

기업만 그러한 게 아니다. 사람들도 강점보다는 약점을 보완하면 더 성과가 난다고 생각한다. 게다가 강점은 숨겨져 있고, 약점은 드러나 있어 더 쉽게 보이기 때문에 약점에 집중한다.

전문가들 또한 약점에 집착하는 태도를 보인다. 전문가들은 약점 지향적인 연구에 더 중점을 두고 실험을 한다. 미국 심리학회 회장을 역임한 긍정심리학자인 마틴 셀리그먼 Martin Seligman 교수는 다음과 같이 말했다.

"그동안 학자들이 내놓은 논문들을 분석했습니다. 그중 우울증에 대한 연구 논문이 약 4만 건이었지요. 반면에 기쁨, 행복, 성취 같은 것에 대한 논문은 겨우 40건 정도였습니다."

전문가들도 약점에 더 많은 관심을 두고 있으며 약점에 투자하면 더 좋은 능력을 발휘할 수 있다고 생각한 것이다.

사업체를 운영하는 한 지인은 대중 연설에 울렁증이 있었다. 3년 전만 해도 그는 대중 앞에 서면 몸을 심하게 떨고 눈을 고정하지 못하고 손발을 어디에 둘지 몰라 안절부절못했다. 3년 동안 그는 스피치 Speech 에 관련된 교육을 받았고 이전과는 많이 달라졌다. 하지만 강사로는 아직도 많이 부족한 느낌이었다. 그에게 물었다.

나: "아직도 강의할 때 많이 떨리세요?"
지인: "네, 여전히 떨립니다."
나: "사업하실 때, 대중 연설을 할 기회가 많으세요?"
지인: "일 년에 두세 번 정도 됩니다."
나: "사장님이 직접 대중 연설을 하지 않으셔도 됩니까?"
지인: "제가 하면 좋겠지만, 다른 직원이 해도 됩니다."
나: "그렇다면 다른 사람에게 위임하세요. 그리고 사장님이 잘하시는 사업에 좀 더 시간을 투자하십시오."

그가 대중 연설을 좀 더 잘하면 좋겠지만, 그것을 잘하고 못하고는 그의 성장 가능성과 큰 관련이 없다. 그는 사업에 필요한 창의적인 아이디어를 끊임없이 내놓는 능력이 있었다. 그는 직원들과의 원만한 소통과 계발에 집중하여 더 큰 성장을 했다.

사람들은 교육과 노력을 통해 약점을 보완해서 강점으로 바꿀 수 있다고 생각한다. 말을 잘 못 하는 이는 스피치 학원에 다니고, 음치는 노래 학원에 다닌다. 성과가 가장 약한 일에 가장 많은 시간과 자원을 투자하는 것이다. 약점은 아무리 개선해도 타고난 본질을 앞설 수 없으며, 엄청난 노력을 기울여도 강점이 되기 어렵다. 약점으로는 결코 최고 수준까지 성장할 수 없다.

이제부터 자신의 강점을 찾아 그 강점에 투자해보자. 약점보다는 강점에 투자했을 때 성장세가 뚜렷하게 보일 것이다. 강점을 발견하고 집중적으로 배우고 활용하면 타인과의 차별화가 가능하다. 강점에 투자함으로써 더 큰 성장을 이룰 수 있다. 게다가 강점인 부분에서는 실패해도 더 쉽게, 더 빨리 다시 일어날 수 있다. 약점을 보완하는 데 집중되었던 관심을 강점을 찾아내고 발전시키는 데 쏟아야 한다.

남다른 성공을 이뤄내고 지속해서 성공 가도를 달리는 기업을 분석한 결과, 그들은 다음 두 가지 원칙을 기초로 인사 정책을 시행하고 있었다.

- 모든 사람에게는 자신만의 독특한 강점과 약점이 있다. 이것은 거의 변하지 않는다.
- 모든 사람의 가장 큰 성장 가능성은 그들의 강점에서 비롯된다.

성공 가도를 달리는 기업의 중간관리자들은 부하 직원들의 약점을 파악하기보다 강점을 먼저 찾아냈다. 그리고 약점을 개선하는 교육보다는 강점에 맞는 적재적소 適材適所에 배치하는 데 역점을 두었다. 이러한 방법이 기업의 높은 성과를 가져다준 비결이다. 그렇다고 약점을 무작정 내버려 두고 강점에만 집중하라는 것은 아니다. 강점은 최대한 활용하고 약점은 관리하는 것이 포인트 Point이다.

강점을 최대한 활용하고 약점을 관리하라

골프 천재 타이거 우즈 Tiger Woods의 강점은 롱 게임 Long game; 긴 아이언과 우드 클럽으로 샷을 사용하는 원거리 플레이과 퍼팅 그린 위에서 컵을 향하여 공을 치는 기술이다. 타이거 우즈의 단점은 벙커에서 칩샷 Chip Shot; 그린 주위에서 공을 낮게 굴려서 홀에 접근시키는 어프로치 샷으로 다른 기술에 비해 불안정하며, 샌드 세이브율 Sand Saves; 한 번의 퍼팅으로 벙커를 빠져나올 확률은 PGA 투어에서 하위권에 가깝다고 한다.

상식적으로 약점인 칩샷에 더 많은 연습을 해야지만, 타이거 우즈는 약점이 아니라 강점에 더 집중했다. 칩샷은 장애가 되지 않을 정도로만 보완하려고 노력하며, 강점인 드라이브 장거리와 퍼팅을 더 완벽하고 정교하게 만드는 데 투자했다.

마이크로소프트 Microsoft의 빌 게이츠 Bill Gates는 창의적인 아이디어를 생각해내고 사용하기 쉬운 소프트웨어를 개발하는 것에 천부적인 강점이 있다. 반면 법적·상업적 공격에 대응하는 능력은 상대적으로 뛰어나지 않다.

빌 게이츠는 자신의 단점을 보완하기 위해 스티브 발머 Steve Ballmer를 경영 파트너로 선택했다. 하버드 대학교에서 경제학을 전공한 스티브 발머는 빌 게이츠가 약점인 경영 및 상업적 법률 부문을 보완해주었다. 이로써 빌 게이츠는 자신이 강한 개발 분야에 더 많은 시간을 투자할 수 있었고, 마이크로소프트사는 세계 최고의 기업으로 성장했다.

타이거 우즈와 빌 게이츠는 자신의 약점은 관리하고 강점은 더 집중하여 활용했다. 강점을 더 많이 활용함에 따라 그들은 자신만의 분야에서 두각을 나타낼 수 있었다. 그들처럼 강점을 최대한 활용하고 약점을 관리하자.

나는 공부 머리가 아닌 무대 체질

내 형은 학창 시절에 시험만 쳤다 하면 전교에서 다섯 손가락 안에 드는 우등생이었다. 나는 형의 재능이 무척 부러워 공부하면 형처럼 될 수 있다고 생각했다. 형이 도서관을 가면 따라서 가고, 형이 밤을 새우면 함께 옆에서 밤을 지새웠다. 처음에는 성적이 올랐다. 반에서 30등 하던 성적은 15등까지 올랐다.

하지만 내 성적은 거기까지였다. 형처럼 공부하고 문제집을 풀었지만, 내 머리는 '공부 머리'는 아니었다. 정말 학교 공부는 힘들고 재미없었고, 하면 할수록 힘이 빠졌다. 게다가 어휘력과 암기력, 미술과 체육 실기는 노력만으로는 해결되지 않았다. 하지만, 형을 앞서는 것이 하나 있었다. 바로 사람들 앞에서 오르는 무대에서였다. 많은 사람 앞에서 노래를 부를 때면 나는 형처럼 떨기는커녕 무척 즐거웠다. 무대에서 내려왔을 때 형은 나에게 물었다.

> 형: "이렇게 많은 사람 앞에서 노래를 부르는데 떨리지도 않아?"
> 나: "아니 떨리기는 설레는 데 그냥 재미있어!"
> 형: "나는 무대에 올라가면 떨려서 아무것도 안 되던데, 넌 더 흥이 나는 걸 보고 깜짝 놀랐어. 대단해!"
> 나: "뭘, 이쯤이야. 몸이 자동으로 반응하던데!"

그랬다. 무대 위에 올라 노래를 하거나 행사 진행이나 강의할 때는 특별한 노력을 하지 않아도 이상하게 잘 됐다. 나는 이러한 무대 체질을 바탕으로 청중 앞에 서는 레크리에이션 MC가 되었고, 또 이를 바탕으로 사람들에게 동기부여 하는 강사가 되었다.

강점은
재능·지식·기술의 조합

사람은 누구나 자신만의 강점이 있다. 하지만, 그 강점은 하루아침에
만들어지지 않고 100% 타고났다고도 할 수 없다. 강점의 구성요소를
알면 강점을 찾기 쉽고 노력에 의해 더 좋아지게 마련이다.

강점은 어떻게 구성되어 있을까? 강점은 재능·지식·기술의 조합이다.
세 가지 중 가장 중요한 것이 재능이다. 그러나 아무리 좋은 재능이
있어도 그것에 대한 지식을 배우지 않고 기술을 익히지 않으면 심지
없는 양초에 불과하다.

지금부터 강점을 이루고 있는 세 가지 요소인 재능·지식·기술에 대해
상세히 알아보자

재능은 강점의 기본요소

강점의 첫 번째 요소는 재능 Talent이다. 재능은 어떤 일을 하는 무의식적인 재주와 능력이다. 여기에서 주목해야 할 점은 '무의식적'이라는 것이다. 무엇을 이루는 과정에서 아주 작은 에너지로 자신도 모르게 그것을 해내는 능력이다. 즉, 재능은 태어날 때부터 내 안에 있는 씨앗이다.

낯선 사람과 처음 만났지만, 쉽게 말을 붙이고 친해질 수 있는 능력도 재능이다. 이런 기질은 지식을 습득하고 기술을 익힘으로써 조금은 향상될 수 있지만, 선천적으로 타고난 사람을 따라잡기란 쉽지 않다.

예전에 TV에서 방영되었던, 드라마 「대장금」에서 최고상궁이 생각시들에게 여러 재료가 섞인 음식을 맛보게 하고는 그 재료를 물어본다. 많은 생각시가 '설탕'이라고 대답했지만, 어린 장금은 '홍시'라고 말한다. 어찌해서 홍시라고 생각하느냐는 최고상궁의 물음에, 장금은 다음과 같이 대답한다.

> "홍시 맛이 나서 홍시라 하였는데 어찌 홍시라 생각했느냐 하시면…, 그냥 홍시 맛이 나서 홍시라 생각한 것 이온데…"

어린 장금은 선천적으로 절대 미각의 소유자였다. 이처럼 재능은 애써 생각하거나 강제적으로 발현되는 것이 아니라 자연스럽고 무의식적으로 발휘된다.

지식은 강점을 다진다

강점의 두 번째 요소는 지식 Knowledge이다. 지식은 학습이나 경험을 통해 얻은 교훈과 깨달음이다. 지식은 책이나 인터넷 등 간접 경험으로 배울 수 있으며 학교나 사회생활 등의 직접 경험을 통해서도 익힐 수 있다. 지식을 습득함으로써 재능을 더 성장시킬 수 있다.

지식은 "사실에 입각한 지식"과 "경험으로 습득한 지식"이 있다.

"사실에 입각한 지식"은 책, 수업(강의), TV, 인터넷 등을 통해 이루어진다. 예를 들어 미술에 아무리 재능과 기술이 뛰어나더라도 빨간색과 파란색이 만나면 보라색이 된다는 지식이 없으면 뛰어난 화가가 될 수 없다. 마찬가지로 붉은빛과 파란빛이 합쳐지면 분홍색이 된다는 지식을 모르면 조명 디자인은 하기 힘들다. 따라서 미술에 대한 강점을 갖추기 위해서는 색상에 대한 기본 지식을 갖추지 않으면 안 되는 것이다.

"경험으로 습득한 지식"은 직접 몸으로 체험한 지식이다. 자신이 직접 그 일을 하면서 스스로 훈련하고 배우고, 시행착오를 겪으면서 습득할 수 있다. 예를 들어 자전거를 배울 때 넘어지는 경험을 반복함으로써 '이렇게 하면 넘어지는구나! 이렇게 하면 되겠지!' 하며 체험으로 익히는 지식이다.

경험으로 습득한 지식은 사실에 입각한 지식에 비해 습득하는 데 시간이 오래 걸리고 더 많은 환경과 자원이 필요한 경우가 많다. 하지만,

경험으로 습득한 지식은 한번 습득하면 오랫동안 사용하지 않은 채 시간이 지나도 다시 사용할 수 있다. 이론적인 기억보다 체험을 통해 경험으로 습득한 지식은 더 오래 기억된다. 예전에 경험으로 익힌 자전거타기는 몇 년의 시간이 지나도 다시 쉽게 탈 수 있는 것도 이 때문이다.

경험으로 습득한 지식이 사실에 입각한 지식보다 더 좋은 강점이 된다. 하지만 경험적 지식은 다양한 경험을 하는 데 시간적, 공간적 한계가 있다. 그래서 사실에 입각한 지식과 경험적 지식을 적절한 비율로 함께 익히는 것이 중요하다.

기술은 강점의 속도를 더 한다

강점의 세 번째 요소인 기술 Skill은 많은 사람의 경험을 통해 얻은 지식을 체계적으로 만들어 놓은 것이다. 말하기 기술, 주식투자 기술, 심지어 연애 기술 등 지식을 체계적으로 정리해 놓은 많은 기술이 그것이다. 기술은 지식보다 더 빨리 실생활에 적용할 수 있다. 기술을 익히면 좀 더 쉽고 빠르게 성장할 수 있다.

나는 얼마 전 '크리스토퍼 리더십 코스'를 수료했다. 이 코스는 내면의 자신감과 적극적인 태도를 개발해 리더십과 효과적인 의사소통 기술을 알려준다. 10주 과정의 교육 내용 중 하나인 대중 연설 기술은 다음과 같다.

첫 번째

- **주의 끌기**: 청중의 주의를 집중시킨다.
- **요점**   : 자신의 메시지를 말한다.
- **사례**   : 증거로 요점을 뒷받침한다.
- **마무리**   : 청중의 마음에 메시지를 남긴다.

각 기술의 앞 글자만을 따서 '주요사마'라고 하는데, 대중 앞에서 말하기를 주저하던 사람들은 이 기술을 접목하여 발표에 도전했다. 처음에는 횡설수설했던 사람들이 이 기술을 사용해 체계적이고 조직적인 말하기가 가능해졌다. 그들은 좀 더 쉽게 남들 앞에서 전달력이 좋은 연설을 하게 되었고 더불어 자신감도 향상되었다.

이처럼 기술을 익히면 시행착오를 줄일 수 있고, 실전에 바로 적용할 수 있다. 이런 기술을 자신이 직접 만들기에는 많은 시간과 노력이 필요하다. 그러므로 많은 경험과 시간으로 만들어진 기술을 배워 능률을 더 높이는 게 좋다. 세일즈, 재테크, 비행, 운전, 의료, 컴퓨터, 스피치, 리더십 등 다양한 분야의 관련된 모든 기술을 배우고 연마할수록 강점은 강해진다.

예를 들어, 인적 네트워크 구성 능력이 뛰어난 사람을 살펴보자. 이 사람은 처음 보는 사람과 쉽게 친해지는 재능이 있고, 사람의 행동을 읽는 심리학을 책과 강의를 통해 공부했다. 그는 인터넷 및 스마트 폰 SNS 모임을 운영하는 기술을 배워 친해진 사람들과 온라인 커뮤니티를 구축했다. 그는 자신의 재능과 지식, 기술로 많은 사람을 연결해주는 일을 한다. 즉, 자신의 강점을 통해 자신의 비전을 만들어가고 있다.

이 사람의 강점을 간략하게 구성하면 다음과 같다.

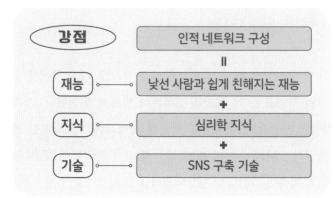

강점을 구성하는 재능·지식·기술의 세 가지 요소를 조합하여 자신의
강점을 키워보자.

동경하는
사람과 일은 무엇인가

자신이 재능을 지녔는지를 찾기 위해서는, 어떤 상황에서 행동하는 무의식적 반응 및 행동을 잘 살펴야 한다. 자신도 모르게 나오는 자연스러운 반응은 재능을 찾는 가장 좋은 실마리이다. 예를 들어, 운동할 때 특별히 배우지도 않은 동작이 자연스럽게 나오는 경우도 있다. 무대에 올랐을 때 무의식적으로 즐기는 경우도 있다. 어떤 상황이 발생 되었을 때 그 사람의 능력을 잘 살피면 재능의 실마리를 찾을 수 있다.

조금 더 구체적인 재능을 찾게 하는 세 가지 실마리가 있다. 그것은 동경, 학습 속도, 만족감이다. 세 가지 실마리 중 먼저 동경에 대해서 알아보자.

재능은 동경에 끌린다

동경 Yearning은 재능을 찾을 수 있는 첫 번째 실마리이다. 동경은 무엇인가를 간절히 그리워하고 그것만 생각하고 그것을 닮아가려고 하는 것이다. 동경은 무의식적으로 발생한다.

동경의 대상은 크게 두 가지로 나눌 수 있다.

하나, 사람에 대한 동경   Want to be - 누구처럼 되고 싶다.
둘, 일에 대한 동경   Want to do - 그런 일을 하고 싶다.

사람에 대한 동경은 어떤 사람에게 끌리는 울림이다. 이러한 울림을 통해 동경의 대상이 하는 행동을 유심히 관찰하게 된다. 반복적으로 행동을 관찰하면서 계속 따라 하게 된다. 따라 하는 행동이 반복되어 습관이 되며 가치관에도 영향을 미친다.

사람에 대한 동경은 그 사람처럼 되고 싶은 마음이 강하기에 그의 행동, 타는 차, 사는 집, 입는 옷, 말하는 억양, 하는 일 등을 모두 동경한다. 유명한 스타를 광고에 등장시키는 이유는 사람들이 그 스타를 모방하려고 하는 마음을 자극하기 위해서이다.

사람에 대한 동경 중 대표적 대상이 바로 부모다. 아이는 부모를 동경하며 자란다. 특히 영유아 3세 미만의 어린이에게 부모는 신적 존재이다. 부모가 돌봐주지 않으면 아이는 살아갈 수 없기 때문이다. 아이들에게는 부모가 무의식적인 첫 번째 동경의 대상이기에 부모의 행동을 관찰한 뒤 그대로 따라 하려고 노력한다.

부모를 동경하는 동시에 부모의 직업까지 대물림한 대표적인 부자지간으로 차범근 - 차두리(축구), 태진아 - 이루(가수), 김용건 - 하정우 - 차현우(연기), 신웅 - 신유(트로트), 박노식 - 박준규(연기), 무하마드 알리 - 라일라알리(권투선수) 등이 있다.

내 아버지는 전자 회사에 다니는 기술자였다. 동네에서 전자제품이 고장 나면 우리 집으로 들고 왔다. 아버지는 쉬는 날이면 전자제품을 분해해서 전자회로 기판을 고치곤 했다. 나는 그 모습을 보며 자랐다. 그래서인지 나도 모르게 컴퓨터를 분해하고 조립하는 일이 재미있고 즐거웠다. 고등학생 때 친구들의 고장 난 컴퓨터들이 내 방에 모인 것도 아버지의 영향이다.

여기에서 이상한 점은, 아이들이 부모의 직업을 꿈꾸는 것을 알게 되었을 때의 부모의 반응이다. 대부분 부모는 자식이 자신과 같은 일을 하는 것에 대해서는 반대한다. 왜냐하면, 부모가 자신의 일에서 힘든 과정을 겪어봤기 때문이다. 하지만 아이들은 부모의 반대를 무릅쓰고 그 일에 대해 끊임없이 동경하고 도전한다.

무하마드 알리는 자신의 딸 라일라 알리가 권투선수가 되겠다고 하자 극심히 반대했다. 아버지 알리는 링 위에서의 강한 상대는 쓰러뜨렸지만, 딸의 강한 의지는 쓰러뜨리지 못했다. 라일라 알리는 아버지의 반대를 이겨내고 여자복싱 챔피언이 되었다. 그녀는 아버지의 모습을 보며 권투를 동경했고, 마침내 그녀도 아버지와 같은 권투 선수의 길을 걸었다.

싸이의 동경 대상은 프레디 머큐리

월드 스타 싸이 Psy에게 동경의 대상은 영국의 그룹 퀸 Queen의 프레디 머큐리 Freddie Mercury였다. 다음은 싸이의 인터뷰 내용이다.

"내 영웅이자 유일한 롤 모델로 존경하는 프레디 머큐리는 1991년 내가 중학생이었을 때 사망했다. 내가 음악을 하게 만든 사람이 바로 그다. 내가 '퀸' 같은 음악을 하는 건 아니지만, 쇼맨십과 무대 매너 면에서 프레디 머큐리는 내 음악 인생의 전부다. 그의 작곡 능력에는 범접할 수조차 없지만, 그의 쇼맨십은 비디오를 통해 많이 배웠다."

그룹 퀸의 보컬이자 작곡가 프레디 머큐리는 싱어송라이터 Singer-Songwriter로 「보헤미안 랩소디 Bohemian Rhapsody」, 「위 아 더 챔피언 We are the champion」, 「위 윌 락 유 We will rock you」 등 퀸을 대표하는 노래들을 탄생시켰다. 그룹 퀸은 영국의 BBC 라디오가 청취자들을 대상으로 한 여론조사에서 비틀즈와 롤링 스톤스를 물리치고 '시대를 통틀어 가장 위대한 영국 밴드'로 뽑힌 20세기 대표 밴드이다.

싸이는 프레디 머큐리의 무대를 보면서 그를 동경했다. 그 울림을 통해 자신의 재능을 발견하는 실마리가 되었다. 싸이와 프레디 머큐리, 두 사람은 자신의 곡을 직접 작곡하고 노래하는 싱어송라이터이다. 게다가 두 사람은 공연 콘서트에서 호응 유도, 상의 탈의, 무대 매너까지 많이 닮았다.

프레디 머큐리는 밑둥치가 없는 스탠딩 마이크를 사용했다. 이 마이크 스탠드는 프레디 머큐리의 트레이드 마크이다. 싸이 역시 콘서트 때 비슷한 모양의 마이크 스탠드를 사용했다. 또 프레디 머큐리가 "We will rock you"를 부를 때와 싸이가 "챔피언"을 부르는 박자, 호응

유도 등 비슷한 느낌이 난다. 두 가수의 곡 제목에서도 비슷한 점을 알 수 있다. 퀸의 "We are the champion"에서 싸이의 "챔피언"과 "We are the one"이 파생된 것을 알 수 있다.

TV 프로그램인 「유희열의 스케치북」에 출연한 싸이는 "꼭 쓰고 싶다고 생각하는 노래가 있느냐?"라는 질문에 "꿈인데요. 한국판 '보헤미안 랩소디' 같이 발라드로 시작했다가 국악으로 갔다가, 록 혹은 댄스로 갔다가 발라드로 끝나는 노래를 만들고 싶다."라고 대답했다. 싸이는 "We are the one"에서 보헤미안 랩소디와 같은 국악으로 전환되는 노래를 만들었다. 학창 시절 싸이는 진로에 대해 방황했지만, 프레디 머큐리를 통한 동경이 음악의 길로 가는 나침반이 되었다.

하고 싶은 일에 대한 동경

하고 싶은 일에 대한 동경은 한 인물에 대한 동경뿐만 아니라 그 일을 하는 이들의 다양한 모습에 대한 동경이다. 자신이 그러한 일을 하고 싶다는 두근거리는 울림이다.

TV나 스크린을 통해 주인공 경찰이 사람을 구하는 모습에서 경찰의 일에 대한 동경이 일어나기도 한다. 그러다가 지나가는 경찰차나 근무 중인 경찰을 보았을 때 심장이 두근거린다. 이때 누군가를 돕는 일과 사회 정의에 관한 관심을 끌게 되며 경찰이 되는 것을 꿈으로 그리기도 한다.

도널드 클리프턴과 톰 래스의 책 『위대한 나의 발견★강점혁명』 갤럽 역/ 청림출판에는 일에 대한 동경을 억누른 두 명의 여인에 대한 이야기가 있다.

첫 번째는 영국의 권위 있는 문학상인 부커상 The Booker Prize을 수상한 소설가 피넬로프 피츠제럴드 Penelope Fitzgerald이다. 그녀는 알코올의존 증인 남편 때문에 가족을 부양하느라 50살이 되도록 글을 쓸 수 없었다. 그녀는 부양의 짐을 벗은 후, 58세에 문학 경력이 시작되었다. 그 후 '80세로 생을 마칠 때까지 약 20여 년 동안 12편의 소설을 집필했으며, 2008년 타임지 The Ttimes에서 선정한 "1945년 이후 위대한 영국 작가" 목록에 이름을 올리는 등 영국 최고의 소설가로 인정받았다.

다른 한 명은 애나 메리 로버트슨 모제스 Anna Mary Robertson Moses 이다. 뉴욕에서 태어난 그녀는 어린 시절부터 스케치를 즐기며, 눈에 보이는 모든 것을 그림으로 표현하고 싶은 열망이 너무 강했다. 하지만, 어려운 환경 탓에 도구를 제대로 갖추지 못해 과일주스를 섞어 물감을 만들기까지 했다. 그녀는 성인이 되어서는 힘든 농장 생활로 그림을 그릴 여유가 전혀 없었다.

모제스는 나이가 들어 농장 일을 더는 할 수 없게된 78세부터 그림에 몰두하기 시작했다. 그녀는 억눌렸던 재능을 꺼내놓으며, 101세로 사망하기 전까지 1,600여 점의 그림을 그려냈고, 151번의 전시회를 열었다. 미국의 해리 트루먼 Harry Truman, 미국 33대 대통령 대통령은 미술에 대한 그녀의 공로를 인정해 '미국 여인 내셔널 프레스 클럽 트로피'를 수여했다. 그녀는 전 세계적으로 그랜마 모제스 Grandma Moses라는 이름으로 알려지게 되었다.

피츠제랄드와 모제스, 두 여인은 동경하던 일을 사회적·환경적·재정적 압박 때문에 뒤늦게 시작했다. 그들은 어려운 상황에서도 동경하는 일을 계속 간직하고 있었으며, 결국 그들은 내면의 끌림에 귀를 기울였다. 늦은 시작이었지만, 그들은 자신들의 재능을 통해 사람들에게 인정받았다.

자신의 재능을 발견하기 원한다면 자기 안의 끌림에 끊임없이 귀를 기울여야 한다. 동경의 대상과 일은 재능을 찾는 실마리다. 하지만,

'거짓 동경'에 잘못 끌릴 수도 있다. 예를 들어 어릴 때 가장 많이 갖는 꿈인 대통령의 경우이다. 대통령의 화려한 의전, 국가 최대의 권력, 많은 사람을 명령할 수 있고 사람들의 존경을 한 몸에 받는 모습만 보기 때문에 이러한 꿈을 꾼다. 대통령뿐만 아니라 화려한 무대에 서는 연예인도 단편적인 모습만 보고 동경할 수 있다. 거짓 동경을 진단하는 좋은 방법은 울림의 정도를 관찰하는 것이다. 시간이 지날수록 울림이 줄어들기 때문에 힘든 상황에서도 그 울림이 계속 유지되는지 꾸준히 관찰해야 한다.

사람은 누구나 자신만의 에너지를 가지고 있다. 이 에너지는 개인마다 고유한 진동이 있다. 자신의 진동과 비슷한 사람이나 비슷한 일에 끌리게 마련이다. 자신이 어떤 사람에 끌리는지, 어떤 일에 끌리는지 유심히 살펴 자신의 강점을 찾는 실마리로 활용하자.

무대가 내 마음을 울렸다

내가 고등학교 3학년 때, 장기자랑대회에서 싸이를 따라 하는 후배를 보았다. "나도 저렇게 웃기면서 하는 랩이라면 자신 있는데…"라는 생각이 들었다. 그리고 싸이의 노래와 엽기적인 춤에 끌려 쉬는 시간만 되면 듣고 따라 부르기 시작했다.

대구 시내에서 상설로 열리는 가요제를 구경하던 중, "나도 저 무대에서 노래를 불렀으면 좋겠다."라는 생각이 들었다. 한 주 동안 열심히 연습하고 무대에 올랐다. 무대에 올라가기 전에는 왜 그렇게 떨리

던지…. 두려움도 있었지만, 아마 설렘 때문이 아니었나 싶다. 무대에서 싸이의 노래 "새"를 불렀는데 내 무대를 보기 위해 주변은 인산인해를 이루었다. 나와 관객의 가사 주고받기 속에서 성공리에 무대를 마칠 수 있었다. 그때 나는 인기상을 받았다.

대학교 오리엔테이션 무대에서도 싸이의 노래를 불러 교수님과 학생들에게 강한 인상을 남기며 학과대표가 되었다. 그 후 대학교 축제 및 각종 행사에 참여했다. 군에 입대한 후에도 무대에서 노래 부르는 일이 이어졌다. 군대에서는 여러 번 입상하여 포상 휴가를 받았다. 제대 후, 전국에서 열리는 가요제에 모조리 참가하여 상을 휩쓸었다.

방송 출연의 기회도 생겼다. KBS 「쇼 파워 비디오」와 MBC 「2006 팔도 모창 가수왕」에도 출연했다. 하지만 가수라는 꿈은 거기까지였다. 나는 할아버지, 할머니와 함께 살았었는데 할아버지가 돌아가시는 아픔을 겪게 되었다. 홀로 되신 할머니와 둘이 살아야 했기에 서울에서 생활해야 하는 가수는 할 수 없다고 판단했다. 그래도 거리를 걷다가 가요제나 행사가 펼쳐지는 무대를 볼 때면 내 가슴은 뛰었다. "무대에 올라가고 싶다."라는 생각이 계속 들었다.

"무대에서 하는 일이 노래 말고 무엇이 있을까?"를 계속 생각하던 중 고등학교 3학년 때 처음으로 올라갔던 무대의 진행자가 생각났다. 당시 진행자는 사람들을 웃겨서 배가 아프게 할 만큼 화려한 입담을 가지고 있었다. 가요제를 구경하는 나도 진행자의 말에 배꼽이 빠질 뻔했었다. 당시 진행자는 방송인 김제동이다.

"김제동처럼 레크리에이션 강사 및 이벤트 MC가 되어 무대 위에 서야 겠다."고 생각하고, 레크리에이션 강습회 및 MC 스승님을 쫓아다녔다. 진행하는 선배들이 무대 위에 있는 모습을 보며 "나도 저 무대 위에 선다."라는 다짐을 계속했다. 지금은 선배들처럼 무대에서 행사를 진행하고 있으며, 김제동 선배가 있었던 「MC 리더스」의 정회원이 되었다.

이후 무대가 내 공명이라는 것을 알게 되었고 강의에도 도전했다. 강의 역시 무대에 서는 일이라 재미있고 설레었다. 그렇게 나는 오늘도 설렘을 안고 무대에서 오르고 있다.

나는
무엇을 배울 때 빠른가

재능의 두 번째 실마리는 학습 속도다. 배움에도 저마다 속도가 있다. 같은 사람에게 같은 시간을 배워도 습득하는 시간은 저마다 다르다. 즉, 학습 속도는 모두 다르기 때문에 그 속에 자신의 강점을 발견하는 또 다른 실마리가 된다.

나는 컴퓨터를 배울 때는 쉽고 빠르게 학습했다. 반대로 체육은 늘 배움이 느렸고, 학습이 제대로 안 되는 경우도 많았다. 다양한 배움에서 내 학습 속도는 늘 달랐다. 학습 속도가 빠른 것을 찾아 그곳에 집중했더니 더 큰 성과가 나타났다. 학습 속도를 찾으면 자신의 강점을 더 쉽게 찾을 수 있다.

학습 속도를 찾아라

자신의 학습 속도를 찾기 위해서는 스스로 묻고 스스로 내 안의 답을 찾는 것이다. 학창 시절을 돌아보거나 배움이 있었던 경우를 생각해 보자.

'어떤 것을 배움에서 내가 다른 사람보다 빨랐던 것이 무엇이었는가?' 또는 '남들은 어렵다고 하는데 나는 쉽게 느껴졌던 것이 무엇이 있었는가?'라는 질문을 통해 학습 속도를 찾을 수 있다.

학습 속도를 찾는 또 다른 방법은 다른 사람의 관점으로 찾는 것이다. 장기를 직접 두면 수가 잘 안 보이지만, 뒤에서 보면 수가 더 잘 보인다. 이처럼 다른 사람의 눈으로 바라보면 더 정확하고 빠르게 찾을 수 있다. 특히 경험이 많은 전문가들은 학습자의 학습 속도를 객관적인 관점으로 바라볼 수 있다.

런던경영대학원 교수 줄리안 버킨쇼 Julian Birkinshaw가 직장인을 대상으로 설문조사를 했다. 50명의 직장인에게 '자신의 강점이 무엇인가?'를 스스로 평가하게 하고, 50명의 상사에게 '부하 직원의 강점'을 물었다. 직원들이 스스로 평가한 자신의 강점과 상사가 평가한 강점은 대부분 다르게 나타났다. 이 실험으로 직장인들이 자신의 강점을 객관적으로 평가하지 못하고 있었음을 알아냈다.

자신이 알고 있는 강점과 다른 사람의 눈에 비친 강점에는 많은 차이가 있다. 전문가들은 그 이유를 '사람은 자신이 하고 싶은 일에 스스로 강점이 있다고 착각하기 때문'이라고 말한다.

다른 사람과의 학습 속도를 비교하고 싶다면 그 일을 가르치는 전문가나 선배에게 묻는 것도 좋은 방법이다. 이들은 많은 사람을 가르쳐보았고 여러 사람을 접해왔기에 전체적인 학습의 평균속도를 잘 알고 있다.

앙리 마티스의 학습 속도

피카소 Picasso와 친구이자 라이벌이었던 위대한 화가 앙리 마티스 Henri Matisse의 이야기다. 마티스는 20살까지는 제대로 붓을 쥐고 데생을 해 본 적도 없었다. 마티스는 몸이 아파 수술을 받고, 요양하고 있던 어느 날 어머니로부터 미술 도구를 선물 받았다. 그 미술 도구는 그의 인생을 반전시킨다.

마티스는 미술에 대한 빠른 학습 속도를 찾아냈고 자신의 비전을 찾아 나섰다. 그는 4년 동안 독학으로 그림 공부에 매진했다. 그리고 명문 미술학교에 입학한 뒤 본격적으로 화가의 길을 걷게 된다. 마티스는 큰 노력 끝에 강렬한 색채와 과감한 변형의 양식인 야수파의 선두주자가 되었다. 그는 색채의 마술사로 불리며, 20세기를 대표하는 화가가 되었다.

피카소는 마티스의 그림을 보고 "마티스의 배 속에는 태양이 들어 있다."라고 말하며 강렬한 색에 대한 칭찬을 아끼지 않았다. 마티스는 85세에 세상을 떠나기 전까지 많은 작품을 남겼다. 그의 대표작으로는 「목련꽃을 든 오달리스크」, 「모자를 쓴 여인」, 「삶의 기쁨」, 「이카루스」, 「춤」, 「음악」 등이 있다.

베토벤의 학습 속도

존 맥스웰의 책 『꿈이 나에게 묻는 열 가지 질문』 이애리 역/비즈니스맵에 베토벤에 관한 이야기가 있다.

> "어린 시절 베토벤은 지휘자가 되는 것이 꿈이었지만, 음악의 성인 베토벤의 지휘는 그다지 좋지 못했다. 지휘를 하다 박자를 놓치는 경우가 많아 단원들은 그를 따르지 않고 제1 바이올리니스트를 기준으로 연주하는 경우가 많았다.
>
> 베토벤은 기억력도 좋지 않아 지휘하는 곡의 한 부분을 잊어 생략하기도 했다. 그는 조심성도 없어 자신이 작곡한 피아노 협주곡을 공연할 때 피아노 위에 놓여 있던 촛불을 넘어뜨리기도 했다. 어느 공연에서는 성가대 단원 한 명을 때려눕히기도 했다.
>
> 결국, 주위에서 베토벤에게 지휘를 접으라는 충고가 많았다고 한다. 그는 지휘 대신 작곡을 시작했다. 베토벤은 지휘보다 작곡을 더 빨리 습득하고 그렇게 만든 곡은 많은 사람의 사랑을 받았다. 베토벤은 「운명」, 「소나타」, 「전원 교향곡」, 「합창 교향곡」 등을 작곡하였다."

『꿈이 나에게 묻는 열 가지 질문』 중에서;
존 맥스웰 저/이애리 역/비즈니스맵

첫 번째

오랜 기간의 학습 속도

내가 레크리에이션을 시작한 지 6개월이 지났을 무렵이었다. 스승님 처럼 되어 잘하고 싶었지만, 생각대로 되지 않았다. '난 안 되나 봐, 이제 그만둘까?'라는 나약한 생각을 했다. 비슷한 시기에 시작한 친구는 벌써 큰 무대에서 행사를 진행하고 프로로 활동하고 있었다. 자괴감에 빠져 결국, 이 길이 아니라는 생각을 하고 스승님을 찾아갔다.

나:　"스승님의 무대를 6개월을 넘게 보았는데도 저는 여전히 무대에서 제가 원하는 대로 하지 못합니다. 게다가 함께 배운 친구보다 진전이 보이질 않습니다. 이제 그만두겠 습니다."

스승님: "너 무대에 선 지 몇 개월 됐지?"

나:　"6개월 조금 넘었습니다."

스승님: "6개월 된 너와 12년 된 나를 비교하는 것이 말이 되니? 게다가 같이 시작한 친구가 빠르다고 하는데 6개월이 아니라 3년 뒤에는 어떻게 될까?"

나:　"......"

스승님: "3년이 지나서 그때도 못 하면 그때 포기해라. 이제 6개월 인데 최소 1년, 진짜 하고 싶다면, 3년은 해 보고 포기 해라. 네가 그렇게 하고 싶다는 일인데 이렇게 빨리 포기 하냐. 포기한다는 그런 생각할 시간에 책이나 읽고 멘트나 정리해라."

그리고 3년이 흘렀다. 그제야 알았다. 내 학습 속도는 짧은 시간을 놓고 보면 느렸지만, 1년이 지나면서 본격적으로 성장할 수 있었고 친구처럼 스승님처럼 큰 무대와 유명한 축제에서 행사를 진행하는 진행자가 될 수 있었다.

학습 속도를 단기간에 알 수 있는 경우도 있지만, 나처럼 학습 속도가 오랜 기간에 걸쳐서 나타나기도 한다.

내가
만족하는 일은 무엇인가

투자의 귀재 워런 버핏 Warren Buffett의 강의가 끝나자 한 남학생이
질문을 던졌다.

> 학생1: "선생님은 세계 최고의 부자입니다. 그 성공의 비결은 무엇
> 입니까?"
> 버핏: "사람들의 생각은 모두 똑같은 것 같습니다. 이 질문은 강의
> 때마다 가장 먼저 받는 질문입니다. 부자가 되고 싶다면,
> 돈을 많이 벌어줄 것 같은 일은 하지 마십시오. 자신이 좋아
> 하는 일을 하는 것이 중요합니다. 저는 운 좋게도 좋아하는
> 일을 일찍 발견했습니다. 저는 그 일이 좋았기에 끊임없이
> 그 일에 대해 생각했고, 오늘 이 자리에 설 수 있었습니다.
> 하지만 저는 부자라기보다 꿈을 이룬 사람일 뿐입니다."

다른 학생이 물었다.

> 학생2: "직업 선택 때문에 고민이 많습니다. 어떤 직업을 선택해야
> 좋을까요?"

버핏: "지금은 힘들어도 십 년 후 좋아질 것 같은 회사, 혹은 지금
은 보수가 적지만 십 년 후에는 열 배를 받게 될 것으로
기대되는 회사, 이런 회사는 절대로 선택하지 마십시오.
지금 즐겁지 못하면 십 년 후에도 마찬가지일 겁니다. 앞서
말씀드렸지만, 자신이 좋아하는 일을 해야 합니다."

워렌 버핏은 어린 시절부터 숫자놀이를 좋아했다. 그는 할아버지의
식료품 가게에서 파는 물건과 회계장부를 유심히 보곤 했다. 할아버지의
반복적 행동을 통해 판매의 원리를 버핏은 알아냈다. 버핏은 할아버지
에게 하나의 제안을 했다.

"할아버지. 저에게 코카콜라를 도매가격으로 파세요! 그럼 제가
이것을 이웃 아저씨, 아주머니에게 팔게요."

할아버지는 손주의 말에 잠시 당황했지만, 기특한 생각에 제안을 받아
들였다.

"좋은 생각이구나! 어릴 때 경험했던 고생이 네 인생을 사는 데
도움이 될 것이야. 코카콜라를 줄 테니 이윤을 남겨 보거라."

그렇게 버핏은 자신이 좋아하는 일을 시작했다. 버핏은 할아버지에게
25센트에 산 물건을 사람들에게 30센트에 팔았다. 그러는 동안 버핏은
돈의 흐름을 파악하기 시작했고 꼬마 버핏의 사업은 조금씩 성장했다.

버핏은 어떤 음료수가 잘 팔리는지 알아보기 위해 자판기 옆 휴지통을

뒤져 그 개수를 파악할 정도로 열정을 보였다. 그의 이런 열정은 돈의 흐름을 파악하고, 부를 축적하는 에너지 원 Energy Source이 되었다.

만족감은 비전을 춤추게 한다

재능은 자신이 좋아하고 만족하는 일 속에서 찾을 수 있다. 만족감이란 어떤 활동을 했을 때 마음이 뿌듯하고 기분이 좋아지는 감정이다. 만족감은 자신이 좋아하는 일을 할 때 느낄 수 있다. 만족감은 재능을 찾는 좋은 실마리다. 각각의 재능이 모두 달라 만족감을 느끼는 일 또한 모두 다르기 때문이다. 만족스러운 일을 하는 것은 행운이며 행복이다.

선교사이자 의사인 알베르트 슈바이처 Albert Schweitzer는 다음과 같이 말했다.

"성공은 행복의 열쇠가 아니다. 행복이 성공의 열쇠이다."
"자기 일을 좋아한다면, 당신은 성공할 것이다."

아인슈타인 Albert Einstein은 모두가 어려워하는 물리를 좋아하고 사랑했다. 물리에 얼마나 집중했으면 밥 먹는 것도 잊는 일이 자주 있었다. 1952년 이스라엘의 초대 대통령 하임 바이츠만이 사망하자 이스라엘 정부는 아인슈타인에게 후임 대통령 제안했다. 그러자 아인슈타인은 다음과 같은 말로 정중하게 사양했다.

"저는 평생을 물리와 함께 살았습니다. 그래서 행정 업무처리 경험도 없으며 사람을 다루는 능력도, 지혜도 부족합니다. 정치는 물리보다 더 어렵습니다. 따라서 저는 그런 중요한 자리에 적합하지 않습니다. 저 말고도 대통령을 할 만한 인물은 많습니다. 하지만, 물리학을 가르칠 학자는 그리 많지 않습니다. 미국에서 과학자로 활약하는 것이 조국 이스라엘을 돕는 길이라 생각됩니다."

1955년, 아인슈타인은 세상을 떠나기 전까지 자신이 원하고 즐거워하는 물리에 일생을 바쳤다.

1508년, 교황은 미켈란젤로 Michelangelo에게 시스티나성당의 천장에 그림을 그릴 것을 부탁했다. 미켈란젤로는 4년 동안 고개를 뒤로 젖힌 채 천장에 물감을 칠하는 고된 작업을 했다. 이로 인해 목과 눈에 병이 생기기도 했다.

어느 날, 미켈란젤로의 친구가 작업하는 그의 모습을 보고 말했다.

"여보게, 잘 보이지도 않은 구석까지 정성을 들일 필요가 있나! 누가 알아준다고? 대충대충 하게!"

미켈란젤로는 그 말에 대답했다.

"누가 알기는, 내가 알지!"

그렇게 완성된 작품이 바로 「천장화: 천지창조 Genesis」이다. 미켈란젤로는 다른 누군가에게 잘 보이기 위해서 일을 하는 것이 아니었다. 그는 일 자체를 좋아하고 만족하기 때문에 천장 구석구석까지 온 힘을 다했다. 이러한 태도를 심리학에서는 "미켈란젤로 동기 Michelangelo Motive" 라고 한다.

만족을 느끼는 일을 하면 열정이 생기고, 열정은 에너지를 만들어 낸다. 만족감은 사람을 움직이게 하며, 계속하는 힘을 불러와 비전에 가깝게 한다.

만족감은 열정과 에너지를 불러일으킨다

만족스럽거나 좋아하는 일을 하면 열정과 에너지가 생긴다. 어떤 일로 밤을 지새운 경험을 떠올려보자. 이때, 자신이 하기 싫은 일을 억지로 하면 끝내는 것에 목표를 두기 때문에 우선 기분이 좋지 않고 에너지는 떨어지고 눈꺼풀은 내려온다. 새벽쯤 되면 '아침에 어떻게 일어나지?' 라며 걱정이 생긴다.

반대로 만족감을 느낄 만한 일을 할 때는 눈이 초롱초롱해지고, 열정과 에너지가 불타오른다. 잘 수 있는 시간은 줄어들지만, 기분은 더 좋다. 새벽에 떠오르는 태양을 보고 있노라면 '내가 열심히 해서 밤을 새웠구나. 잠을 줄여가면서 최선을 다했구나'라는 만족감이 마음을 가득 채운다. 그 일을 끝내는 것이 목표가 아니기에 잘하기 위해 반복하며 세심한 부분까지 살피게 된다.

아침에 일어날 때도 마찬가지다. 그날 하기 싫은 일이 있을 때는 '5분만'이라며 침대에서 벗어나려 하지 않는다. 알람이 울려도 꺼버리고 눕기 일쑤다. 누군가가 깨워주어야 그제야 마지못해 일어난다. 하지만, 소풍 수학여행을 간다거나 데이트 등 기대되는 일이 있을 때는 알람이 울리기도 전에 눈을 뜬다. 일어날 때도 침대를 박차고 나올 만큼 열정과 에너지가 솟는다.

전 하버드대학교 교수이자 미국 심리학의 아버지로 불리는 윌리엄 제임스 William James는 열정을 다음과 같이 말했다.

"열정은 타인과 일, 사회 그리고 온 세상을 대하는 한 사람의 태도를 바꿔놓을 수 있다. 열정은 자신의 삶을 더욱 사랑하게 한다. 어떤 일을 할 때 열정을 가지고 임한다면, 당신이 지어 올릴 성공이라는 빌딩의 기반을 튼튼히 할 수 있을 것이다."

처음 접하는 일에는 호기심 때문에 관심도 생기고 만족감이 나타날 수도 있다. 그러니 여러 번 되풀이해도 여전히 만족감이 생기는지를 확인해봐야 한다.

만족감이 낮은 일	만족감이 높은 일
뜬 눈을 감기게 한다.	감은 눈을 뜨게 한다.
에너지를 소모하게 한다.	에너지를 불어넣는다.
잠이 오게 한다.	밤을 지새우게 한다.
무거운 짐으로 느껴지게 한다.	행복한 놀이로 느껴진다.
타인을 만족하게 한다.	타인과 자신도 함께 만족하게 한다.
다른 사람이 그것을 시킨다.	내 마음이 그것을 시킨다.
가급적 피하고 싶다.	더 하고 싶다.

또한, 같은 일이라도 할 때마다 만족감의 강도가 다를 수 있다. 같은 일을 반복할수록 만족감이 떨어질 수도, 상승할 수도 있다. 그 일을 하면 할수록 만족감이 높아지고 재미를 느낀다면 자신의 재능을 사용하고 있다는 실마리이다.

나는 지금 이 글을 쓰며 설렌다

나는 어린 시절에 받아쓰기를 하면 0점에 더 가까운 점수를 받곤 했다. 그리고 국어와 영어 시간은 재미가 없어 한 시간을 하루처럼 느끼곤 했다. 그러니 백일장, 일기 쓰기 및 글짓기에서 상을 받을 리 만무했다. 수능 시험에서는 언어영역(국어) 시간에 어찌나 긴장했던지 평균 점수에서 매우 멀어졌고, 그 때문에 원하는 대학교에 가지 못했다. 원래 책을 즐기는 편이 아니었지만, 그때부터는 국어를 철천지원수로 생각하고 책을 더 멀리했다.

28살 되던 해, 지인으로부터 책을 써보라는 권유를 받았다. 한 치의 망설임도 없이 이렇게 말했다.

> 나: "제가 어떻게 책을 씁니까! 글도 못 쓰고, 문장력도 엉망이고, 맞춤법도 많이 틀립니다. 책을 쓴다는 건 절대 불가능합니다."
>
> 지인: "그렇다면 지금 파워포인트 강의하는 것을 하루에 한 페이지는 쓸 수 있겠니?"
>
> 나: "네, 한 페이지야 쓸 수 있죠."
>
> 지인: "하루에 한 페이지를 쓰면, 1년이 지났을 때 365페이지의 네 책이 나올 거야."

잠시 고민을 했다. 잘 쓰는 것은 자신 없었지만, 계속 쓰는 것은 할 수 있겠다는 생각이 들었다.

> 나: "네. 하루에 한 페이지를 쓰는 것을 해보겠습니다."

책 쓰기는 그렇게 시작되었다. 하루에 한 페이지를 쓰는 날도 있었지만, 못 쓰는 날도 있었다. 여유가 있을 때는 하루에 다섯 페이지를 쓰기도 했다. 그렇게 1년이 지났고, 내 첫 번째 책인 『파워포인트 2007』이 출간되었다. 책을 받아든 순간 짜릿한 전율이 일었다. '이창현 작가'라는 문구가 인쇄된 책을 받아보니 하늘을 날아가는 느낌이었다. 나는 아주 좋아서 혼자 소리를 지르고 바닥을 때굴때굴 굴렀다. 살면서 손으로 꼽히는 행복감과 만족감을 느꼈다.

나는 책을 사무실과 집 책장 한가운데 볼 수 있게 전시했다. 아침에 일어나면서 한 번 보고, 사무실에 출근하면 한 번 보고, 집에 돌아오면 또 보면서 내 가슴은 계속 뛰어댔다. 다음에는 더 멋진 책을 써봐야겠다는 마음을 먹었다.

그 후 1년 동안 책 한 권 쓰기를 목표로, 하루 한 페이지 작업을 시작했다. 지금도 그 일을 계속하고 있으며, 11년 동안 11권의 책을 출판하였다. 첫 책의 기쁨과 환희를 시작으로 책을 쓰는 것이 얼마나 즐겁고 행복한 일인지를 깨달았다.

지금까지 살면서 가장 뿌듯한 성취를 이루었던 순간은 언제인가? 진정으로 하고 싶은 일은 무엇인가? 이러한 만족감을 곰곰 떠올려보라. 만족감은 비전을 찾는 중요한 열쇠이다. 재능이 있다면 만족감을 느끼는 분야에 끌리기 마련이다. 만족감이 있는 일은 성과를 높일 뿐만 아니라 즐거움도 함께 생겨난다. 자신이 가장 만족감을 느꼈던 일을 통해 재능의 실마리를 찾아보자.

다중지능이론으로
강점 찾기

하버드대학교 출신의 인력자원 전문가 로저 앤더슨은 한 사람의 성공
에 대해 다음과 같이 말했다.

> "사람이 저마다 다른 성격을 지녔듯이 각 성격에 맞는 직업이
> 따로 있습니다. 어떤 사람은 이 분야에, 또 어떤 사람은 저 분야에
> 특화되어 있다는 뜻이지요. 성격에 맞는 직업만 제대로 선택한
> 다면 어떤 사람에게든 성공의 가능성은 열려 있습니다. 실제로
> 성공한 사람 중 98%가 바로 이러한 이유로 성공을 거머쥐었지요."
>
> 『어떻게 인생을 살 것인가』 중에서;
> 쑤린 지음/원녕길 옮김/다연

성공으로 향하는 첫걸음은 자신을 정확하게 파악하는 것부터 시작된다.

모든 사람은 다양한 지능을 가지고 있다

지능지수를 일반적으로 IQ Intelligence Quotient라고 한다. IQ 테스트는
1905년, 프랑스 심리학자 알프레드 비네 Alfred Binet가 저능아를 가려낼
목적으로 처음 사용했다.

IQ 테스트는 지능을 수량화해 '천재'와 '저능아'를 구분하는 방법이었다. 하지만, IQ 점수는 사람의 미래 성공 정도를 측정하는 기준으로 삼는 오류를 일으키기도 한다. 만약 IQ 점수가 성공의 척도라면, 성공한 이는 IQ가 높고 실패한 사람은 IQ가 낮다는 말이 된다.

IQ 검사는 인간의 재능 중 극히 일부분인 언어와 수리에 대한 능력을 중심으로 측정하기 때문에 성공과는 상관관계가 낮다. 재미있는 사실은 반복해서 테스트할수록 IQ 점수는 바뀐다.

성공에 영향력을 발휘하는 것은 IQ만은 아니다. '자신이 좋아하는 일에 얼마나 몰입하고 집중하는지', '얼마나 끈기 있고, 열정적인지', '얼마나 창의적이고 남다른 생각을 하는지', '그 분야에 대한 타고난 재능과 흥미를 얼마큼 가졌는지'가 더 큰 영향력을 발휘한다.

하버드 대학교 하워드 가드너 Howard Gardner 교수는 IQ의 문제점을 지적하면서 인간의 지능은 IQ의 단일지능이 아닌 여러 요인으로 이루어졌다는 다중지능이론 Multiple Intelligences Theory을 주장했다.

사람은 누구나 여러 종류의 지능을 가지고 태어나고, 각 지능은 서로 독립적이면서 상호작용을 한다. 각각의 지능은 고정된 것이 아니라 배움이나 경험을 통해 계발되고 변화할 수 있다. 다중지능은 IQ와 달리 사람마다 지닌 강점을 찾을 수 있다.

다중지능은 크게 여덟 가지 영역으로 구분할 수 있다. 된다. 여덟 개의 각 지능 영역별로 알아보자.

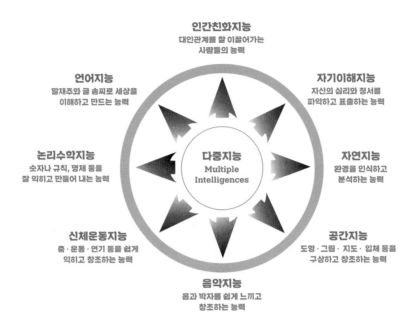

인간친화지능
대인관계를 잘 이끌어가는
사람들의 능력

언어지능
말재주와 글 솜씨로 세상을
이해하고 만드는 능력

자기이해지능
자신의 심리와 정서를
파악하고 표출하는 능력

논리수학지능
숫자나 규칙, 명제 등을
잘 익히고 만들어 내는 능력

다중지능
Multiple
Intelligences

자연지능
환경을 인식하고
분석하는 능력

신체운동지능
춤·운동·연기 등을 쉽게
익히고 창조하는 능력

공간지능
도형·그림·지도·입체 등을
구상하고 창조하는 능력

음악지능
음과 박자를 쉽게 느끼고
창조하는 능력

언어지능 Linguistic Intelligence

언어지능은 말이나 글로 사람들에게 감동을 전하는 능력을 말한다. 언어지능이 발달한 사람은 말하기를 좋아하고 표현력과 어휘력이 뛰어나다. 이 지능이 높은 사람은 똑같은 일을 겪어도 더 상세하고 흥미진진하게 전달하는 능력이 있다. 다른 나라의 언어를 빠르고 쉽게 습득한다. 그뿐만 아니라 유머가 넘치고 토론을 잘한다. 이름, 날짜, 경험 등을 이유 없이 잘 외우는 사람들은 이 영역에 높은 능력을 갖추고 있을 가능성이 크다.

스티브 잡스는 이러한 언어지능이 뛰어났다. 잡스는 새로운 제품을 선보이는 자리에서 쉽고 콕콕 와 닿는 표현으로 사람들의 마음을 사로잡았다. 잡스는 자기 동료들도 말 한마디로 움직이게 했다.

1980년, 잡스는 애플 마케팅 담당자를 구하던 중 당시 펩시콜라 사장이었던 존 스컬리에게 영입 의사를 표했다. 잡스는 스컬리에게 "나머지 인생을 설탕물이나 팔면서 보내고 싶습니까? 아니면 세상을 바꿔놓을 기회를 얻고 싶습니까?"라는 질문을 한다. 잡스는 말로 스컬리의 감성을 자극하여 스컬리 영입에 성공했다.

한번은 컴퓨터 개발 중 엔지니어가 부팅시간을 줄이지 못했다. 잡스가 엔지니어에게 "만약 당신이 컴퓨터 부팅시간을 10초 줄일 수 있다고 생각해 봅시다. 사용자가 오백만 명이면 5만 초를 아낄 수 있지요. 일 년이면 수많은 사람의 일생과도 같은 시간이 생기는 거예요. 우리가 부팅시간을 십 초 단축한다면 그건 여러 명의 삶을 구하는 것과 다를 게 없어요. 그건 정말 가치 있는 일이죠. 어떻게 생각하나요?"라고 말했다. 잡스의 말에 고무된 엔지니어는 몇 주 후 부팅시간을 28초나 줄였다.

언어지능을 활용하는 대표적인 이들이 작가와 연설가들이다. 언어지능이 뛰어난 인물로는 게티즈버그 연설에 빛나는 링컨 미국 16대 대통령, 미시간대학에서 연설한 오바마 미국 44대 대통령 외에도 마틴 루서 킹 인권운동가, 루스벨트 미국 44대 대통령, 윈스턴 처칠 2차 세계 대전 당시 영국 총리, 맥아더 장군, 셰익스피어, 톨스토이, 베르나르 베르베르 프랑스 소설가 그리고 우리나라에서는 이외수 작가, 조정래 작가 등을 꼽을 수 있다.

논리-수학지능 Logical-Mathematical Intelligence

논리-수학지능은 수학, 과학, 논리 분야에서 발견되는 수리적, 논리적 사고에 대한 재능이다. 이 지능이 뛰어난 사람들은 숫자를 통해 논리적으로 분명히 드러나는 것을 좋아한다. 차량 번호, 전화번호 등을 남들보다 잘 기억한다. 계산능력이나 문제에 대한 이해력과 해결력이 뛰어나다.

논리-수학지능이 높은 사람들은 말할 때도 앞뒤 순서에 맞게 말한다. 글을 쓸 때도 '서론-본론-결론'에 맞춘 논리성을 추구한다. 또한, '그러니까, 그래서, 이유는, 따라서, 왜냐하면, 그러므로' 등의 단어를 자주 사용한다. 이들은 머리를 사용해 계획을 세우거나 설계하기를 좋아하며 순서에 맞아떨어지는 것을 좋아한다.

논리-수학지능이 높은 사람으로는 아인슈타인, 아이작 뉴턴, 빌 게이츠, 스티븐 호킹 등을 꼽을 수 있다. 논리-수학지능이 높으면 유리한 직업으로는 과학자, 공학자, 회계사, 컨설턴트, 검사 등이 있다.

공간지능 Spatial Intelligence

공간지능은 공간에 대한 표현방식, 배치 능력을 가리키며, 건축가, 기술자, 조각가, 미술가에게서 발견되는 재능이다. 사물이나 현상을 시각적·공간적으로 잘 표현하는 능력을 의미한다.

공간지능이 뛰어난 사람들은 그림 그리기, 만들기, 배열 및 재구성하기를 좋아한다. 자신에게 주어진 정보를 이미지나 그림, 조각 등 공간적으로 재배열하는 데 관심이 높다. 사진을 찍을 때 구도를 잡아 인물과 배경의 조합을 신경 쓰며, 자신의 방에 있는 가구나 물건을 새롭게 배치하기를 즐긴다. 새로운 장소에서도 길이나 방향을 잘 찾는 사람도 이 지능이 높다. 물건의 길이나 넓이를 짐작으로 잘 맞추기도 한다.

그림을 그리는 화가, 사진작가, 디자이너가 공간지능이 높다. 또한, 방향과 속도를 감지하는 파일럿, 구조물을 설계하는 건축가, 인테리어 디자이너 등도 이에 해당한다.

공간지능이 높은 대표적 인물로는 천재 화가 피카소, 비디오 아티스트 백남준, 디자이너 김영세, 스페인의 건축가 가우디, 일본의 건축가 안도 다다오, 영화감독 스티븐 스필버그 그리고 레오나르도 다빈치 등을 꼽을 수 있다.

음악지능 Musical Intelligence

음악지능은 작곡가, 성악가, 지휘자 등 음악가에게서 발견되는 음악적 재능이다. 이들은 자신의 감정을 음악적으로 잘 표현하며 소리가 갖는 다양한 특징인 높낮이, 리듬, 멜로디, 음색에 매우 민감하게 반응한다. 흔히 '절대음감'이라 하여 음을 정확하게 찾아내는 능력을 갖추기도 한다. 이들은 여러 음의 차이를 정확하게 인식한다. 남들은 의식하지 못하는 주변의 소리 자극에 매우 예민하게 반응하고 잘 기억하는 특징이 있다. 노래를 잘 부르거나 악기를 잘 다루는 경우도 음악 지능이 발달한 것으로 볼 수 있다.

작곡가, 연주가, 가수, 음악 평론가, 프로듀서, DJ 등이 이 지능이 높다. 음악의 아버지 바흐, 음악의 어머니 헨델, 천재 작곡가 베토벤, 슈베르트, 마에스트로 정명훈, 문화 대통령 가수 서태지, 소프라노 조수미 등을 꼽을 수 있다.

신체운동지능 Bodily-Kinesthetic Intelligence

신체운동지능은 신체를 사용하는 운동선수들에게 발견되는 지능이다. 이들은 외부의 자극을 신체를 통해 인식하는 능력이 높다. 이들은 신체적 동작을 완벽하게 통제하고 물체를 솜씨 있게 다룬다. 균형, 지구력, 유연함, 신속함 등의 능력이 높다. 이 지능이 높은 사람들은 몸을 쓰거나 움직이거나 활동할 때 더 큰 만족감을 느낀다.

신체운동지능이 높은 인물에 농구 황제 마이클 조던, 피겨 여왕 김연아, 코리아 몬스터 류현진, 캡틴 박지성, 손흥민, 발레리나 강수진, 개그맨 김병만 등을 꼽을 수 있다. 직업으로는 운동선수, 무용수, 마술사, 경찰, 군인 등이 있다.

대인관계지능 Interpersonal Intelligence

대인관계지능은 타인의 마음, 감정, 느낌을 잘 이해하는 능력을 말한다. 이들은 타인과 효과적이고 조화롭게 어울리는 능력이 있고 사람들의 감정을 잘 읽으며 화합하게 한다. 이들은 사람의 표정이나 목소리, 몸짓 등을 섬세하게 읽어낼 수 있고 타인의 감정을 잘 이해하고 감정이입을 잘한다. 낯선 사람과도 금세 친해지는 장점이 있다. 사람에 대한 애정이 많아 자주 안부를 묻거나 소식을 전하는 것을 좋아한다. 대인관계 지능은 요즘 사회의 필수 요건이라 할 수 있다.

인도의 국부 간디, 영국의 수상 처칠, 사람의 아픔을 자신의 아픔으로 여겼던 마더 테레사, 슈바이처, 이태석 신부, 법정 스님, 프란치스코 교황 등을 꼽을 수 있다. 직업으로는 정치가, 종교인, 의사, 상담사 등의 서비스 업종 등이 있다.

자기이해지능 Intrapersonal Intelligence

자기이해지능은 스스로에 대해서 잘 아는 것이다. 소크라테스의 말처럼 "너 자신을 알라"를 잘 이해하고 있는 능력이다. 내가 무엇을 좋아하고, 무엇을 하고 싶어 하고, 왜 그것을 하는지, 자신의 장·단점을 파악하고 이해하는 능력이다.

자기이해지능이 높은 사람들은 자신의 감정을 잘 알고 다스리며 신체적

컨디션과 행동을 잘 조절한다. 특히 종교인에게서 자주 발견되는 능력으로 자신의 느낌, 장단점, 특기, 희망, 관심 등 자신의 본모습을 객관적으로 파악하고 이해한다. 자신의 의견에 굳건하고 주변의 혼란에도 흔들림 없이 자신의 신념을 계속 실행한다. 이들은 내적 성찰의 시간을 가지는 데 익숙하다.

자기이해지능은 비전을 발견할 때 가장 많이 쓰이는 지능으로 자신의 미래를 생각하고 스스로 이해하는 데 꼭 지능이다. 그러므로 직업과 관계없이 계발해야 하는 지능 중 하나이다.

자기이해지능이 높은 인물로 철학자 소크라테스, 김수환 추기경, 정신분석학의 창시자 프로이트 등을 꼽을 수 있다. 내적 성찰을 통해 새로운 예술을 창작하는 예술가, 작가, 인간의 생각과 행동을 연구하는 사상가, 심리학자, 정신과 의사 등이 이 지능이 높다.

자연친화지능 Naturalist Intelligence

자연친화지능은 다양한 꽃이나 풀, 들과 같이 식물, 광물, 동물을 분류하고 친근하게 대하는 능력이다. 사람이 만들어 낸 자동차, 집, 가방 등 문화적 산물이나 인공물을 인식하는 능력도 자연친화지능에 해당한다. 자연친화지능이 높은 사람들은 애완동물이나 식물을 좋아하고 그것들의 변화에 민감하다. 이들은 동식물을 인격체로 생각하여 말을 걸기도 한다.

자연친화지능이 높은 인물로는 약초의 효능을 상세히 기록한 허준, 새 박사 윤무부 교수, 생물 진화론을 만든 다윈 등을 꼽을 수 있다. 직업으로는 식물학자, 천문학자, 수의사, 조련사, 사육사 등이 있다.

다중지능 체크리스트

다중지능이론을 바탕으로 자신의 강점과 단점을 확인하기 위해 지능 프로파일 Intelligences Profile을 작성해 보자.

먼저 각 지능 영역의 체크리스트를 이용하여 체크리스트의 각 항목에 점수를 적어본다.

매우 그렇다: 4점, 그렇다: 3점, 보통이다: 2점,
별로 그렇지 않다: 1점, 전혀 그렇지 않다: 0점

언어지능 체크리스트	
발표하는 것을 좋아한다.	( )점
사람들의 이름을 잘 기억한다.	( )점
책 읽기를 좋아하며 일주일에 한 권을 읽는다.	( )점
끝말잇기나 말을 가지고 놀이하기를 좋아한다.	( )점
새로운 단어를 보면 무슨 뜻인지 찾아본다.	( )점
예전의 일을 잘 기억하고 상세히 묘사할 수 있다.	( )점
말을 재미있게 해서 주위 사람들을 웃긴다.	( )점
말수가 많다.	( )점
외국어를 배우는 것이 재미있다.	( )점
속담이나 명언을 상황에 맞게 잘 사용한다.	( )점

논리-수학지능 체크리스트

암산이 빠르다.	( )점
장기나 바둑, 체스 같은 게임이 재미있다.	( )점
생일이나 기념일 등 특별한 날짜를 잘 외운다.	( )점
여행을 갈 때 계획을 가장 먼저 세운다.	( )점
추리소설이나 반전이 있는 논리적인 영화를 좋아한다.	( )점
게임을 할 때 규칙을 빨리 이해한다.	( )점
'왜냐하면', '그렇기 때문에' 등의 말을 자주 사용한다.	( )점
이해력이 빠르고 명석하다는 말을 많이 듣는다.	( )점
국어나 영어보다는 수학이나 과학이 더 재미있다.	( )점
어떤 일이든 실험하고 검증하는 것을 좋아한다.	( )점

공간지능 체크리스트

그리기나 낙서를 즐긴다.	( )점
네비게이션없이 길을 잘 찾는다.	( )점
한 번 가본 길을 잘 기억한다.	( )점
지금 이 자리에서 북쪽이 어디 있는지 알 수 있다.	( )점
물건의 위치를 잘 기억한다.	( )점
미로 게임이나 퍼즐 게임을 잘하고 좋아한다.	( )점
전자기계를 분해하고 조립하는 것을 좋아한다.	( )점
무엇인가를 설명할 때 수식이나 도형을 그리며 설명한다.	( )점
길이나 넓이, 사람의 키 등을 짐작으로 잘 맞춘다.	( )점
지도를 보고 위치를 잘 찾아간다.	( )점

음악지능 체크리스트

음악 감상 및 노래 부르기를 즐긴다.	( )점
악보를 보면 어느 정도의 멜로디가 느낌이 온다.	( )점
어떤 악기라도 연주법을 비교적 쉽게 배운다.	( )점
노래를 부를 때 박자와 음정을 잘 맞춘다.	( )점
청각이 예민해서 작은 소리도 잘 듣는다.	( )점
사람들의 목소리를 잘 기억한다.	( )점

음악지능 체크리스트 계속

노래가 나오면 나도 모르게 흥얼거린다.	( )점
음악이 나오면 나도 모르게 박자를 맞춘다.	( )점
소리를 듣고 어떤 악기인지 알 수 있다.	( )점
평소 일하거나 생활할 때 음악을 틀어 놓는다.	( )점

신체운동지능 체크리스트

일주일에 3번 이상 운동을 한다.	( )점
어떤 운동이라도 한두 번 해보면 쉽게 따라 한다.	( )점
실내보다 실외에서 노는 것을 좋아한다.	( )점
다른 사람의 몸짓이나 특징을 잘 흉내 낸다.	( )점
가수들의 춤을 쉽게 따라 한다.	( )점
표정이나 몸짓 등을 잘 사용한다.	( )점
스포츠 경기 관람을 좋아한다.	( )점
자전거나 스케이트를 쉽게 배웠다.	( )점
몸을 크게 움직이면서 운동하는 것을 좋아한다.	( )점
몸으로 내가 전달하고자 하는 것을 표현할 수 있다.	( )점

대인관계지능 체크리스트

지인들의 고민거리를 들어주는 것을 좋아한다.	( )점
다른 사람이 입은 옷이나 가방을 관심 있게 본다.	( )점
낯선 사람에게 말을 먼저 잘 건다.	( )점
친구들에게 전화나 안부를 먼저 하는 편이다.	( )점
혼자 놀기보다 여러 명이 어울려 노는 것을 즐긴다.	( )점
다른 사람의 감정을 잘 읽어낸다.	( )점
슬픈 영화나 책을 보면 금세 눈물을 흘린다.	( )점
여행에서 누구와 함께 가는지가 가장 중요하다.	( )점
친구들에게 자주 연락하거나 연락이 온다.	( )점
혼자 하는 일보다 같이하는 일이 좋다.	( )점

자기이해지능 체크리스트

자신을 돌아보고 앞으로의 생활을 계획하기를 좋아한다.	( )점
나의 건강 상태나 기분, 컨디션을 잘 파악한다.	( )점
평소 자신의 능력이나 재능을 계발하기 위해 투자한다.	( )점
일정을 정리하고 규칙적인 생활을 위해 노력한다.	( )점
과거보다는 미래에 대한 이야기를 더 많이 한다.	( )점
좋아하는 일과 싫어하는 일의 구분이 확실하다.	( )점
계획을 세우고 대체로 잘 지킨다.	( )점
무엇인가 결정할 때, 그 원인을 스스로 분석하고 노력한다.	( )점
자신의 장단점을 파악하고 있으며 그것을 잘 활용 및 관리한다.	( )점

자연친화지능 체크리스트

자동차를 보면 한 번에 이름을 알 수 있다.	( )점
길을 지나다가 애견을 보면 눈길이 가고 만진다.	( )점
식물을 잘 돌보며 주기에 맞게 물을 준다.	( )점
자신이 원해 애완동물을 키운 적이 있다.	( )점
애견 카페에 가는 것을 좋아한다.	( )점
현재 동식물 관련 직업에 종사하고 있다.	( )점
물소리, 빗소리 등 자연의 소리를 즐겨 듣는다.	( )점
식물의 이름을 잘 기억한다.	( )점
동물에 대한 호기심이 많다.	( )점
별자리나 달, 하늘, 구름 등에 대한 호기심이 많다.	( )점

다음 표는 지능 프로파일 Intelligences Profile로 자신의 강점과 약점을 한눈에 알 수 있게 한다. 각 체크리스트에 적은 해당 지능의 점수를 모두 더하여 지능 프로파일 표에 기록하고 8가지 지능의 순위를 매긴다. 1순위부터 3순위까지의 지능은 자신의 강점 지능이니 최대한 활용할 수 있도록 해야 한다.

지능	점수 총합	강점 지능 순서
언어지능		
논리-수학지능		
공간지능		
음악지능		
신체운동지능		
대인관계지능		
자기이해지능		
자연친화지능		

지능 프로파일은 크게 '레이저형 Laser Type'과 '서치라이트형 Searchlight Type'으로 나눌 수 있다.

레이저형 지능 프로파일은 빛이 한곳으로 모여 강하게 나타나는 레이저처럼 여덟 가지 지능 중 한두 가지의 지능에 장점이 집중적으로 높게 나타나는 유형이다.

모차르트는 음악 지능이 두드러진 레이저형 프로파일을 가진다. 아인슈타인은 논리수학지능과 공간지능이 정점을 가지는 레이저형 프로파일을 지니고 있다. 레이저형 프로파일을 가진 사람은 해당 영역에 강점을 가지기 때문에 해당 영역을 선택하고 집중하면 쉽고 빠르게 성장할 수 있다.

서치라이트형 지능 프로파일은 서치라이트 탐조등처럼 빛을 크게 분산시키기에 여덟 가지 지능 중 세 가지 이상의 영역에서 강점 점수가 넓고 균일하게 분포되어 있다. 서치라이트형은 지능의 상호보완적 영역을 선택하는 것이 좋다. 예를 들어 자연친화지능, 언어지능, 대인관계지능이 골고루 강점을 지닌 사람은 동물 조련을 통한 시범을 보이면 3가지 장점을 모두 발휘할 수 있다.

서치라이트형은 다양한 영역에 관심을 두고 서로 다른 강점 요소들을 점검하고 경험하며 큰 그림을 그려 나가야 한다. 일반적으로 레이저형보다는 서치라이트형 프로파일이 더 많이 나타난다.

다중지능을 통해 내면의 여러 가지 지능을 알아보았다. 사람에게는 강점 지능과 약점 지능이 공존한다. 강점 지능을 잘 활용하는 사람이 자신의 목적지에 더 빠르고 쉽게 도달할 수 있다. 내면의 강점 지능을 찾아 활용한다면 비전에 한 걸음 더 다가설 수 있다.

#선명함 #버킷리스트 #R=VD #신념의_법칙
#시각화 #빈도 #미래일기 #비전보드
#선승구전 #역행_로드맵 #롤_모델 #목표
#실패에_대한_두려움

두 번째

비전을 디자인하라

'꿈 Dream'과 '비전 Vision'은 같은 것 같지만, 엄연히 다르다. '꿈'이 막연한 미래를 생각하는 바람이라면, '비전'은 구체적인 생각을 글로 적거나 그림으로 그린 것이다.

꿈과 비전은 '선명함'에 차이가 있다. 막연하던 꿈을 구체적이고 뚜렷하게 선명도를 높이면 비전이 된다. 꿈은 두루뭉술하며 막연하기에 환상, 상상, 몽상, 바람으로 선명도가 낮다. 꿈을 구체적으로 적고, 눈으로 보듯이 생생하게 디자인하면 비전으로 업그레이드된다.

우리가 흔히 말하는 '꿈'은 '비전'이라기보다는 말 그대로 '꿈'에 해당한다. 꿈이 무엇이냐는 질문을 받았을 때 바로 대답하지 못하는 경우가 많다. 대답을 한다 해도 직업을 말하기 일쑤다.

바쁜 현실에 치여 꿈에 대해 생각해보지 않는 경우도 많다. 꿈이 없다는 것은 슬픈 일이다. 그런데 꿈은 있으나 그 꿈에 도달할 방법을 모르는 것은 더 슬픈 일이다. 꿈은 있지만 도달하지 못하는 근본적 이유는 자신이 무엇을 원하는지를 구체적으로 또는 정확하게 모르기 때문이다. 집을 지을 때, 가장 먼저 해야 구해야 할 것은 재료다. 재료에 따라 설계도가 달라지기 때문이다. 재료가 얼음이라면 이글루로, 나무라면 통나무집으로, 철근과 시멘트가 있다면 현대식 건축물로 설계도를 만든다.

앞서 자신의 비전, 즉 '재료'에 해당하는 강점 및 재능을 찾아보았다. 이제는 찾은 재료를 바탕으로 설계도를 그리는 과정인 '비전을 디자인'하는 단계이다.

건축가 존 플레밍 John Flemming은 "건축가는 설계를 마칠 때까지 건물을 지을 수 없다."라고 말했다. 아주 간단한 집은 설계도 없이도 지을 수도 있다. 하지만, 높은 건축물을 설계도 없이 짓는다면 도중에 삐딱해지거나 구조가 바뀔 수도 있고, 재료도 뒤죽박죽 섞일 수 있다. 설계도 없이 집을 짓는다면 천정은 기울어지고, 이 방에 있어야 할 것이 빠지거나 다른 곳에 자리 잡을지도 모른다. 설계도가 없는 건축은 매우 무모한 행동이다.

건축과 마찬가지로 비전을 디자인하는 과정을 거치지 않고 무작정 비전을 이루려고 하는 것 역시 매우 무모하다. 화살을 쏘려면 과녁을 정해야 한다. 과녁이 정확할수록 활의 방향과 힘을 조절할 수 있다. 과녁이나 목표물이 없다면 허공에 화살을 쏠 수밖에 없다. 먼저 과녁을 찾아 한가운데 10점을 겨냥하고, 10점을 맞추기 위해 거리와 화살의 포물선 그리고 바람의 방향과 세기를 계산한 뒤에 활시위를 놓아야 한다.

화가도 그림을 그리기 위해서 아무것도 없는 종이 위에 무엇을 그릴지 대상을 정해야 한다. 원하는 대상을 결정해야 다음 단계로 나아갈 수 있다. 대상을 정했다면 머릿속으로 구도를 잡고 설계한다. 그 후 스케치를 통해 배치를 마친 뒤에 본격적으로 그림을 그려 나간다. 즉, 원하는 것을 결정했다면 좀 더 뚜렷하고 상세한 목표를 설정해야 한다.

비전을 이루기 위해서는 전체 설계도를 구상해야 한다. 설계도를 바탕으로 준비해야 비전을 이루기 위해 해야 할 것과 비전을 이루기 위한 과정들이 조금 더 선명하게 보이기 시작한다. 설계도를 제대로 만들지 않는다면, 비전은 도중에 변경되어 중심을 잡지 못한 채 흔들리게 된다. 구체적인 설계도는 올해, 이달, 오늘 자신이 꿈을 위해 할 일이 무엇인지 알 수 있게 한다. 설계도가 없으면 자신을 위한 일이 무엇인지 알 수 없어서 눈앞의 유혹에 흔들릴 수 있다. 자신이 하고 싶은 일이 아닌 누군가가 시키는 일을 하며 살아가야 할지도 모른다.

작가 이지성은 『꿈꾸는 다락방』 이지성 저, 차이정원에서 꿈의 설계 방법을 제시하였다.

  "생생하게 꿈을 꾸면 이루어진다. (R = VD)."

비전을 디자인할 때는 구체적이고 눈앞에 보고 있는 것처럼 생생하게 그려야 한다. 생생한 비전은 자신에게 열정과 에너지를 불러일으킨다.

꿈을 디자인하지 않은 사람은 지금 당장 무엇을 해야 할지 모른다. 그래서 불안과 두려움을 가지게 된다. 반면, 꿈을 디자인한 사람은 희망에 차 먼 미래를 바라보면서 꿈을 준비하며 현재를 살아갈 수 있다.

『최고의 선물』 여훈 저, 스마트비즈니스의 저자이자 카피라이터 여훈은 "술에 취해 보이는 것은 헛것이지만, 꿈에 취해 보이는 것은 현실이 될 미래이다."라고 말했다.

지금부터 자신만의 꿈을 생생하게 그리는 비전을 열어보자.

버킷 리스트:

죽기 전에 하고 싶은 일

티나 산티 플래허니의 『워너비 재키』 티나 산티 플래허니 저/이은선 옮김/
웅진윙스 중에 다음과 같은 글이 있다.

> 어디로든 가고 싶으면,
> 먼저 자신이 어디로 가고 싶은지부터 알아야 한다.
>
> 인생에서 바라는 걸 이루고 싶으면,
> 자신의 소신을 먼저 파악해야 한다는 뜻이다.
>
> 언뜻 듣기에는 간단한 일 같지만,
> 성공은 내가 누구이고 어떤 생각을 하는 사람인지
> 아는 데서 시작하고 끝난다.

비전도 마찬가지다. 자신이 어떤 꿈을 꿔야 할지, 인생에서 바라는 것이
무엇인지, 어떤 생각을 하고 있는지를 아는 것부터 시작해야 한다. 자신
의 내면에 잠든 비전을 현실로 이루고 싶다면 자신이 원하는 것이 무엇
인지 명확하게 결정해야 한다.

영화 버킷리스트

내 인생을 바꾸게 되는 결정적인 영화가 있었다. 영화의 제목은 『버킷리스트 The Bucket List』이다. 2007년 개봉한 이 영화의 부제는 '죽기 전에 꼭 하고 싶은 것들'이다.

폐암에 걸린 자동차 정비사 카터 모건 프리먼 분와 병원계의 재벌 사업가 에드워드 잭 니콜슨 분는 우연히 같은 병실에서 생활하게 된다. 적적했던 카터는 대학교 신입생 시절 철학 교수가 과제로 내주었던 '버킷리스트'를 떠올리고는 종이에 적는다. 버킷리스트를 적은 그날, 카터는 자신의 삶이 1년도 채 남지 않았다는 시한부 통보를 받는다. 커터는 '버킷리스트'도 소용이 없겠다며 종이를 구겨 바닥에 버리자, 에드워드가 버려진 종이를 주우며 카터에게 말한다.

> 에드워드: "우리 이거 해봅시다. 진짜 해봅시다. 돈 걱정은 말고.
> 난 있는 것이 돈뿐이잖소."
> 카터:　　"이건 그냥 적어본 것뿐이오."
> 에드워드: "이게 기회요."
> 카터:　　"도대체 무슨 기회?"
> 에드워드: "지금 아니면 못한단 말이지. 어차피 한배를 탔어. 이게
> 진짜 기회요. 여기서 기적이나 바라고 실험 따위나
> 당하면서 있지 말자고."

에드워드는 카터를 설득하며 목록을 추가하고, 함께 본격적으로 버킷리스트를 실행하기 위해 길을 나선다.

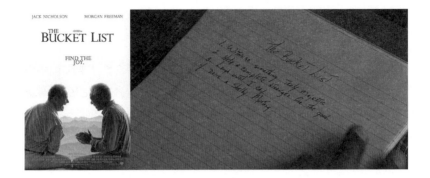

영화 속 두 사람의 버킷리스트

  1. 정말 장엄한 광경 보기; Witness something truly majestic

  2. 낯선 사람 도와주기; Help a complete stranger for a common good

  3. 눈물이 날 정도로 실컷 웃어보기; Laugh till I cry

  4. 쉘비 머스탱 운전하기; Drive a Shelby Mustang

  5. 세상에서 가장 아름다운 여인과 키스하기;
     Kiss the most beautiful girl in the world

  6. 문신하기; Get a tattoo

  7. 스카이다이빙 하기; Skydiving

  8. 영국 스톤헨지 방문하기; Visit Stonehenge

  9. 프랑스 루브르 박물관에서 일주일을 보내기; Spend a week at Louvre

  10. 이탈리아 로마 둘러보기; See Rome

  11. 이집트 피라미드 둘러보기; See the pyramids

  12. 아프리카 세렝게티에서 사냥하기; Hunt the big cat

  13. 잊고 있던(헤어졌던) 사람과 다시 연락하기; Get back in touch

그들은 함께 스카이다이빙을 하고, 자동차 경주도 하고, 만리장성에서
오토바이도 몰아보고, 아프리카 사파리에서 모험을 하는 등 하나씩

항목을 실현하며 성공한 항목마다 줄을 그었다. 결국, 병이 심해진 카터가 먼저 세상을 떠나고, 에드워드는 81세에 죽음을 맞이한다. 예상보다 훨씬 더 오래 산 것이다. 두 사람은 눈이 오는 높은 산꼭대기에서 묻힌다. 에드워드의 비서는 두 사람의 버킷리스트를 꺼내 '정말 장엄한 광경 보기'에 줄을 긋는다. 두 사람의 버킷리스트 항목이 모두 이루어진 것이다.

나는 이집트에서 카터가 에드워드에게 말하는 장면이 가장 기억에 남는다. 고대 이집트인은 죽음에 대해 멋진 믿음이 있었다. 사람의 영혼이 하늘에 가면 신이 두 가지 질문을 던진다고 한다. 그 대답에 따라 천국에 갈지 말지 정해지는 것이다. 그 두 가지 질문은 다음과 같다.

> ☐ 인생의 기쁨을 찾았는가?
> Have you found joy in your life?
> ☐ 자신 인생이 다른 사람들을 기쁘게 했는가?
> Has your life brought joy to others?

영화를 접했을 당시 나는 삶의 기쁨이 무엇인지도 생각해보지 않았다. 그리고 타인에게 기쁨을 주었느냐는 질문에도 대답하지 못했다. 그래서 나의 버킷리스트를 적고, 왜 이 일을 해야 하는지에 대해 스스로에게 물음을 계속했다.

지금은 내 인생의 기쁨을 찾았다. 글을 쓰는 기쁨을 발견했고, 강의를 통해 누군가를 긍정적으로 바꾸는 기쁨도 찾았다. 글쓰기와 강의는 나를 위한 일이자 타인을 기쁘게 하는 일이라서 그 기쁨은 더욱 크고 즐겁다. 내 글에 대한 독자의 리뷰나 강의 후 응원은 나를 더 기쁘게 했다.

『버킷리스트』는 영화에 불과하다고 말하는 사람들도 있다. 물론 틀린 말이 아니다. 하지만, 버킷리스트를 작성하고 실제로 이룬 사람들이 있다. 나는 이 영화 덕분에 하고 싶은 것을 적기 시작했고, 그것들을 현실로 만들게 되었다.

모험왕 존 고다드의 꿈의 목록

1944년 어느 비 내리는 날, 15세 소년 존 고다드 John Goddard는 할머니와 숙모가 차를 마시면서 나누는 대화를 듣고 있었다. 그들의 대화는 "만약 내가 그때 그렇게 했더라면"이라는 흔한 후회의 반복이었다. 고다드는 '예전에 무엇을 했더라면'이라는 후회는 하지 말아야겠다고 결심하며, 책상에 앉아 자신이 하고 싶어 하는 일의 목록을 적어 내려가기 시작했다. 'My Life List 나의 꿈의 목록'이라는 제목 아래 자신의 평생에 하고 싶은 것, 가지고 싶은 것, 가고 싶은 곳, 배우고 싶은 것을 적은 것이다. 조금만 노력하면 도달할 수 있는 것부터 불가능해 보이는 것들까지 개의치 않고 모두 종이에 써 내려갔다.

고다드의 버킷리스트에는 나일강 탐험, 아마존 탐험, 에베레스트 등정, 빅토리아 호수에서 수영하기, 홍해 해저 탐험, 달 여행, 세계 일주, 의료 활동, 비행기 조종술 배우기 등의 127개로 채워졌다. 고다드는 목록을 항상 가지고 다니면서 시간이 날 때마다 그 목록을 들여다보고 달성해내는 자신의 모습을 상상했다.

https://openworldmag.com/real-life-indiana-jones-john-goddard/

성년이 된 고다드는 28년 동안 자신의 리스트에 적힌 대로 의사, 인류
학자, 영화 제작자, 세계적인 탐험가가 되어 있었다. 미국의 잡지 LIFE는
그를 '꿈을 성취한 미국인'으로 대서특필하였다. 당시 그의 꿈의 목록
127개 중 111개가 달성되어 있었다. 꿈의 목록 대부분을 이룬 그는 마지막
리스트였던 '127번째 - 21세기를 살아보기'도 달성하고 90세의 나이로
삶을 마감했다.

꿈쟁이 김수영의 버킷리스트

『멈추지 마! 다시 꿈부터 써봐』, 『당신의 꿈은 무엇입니까?』김수영 저/
꿈꾸는 지구 등의 베스트셀러 작가이자, '꿈 전도사' 김수영 대표도 자신의
꿈을 목록으로 작성하면서 인생이 바뀌었다.

김수영 대표는 지금은 누구보다 화려하고 멋진 인생을 살고 있지만, 학창 시절에는 소위 말하는 문제아였다. 자신이 무엇을 해야 하는지도, 왜 살아가는지도 몰랐기에 인생을 포기한 상태였다. 하지만, 꿈을 찾고 자신의 꿈의 목록을 적으면서 인생은 180도 바뀌었다.

학창 시절, 그녀는 머리카락에 과산화수소를 발라 노랗게 탈색했고 그로 인해 선생님께 많은 체벌을 받았다. 술과 담배는 기본이었고 폭주에 가담하기도 했다. 패싸움으로 목숨을 잃을 뻔도 했고, 세 차례의 가출에 3개월 동안의 거리 생활도 경험했다. 학교에서 자퇴 처리를 당한 그녀는 중학교 검정고시를 보고 전문계 고등학교에 입학한다. 그러던 어느 날, 그녀는 신문에서 이스라엘과 팔레스타인 전쟁 관련 기사를 읽게 되었다. 매일 생사의 갈림길인 사람들을 보니 자신이 우물 안의 개구리였음을 깨닫고 충격을 받는다. 그녀는 지금부터라도 가치 있는 삶을 살고 싶다는 생각했다. 그녀는 세상의 소식을 전하는 기자가 되겠다는 꿈을 꾸며 대학교 진학을 목표로 공부한다.

주변 사람들은 문제아는 안 된다느니, 해당 학교 개교 이래 서울에 있는 4년제에 간 경우가 없다느니 하며 그녀를 비웃었다. 그녀의 어머니조차 빨리 취직해서 집안을 도우라느니, 학비를 어떻게 대려고 그러느냐며 꿈을 버리라고 말했다. 그러나 그녀는 꿈을 포기할 수 없었다. 여기서 포기하면 평생을 지금 같은 부정적인 인생으로 살아갈 것 같았다. 그녀는 아침 7시부터 밤 11시까지 독학으로 공부했다. 다른 사람이 버린 문제집을 주워 지우개로 지워가며 공부를 했다. 그리고 원하던 대학에 갈 수 있는 점수를 받았지만, 그녀의 집안 형편으로는 대학

등록금 마련이 힘들었다. 어떻게 잡은 기회를 놓칠 수 없어 고민하고 있었다. 그때, 그녀의 학교에서 KBS「도전! 골든벨」촬영이 있었고, 그녀는 전문계 고등학생 최초이며 9대 골든벨 수상자가 되었다. 방송 프로그램을 통해 받은 장학금으로 그녀는 대학교에 입학했다. 대학교 졸업한 후에는 세계적 금융회사 골드만삭스에 입사하였다.

좋은 소식도 잠시, 25살에 건강 검진 중 암세포가 발견되었다. 다행히 수술에 성공해 생명에는 지장이 없었지만, 그녀는 고민에 빠졌다.

"언제 죽을지 모르는 인생인데, 어떻게 하면 정말 하루하루를 행복하게 살 수 있을까?"

그녀는 자신이 하고 싶은 일들을 적어, 73개의 꿈 리스트를 작성했다. 가족, 자기 계발, 창의력, 부 富, 모험, 개인적 경험, 즐김, 건강 등 꿈의 카테고리 Category를 설정하여 중요도와 긴급도를 기준으로 점수를 매기고 꿈의 마감 시간을 설정했다. 그녀는 『멈추지 마, 다시 꿈부터 써봐』를 출간하면서 '고향에 부모님 집 사드리기', '부모님 효도 여행 보내드리기', '성지순례' 등 자신의 목록을 하나씩 이루어갔다. 그녀의 부모님은 "이제는 기적을 믿는다."라며 그녀의 가장 큰 지원군이 되었다. 그녀는 꿈을 조금씩 이루어 가는 동안 리스트를 계속 업그레이드하였다.

"꿈은 생각만 하면 바람일 뿐입니다. 바람은 생각하면 바람처럼 날아 가버립니다. 그러나 이것을 글로 써두면 자기 인생과의 계약이 됩니다. 그 각각의 꿈에 시간을 정하면 계획이 되고 계획을 실천하면 현실이 되지요."

『멈추지 마, 다시 꿈부터 써봐』 중에서;
김수영 저/꿈꾸는 지구

나의 버킷리스트

영화 『버킷리스트』를 본 뒤, '나도 언젠가는 세상을 떠날 것인데, 내가 하고 싶은 것은 무엇일까?'라는 생각에 잠겼다. 연습장을 펼치고 무작정 하고 싶은 일을 써 내려갔다. 목록이 길어질수록 설명할 수 없는 좋은 기분이 느껴졌다. '만약, 이렇게 쓴 일들을 내가 해낼 수 있다면 얼마나 좋을까!'라는 기분 좋은 상상이 계속되었다. 처음 버킷리스트 목록은 32개였는데 이후 계속 추가 및 수정을 통해 더 많아지고 있다.

나는 버킷리스트를 휴대전화에 저장해두고, 시간이 날 때마다 꺼내 보고 있다. 내 블로그에 버킷리스트를 공개해놓기도 했다. 리스트 중

1. 50권의 책 출판하기(2021년 현재 11권) 2. 베스트셀러 작가 3. 대한민국 스타강사 4. 콘서트 하기 5. 아름다운 여자와 결혼하기 6. 대학교 교수 되기 7. 내 이름을 단 책 쓰기 8. 방송출연하기 9. 방송에서 강의하기 10. 강의 한 시간에 100만 원 받기 11. 방송에서 진행자 되기 12. 배에 王자 복근 13. 시내 한복판에서 콘서트 하기 14. 외국인과 의사소통하기 15. 유럽여행 16. 외국에서 6개월 동안 살아보기 17. 100개의 강의안 만들기(2021년 현재 180개) 18. 전국 강의 콘서트 하기 19. 크리스마스 전국 투어 콘서트하기 20. 살사 공연하기 21. 청소년들에게 강의하기 22. 할머니와 가족 해외여행 23. 가요제에서 1등 하기 24. 연봉 1억 이상 25. 음반 발매하기 26. 청중 만 원 채우기 27. 파워블로거 28. 내 서재 만들기 29. UCC 만들기 30. 석사 학위 취득 31. 거북이 멤버 만나서 노래하기 32. 싸이와 무대에 서기 33. 홀런 치기 34. 해외에서 강의하기 35. 네이버 인물에 등록되기 36. 명함에 이름만 넣기 37. 무한도전 출연하기 38. 길거리 버스킹하기 39. MC리더스 정회원 40. 아빠 되기

'8. 방송 출연하기'라는 리스트를 적은 뒤 tvN「코리아 갓 탤런트」, MBC「무한도전」, KBS「아침마당」까지 세 번 출연하는 신기한 일들이 벌어졌다.

나는 가장 좋아하는 프로그램인「무한도전」에 꼭 한번 출연해 보고 싶었다. 꿈에서 내가 무한도전에 멤버가 되는 꿈도 여러 번 꾸었다. 2011년에 버킷리스트 중 '콘서트 하기'를 준비 중이었다. 내가 좋아하고 닮아가고 싶은 가수 싸이를 패러디한 "싸니 콘서트"였다.

어느 날,「무한도전」에서 "싸이 닮은꼴을 찾습니다. 소셜네트워크로 신청해주세요."라는 공지를 내보냈다. 솔직히 나는 싸이와 닮지는 않았지만, 싸이와 비슷하게 노래를 부르고 춤도 출 수 있었기에 신청하기로 마음먹었다. 그리고 내 버킷리스트에 '무한도전 출연하기'를 적었다. 두 명의 백댄서와 함께 영상을 찍어 지원했다. 그러자 무한도전 작가에게서 다음과 같은 답장이 왔다.

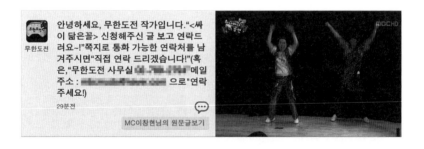

결국,「무한도전」에 섭외되어「무한도전」녹화를 위해 일산 MBC에 갔다. 2시간의 기다림 끝에 14명의 도전 팀 중 마지막으로 녹화에 들어

두 번째

가며 약 20분 정도 녹화에 즐겁게 임했는데 실제 방송에서는 '통편집' 되어 2초 분량으로 축소되었고 닮은꼴에도 선정되지 못했다. 하지만, 무한도전 멤버들과의 만남은 즐거운 추억이 되었고, 내 버킷리스트 중 한 가지를 완성할 수 있었다.

그 후 내 버킷리스트에 있는 항목인 '콘서트 하기'가 시작되었다. 20곡을 불렀으며 클럽 댄스 타임도 가졌다. 많은 지인이 콘서트를 응원해 주었고 나름 성황리에 콘서트를 마칠 수 있었다. 2016년 3월에 아름다운 마음을 가진 여자와 결혼하며 신혼여행을 이탈리아로 다녀왔다. 그리고 지금은 두 아이의 아빠가 되어 콘서트 이후 세 가지의 버킷리스트를 더 완성할 수 있었다.

지금까지 내 버킷리스트의 40개 항목 중 21개를 완성하였다. '나도 하면 되는구나!'라는 자신감이 생겼다. 요즘도 버킷리스트를 보면서 '어떻게 해야 그것을 이룰 수 있을까?'를 생각하며 그 방법과 이뤄졌을 순간을 상상하며 즐거운 나날을 보내고 있다.

당신의 버킷리스트

많은 사람은 돈과 시간 때문에 할 수 있는 일이 제한된다고 생각한다. 돈과 시간에 구애받지 말고 자신이 진심으로 자신이 하고 싶은 것들을 목록으로 하여 버킷리스트를 작성하면 된다.

버킷리스트 작성을 사람들에게 제시하면 대부분 자신의 인생에 대한 진지한 고찰이 없었기 때문에 빈 종이에 무엇을 써야 할지 고민한다. 밥 비엘과 폴 스웨츠가 함께 쓴 책『꿈을 향한 31일간의 여행 Dreaming Big』밥 비엘, 폴 스웨츠 공저/박영인 역/큰나무에서는 버킷리스트를 조금 더 쉽게 쓰기 위해 '되기', '하기', '갖기', '돕기' 네 개의 목록으로 나누라고 권한다.

'되기'는 자신이 어떤 사람이 되는 것이다. '되기'를 위해서는 자격이나 역량을 갖추어야 하기에 쉽게 적을 수 없는 경우가 많다. 예를 들면 '전문경영인 되기', '아빠 되기', '작가 되기', '벤처기업 CEO 되기' 등 직업이나 역할의 목록이다.

'하기'는 자신이 어떤 일을 달성하거나 실행하는 것이다. '하기'는 한 번 이상 하는 것으로 처음 하는 것에 대한 설렘과 호기심을 정할 수 있다. 대부분 사람이 쉽게 적을 수 있는 목록이다. 예를 들어 '유럽 5개국 여행하기', '번지 점프하기', '방송 출연하기', '야구장에서 프로포즈하기' 등 자신이 경험하고자 하는 소망을 담은 목록이다.

'갖기'는 자신이 무엇인가를 소유하는 것이다. 소유욕은 인간이 가진 욕구 중 하나이기 때문에 쉽게 쓸 수 있을 것이다. 예를 들어 '벤츠 외제차 갖기', '명품 가방 갖기', '내 집 갖기', '서재 갖기', '전용 비행기 갖기', '정원이 있는 집 갖기' 등 무엇인가 소유하기를 소망하는 목록이다.

'돕기'는 자신이나 가족을 제외한 타인에게 도움을 주는 것이다. 꿈을 이루면 자신의 이득만 채우는 것이 아니라 다른 사람에게 내가 영향을 미칠 수 있다. 이 목록은 '자신의 인생이 타인들을 기쁘게 했는가?'에 대한 목록이다. 멀리 있는 제3 세계의 많은 사람에게 도움을 줄 수도 있지만, 내 주위의 어려운 이웃이나 길가의 할머니에게도 도움을 줄 수 있다. 예를 들어, '아프리카의 어린이에게 한 달에 3만 원 후원하기', '크리스마스 때, 불우이웃들에게 장갑 선물하기', '구세군 냄비에 10만 원 넣기', '내 이름으로 된 장학재단 만들기' 등 다른 사람을 돕는 것을 희망하는 목록이다.

다음 표의 빈칸에 각 항목당 최소 3개 이상의 목록은 적어보자. 이 표에 자신이 생각하는 모든 것을 적어도 좋다.

	되기	하기	갖기	돕기
1				
2				
3				
4				
5				

빈칸에 항목을 쓸 때는 구체적으로 적는다. 영화 『버킷리스트』에서처럼 "중국 여행하기"가 아니라 "중국 만리장성에서 오토바이 타기"처럼 구체적일수록 더 좋다. '프랑스 파리 여행하기'보다는 '프랑스 파리의 에펠탑 앞에서 사진 찍기' 또는 '프랑스 파리 노천 테이블에서 커피 마시기'처럼 구체적인 행위까지 적는 것이 더욱더 효과적이다.

기억에 남는 버킷리스트는 "육대주-아시아, 아프리카, 유럽, 남미, 북미, 오세아니아-에 똥 누고 오기"라는 재미있는 목록도 있었다.

나만의 버킷리스트, 가족의 버킷리스트, 커플의 버킷리스트 등 앞으로 내가 원하는 것을 버킷리스트에 적자. 이 버킷리스트는 자신의 생각을 그 방향으로 이끌고, 이룰 수 있는 방법을 찾게 한다.

생생하게 꿈꾸면
이루어진다

"당신은 정말 대단한 투자가십니다. 세계 투자역사상 누구도 당신과 비교할 사람이 없습니다. 주식시장의 전문가이며 월가의 펀드매니저들에게 많은 영향을 주셨습니다. 당신은 많은 펀드 매니저가 존경하는 롤 모델입니다. 그렇게 된 비결이 무엇입니까?"

한 사람이 워런 버핏에게 칭찬과 함께 성공의 비결을 물었다. 워런 버핏은 다음과 같이 말했다.

"알고 보면 제 성공의 비결은 그렇게 특별한 것은 없습니다. 그렇게 물으시니 비결이라 한다면 저는 어렸을 때부터 책을 가까이하며 자수성가한 사람들의 이야기에 푹 빠져 살았습니다. 저는 성공한 사람들의 이야기를 읽으며 미래에 성공한 내 모습을 계속 상상했습니다. 이렇게 성공한 제 모습을 그려 나갔던 상상이 저를 성공으로 향하는 원동력이 되어 주었습니다."

워런 버핏은 아주 어렸을 때부터 세계에 손꼽는 부자가 되겠다는 선명한 상상을 자주 했다. 그는 스스로 자신이 부자가 되리라는 사실을 의심해 본 적이 단 한 순간도 없었다. 그의 성공의 비결은 생생하게 비전을 그리는 것이었다.

이지성 작가의 책 『꿈꾸는 다락방』 이지성 저/차이정원이 알려지면서 "생생하게 꿈을 꾸면 이루어진다."라는 표현을 많이 사용하게 되었다. 공식으로는 'R = VD' 한 번쯤은 들어보았을 것이다. 여기에서 'R'은 'Realization 현실', 'V'는 'Vivid 생생한, 선명한', 'D'는 'Dream 꿈'이라는 뜻이 담겨 있다. 이것은 꿈을 이룬 사람들이 사용한 기법이다.

이 방법은 꿈을 한 단계 더 업그레이드시킨다. 이렇게 생생하게 꾸는 꿈을 비전이라 한다. 꿈이 '막연한 상상'이라면 비전은 '구체적인 상상'이라 할 수 있다.

비전이라는 어원은 Vis(보다)+ion(접미사)가 합한 단어로 '보다'라는 뜻이 담겨 있다. 비전은 자신의 미래에 상상한 것을 볼 수 있는 청사진으로 미래의 사진이다. 자신이 가진 비전이 있다면 이제는 더욱 생생하게 상상해야 한다. 상상할 때는 구체적이고 상세할수록 좋다.

생생하게 꿈꾸어 자신의 비전을 이룬 사람들의 이야기를 보자.

12살 때부터 영화감독을 머릿속에 그린 스티븐 스필버그

영화계의 거장 스티븐 스필버그 Steven Spielberg는 12살 때부터 생생하게 꿈을 꾸기 시작했다. 스필버그는 오로지 영화에 관심이 있었고, 공부는 관심 밖이었다. 그는 수업 시간에도 책의 페이지 끝에 만화를 그려 페이지를 넘기면 그것이 만화영화가 되게끔 하는 장난을 하는 데에 몰두했다.

스필버그는 아버지에게 공부하겠다는 조건으로 아버지의 카메라를 빌려 단편 영화를 만들기 시작했다. 14살이 되었을 때, 40분짜리 전쟁 영화를 만들기도 했다. 16살에는 용돈을 모아 산 16밀리미터 카메라로 자신의 최초의 SF영화 『불빛 Firelight』을 만들었다. 하지만, 스필버그의 영화는 아무도 알아주지 않았다.

17살의 스필버그는 영화에 대해 더 배우고 싶었고, 영화에와 관련된 사람들도 알고 싶었다. 그는 촬영장에 몰래 들어갔다가 쫓겨난 적도 있었으며, 정문을 통과하기 위해 신사복을 입고 아버지의 가방을 들고 감독인 척하기도 했다. 스필버그는 빈 사무실을 찾아내 자신의 이름을 적은 간판을 무작정 내걸었다. 감독처럼 옷 입고, 말하고, 행동했기에 아무도 스필버그를 의심하지 않았다. 그는 스튜디오에서 세계적인 감독들이 일하는 것을 바로 옆에서 지켜보면서 어깨너머로 배우기 시작했고 주변의 사람들과 관계를 맺을 수 있었다.

스필버그는 대학 시절 매우 신비롭고 개인적인 주제로 한 편의 영화를 만들었다. 이때 만든 영화는 상업적인 성격이 더 강하게 묻어나기 시작했다. 이 영화는 1969년 애틀란타 영화제에 출품한 『앰블린 Amblin』이다. 상영시간은 22분으로 모자베 사막에서 태평양까지 히치하이크하는 소년과 소녀에 관한 이야기이다. 스필버그는 훗날 이 영화에 대해 "펩시콜라 광고 같은 것입니다."라며 부끄러워했다.

영화 『앰블린 Amblin』은 스필버그에게 큰 행운을 가져다주어 베니스 영화제와 애틀랜타영화제에서 수상했다. 그로 인해 유니버설 영화사의 중요 인사들의 눈길을 받기 충분했다. 그 후 『죠스』, 『E.T』, 『후크』, 『쥬라기 공원』 등 많은 영화를 흥행시킨 이 시대의 최고의 영화감독이 되었다.

1989년 한 인터뷰에서 스필버그는 "나는 12살 때 영화감독이 되기로 마음먹었다. 나는 내 꿈을 분명하게 그렸고, 실제로 영화감독이 되었다." 라고 말했다. 스필버그의 초등학교 동창 짐 솔린버거는 "스티븐 스필버그는 그때부터 자신이 아카데미 시상식에 참석해서 상을 타고 관객들에게 감사의 말을 전달하는 광경을 간절하게 상상했다. 그가 그 광경을 너무도 생생하게 꿈꾸고 말했기에 우리는 그의 소망을 잘 알고 있었다." 라고 말했다.

스필버그는 12살부터 생생하게 꿈을 꾸었다. 영화의 성지인 유니버설 스튜디오에 가서 감독 행세를 할 만큼 진정으로 원했다. 결국, 그는 자신이 꿈꾸던 세계를 영화로 만들었고, 이를 통해 지구촌 사람에게 상상의 세계를 열어주었다.

대장 계급장으로 꿈을 꾼 체스터 니미츠 소위

1920년대 중반, 미국의 한 항공모함에서 행사를 준비하고 있었다. 해군 최고 사령관은 행사를 앞두고 자신의 계급장이 망가진 것을 발견했다.

최고 사령관이 계급장도 없이 행사를 치를 수 없어 참모들을 불러 대장 계급장이 있는지 물었다. 대장 계급장은 군대에서 제일 높은 계급이기에 주위의 참모들도 아무도 가지고 있지 않았다. 최고 사령관은 혹시나 하는 마음에 선내 방송을 했다.

"장병들에게 알립니다. 대장 계급장이 있는 장병은 즉시 함장실로 오기 바랍니다. 그에 상응하는 포상을 하겠습니다."

방송한 지 10여 분이 지났을 무렵, 한 소위가 함장실로 찾아왔다. 소위의 손에는 대장 계급장이 들려 있었다. 최고 사령관은 그토록 찾던 대장 계급장이 매우 반가워했다. 하지만, 상대적으로 계급이 낮은 소위가 대장 계급장을 가지고 있었던 것이 너무 의아해 물었다.

최고 사령관: "소위인 자네가 어떻게 대장 계급장을 가지고 있는가?"

니미츠 소위: "네, 제가 졸업하고 소위로 임관할 때 장차 대장이 되라며 애인이 대장 계급장을 선물해주었습니다. 저도 꼭 해군 제독이 되고 싶어 가슴에 항상 품고 다니던 것이었습니다."

최고 사령관: 허허, 자네는 훌륭한 애인을 두었군. 그렇게 간절하게 원하고 계급장을 가지고 다니는 자네는 꼭 대장이 될 걸세. 따로 포상하지 않아도 되겠어. 해군 장군이 될 테니 말이야. 허허."

체스터 니미츠 Chester William Nimitz 소위는 마침내 1941년 태평양 최고 사령관이 되어 맥아더 장군과 함께 태평양 전쟁을 승리로 이끈 주역이 되었다. 1945년에는 별 4개의 대장보다 높은 미 해군 최초의 5성급 원수가 되며 미국 해군 역사의 명장이 되었다.

가짜 수표를 진짜로 바꾼 짐 캐리

유명한 배우의 꿈을 키우던 한 무명의 남자가 있었다. 그는 아픈 어머니를 즐겁게 해주려고 희극을 시작했다. 캐나다에서 미국으로 건너와 배우의 꿈을 꾸었지만, 쉽게 이루어지지 않았다. 그는 너무나 가난해서 폐차 직전의 중고차에서 쪽잠을 자고, 햄버거 하나로 끼니를 해결해야만 했다. 심지어 그는 버려져 있는 빵을 주워 먹기도 했다. 그는 지금은 비록 자신의 처지가 좋지 않지만 스스로 유명한 배우가 될 것이라는 것을 굳게 믿었다.

그는 시각화에 관한 내용이 있는 책을 읽었다. '시각화'란 자신이 꿈꾸는 모습을 눈으로 보듯 생생하게 상상하는 것이다. 그는 매일 자신이 유명한 사람이 된 상상을 했다.

1990년 어느 날, 아버지를 즐겁게 해 드리기 위해 문방구에서 가짜 백지수표를 사서 거기에 1,000만 달러 한화로 약 100억 원라고 적었다. 그는 아버지에게 가짜 수표를 보여주면서 나중에 진짜로 꼭 바꿔 주겠다고 이야기했다. 그는 자신의 연기 대가로 1,000만 달러의 금액을 받을 것이라고 굳게 믿었다. 수표에는 지급날짜를 '1995년 추수감사절까지' 마감 기한까지 적었다. 그리고 그것을 지갑에 넣고 다니면서 다시 보고, 또다시 보며 연기연습에 매진했다.

그는 긴 무명 시절을 거쳐 1994년 영화 『마스크』로 자신의 이름을 알리고, 1995년 『배트맨3 포에버』, 『덤 앤 더머』를 통해 700만 달러를 벌게 되었다. 이렇게 세 편의 영화로 그는 1995년 추수감사절 전까지 가짜 수표에 쓴 것을 진짜로 이루었다. 그의 이름은 할리우드 스타 짐캐리 Jim Carrey이다.

생생하게 꿈을 꾸고 믿어라

"신념의 법칙 The Law of Belief"은 '자신이 무엇을 믿든지 진심으로 믿으면 그것이 현실이 된다.'는 법칙이다. 무엇이든 사실이라고 강하게 믿으면 믿을수록 그것이 일어날 가능성은 커진다. 무엇을 사실이라고 계속해서 확실하게 믿으면, 부정적인 생각은 줄어들면서 결국 머릿속에서 사라진다. 생각을 계속 믿기로 하면 일치하지 않는 정보는 머릿속에서 지워버리기 때문이다.

사람의 뇌는 자신이 보고 싶은 것 중 자신의 생각이나 원하는 것과 일치하는 정보만 선택한다. 반대로, 원하는 정보를 제외한 나머지는 눈에 각인되지 않고 무시되는 경향이 있다. 옆 사람의 이야기가 들리지 않을 만큼 음악을 크게 틀어놓은 상황에서 누군가 자신의 이름을 부르면 돌아보게 되는 것과 같은 원리다.

하버드대학교 교수이자 근대 심리학의 아버지라 불리는 윌리엄 제임스 William James 교수는 다음과 같이 말했다.

"믿음이 현실을 만든다."

사람은 보는 대로 믿는 것이 아니라 믿는 대로 본다. 자신이 원하는 것을 생생하게 꿈을 꾸면 원하는 것이 나에게로 다가와 현실로 다가와 조금씩 이루어진다.

스티븐 스필버그, 체스터 니미츠, 짐 캐리 모두 자신의 미래를 생생하게 비전으로 보았다. 그렇게 되기 위해 큰 노력을 했으며 결국 자신의 꿈을 현실로 만들었다. 니미츠 제독과 영화배우 짐 캐리는 더 생생하게 꿈꾸기 위해 도구를 사용했다. 니미츠 제독은 장군 계급장을 이용했고, 짐 캐리는 가짜 백지수표를 사용했다. 이들의 공통점은 자신이 그렇게 될 수 있을 것이라는 자기 확신과 자신이 그렇게 되었을 때의 모습을 생생하고 구체적으로 그리고 있었다.

막연한 미래를 생각하는 바람인 꿈을 비전으로 업그레이드시키는 방법은 바로 구체적으로 눈으로 보듯이 생생하게 꿈을 디자인하면 된다. 예를 들어 꿈이 '선생님'인 사람은 좀 더 구체적으로 선생님으로서의 위치, 학년, 과목 등을 자세하게 디자인하는 것이다. 꿈이 '선생님'이라면 비전은 '서울에 있는 대안학교에서 학생들에게 꿈을 가르치는 진로 교사가 되어 학생들에게 자신감과 비전을 통해 멋진 사람이 되도록 돕는 사람'으로 구체화 시켜야 한다.

내가 지금 쓰고 있는 글도 내 책의 전체 중에서 일부가 되는 큰 그림을 보고 쓰고 있다. 이 책이 서점 한쪽에 있는 모습을 생생하게 그리며 이 글을 쓰고 있다. 대형서점에서 팬 사인회를 하는 상상을 하기도 한다. 나는 죽기 전까지 50권의 책을 쓰는 작가가 되어 많은 사람에게 영향을 줄 수 있다는 비전을 가지고 글을 쓴다.

생생하고 구체적인 방법으로 만드는 것이 비전을 디자인하는 방법의 핵심이다. 이렇게 생생하고 구체적인 비전을 그리고 행동하면, 조금씩 현실에서 나타난다.

시각화 기법으로
비전 디자인하기

빌 게이츠는 마이크로소프트를 세울 때 "모든 책상에 컴퓨터가 놓여 있도록 하겠습니다."라는 말을 했다. 이 말은 누구나 한번 들으면 그림으로 그릴 수 있는 명료한 비전이다. 당시에 컴퓨터 한 대는 한 방 가득한 크기와 비싼 가격으로 모든 책상에 컴퓨터를 올린다는 것은 불가능하다고 생각하며 빌 게이츠의 말을 비웃었다. 하지만, 지금은 빌 게이츠가 만든 프로그램이 있는 컴퓨터가 개인의 책상에 올라가 있다.

에스티 로더의 시각화

20세기에 가장 성공한 여성 중의 한 명인 에스티 로더 Estee Lauder는 '시각화 Visualization'를 통해 자신의 꿈을 성장시켰다.

로더는 젊은 시절 어떤 부자 동네의 미용실에 들렀다. 한 부자 아주머니에게 옷이 예뻐서 어디서 샀는지 물었다. 하지만 부자 아주머니는 "자네가 알아서 뭘 해! 어차피 자네 같은 가난뱅이는 평생 손도 못 댈 거야"라는 말로 그녀에게 상처를 주었다. 로더는 아주머니에게 아무런 대꾸도 못 한 체 울면서 미용실을 뛰쳐나왔다. 그녀는 보란 듯이 성공하고야 말겠다는 생각을 확고하게 결단했다.

로더는 성공한 사람들을 철저히 연구하며 성공한 사람들은 성공을 불러들이는 비법이 있다는 것을 알아냈다. 성공을 불러들이는 비법은 자신이 가진 상상을 눈으로 볼 수 있을 만큼 생생하게 시각화하는 방법이었다. 시각화는 이미 성공한 모습을 마음속에 그리며 행동하는 것이었다.

로더는 동네 미용실에서 화장품을 팔면서 최고의 화장품회사를 꿈꾸었다. 그녀는 그 방법을 따라서 머릿속으로 자신의 회사 제품이 대형 백화점에서 판매되는 모습을 생생하게 꿈꾸었다. 그녀의 시각화는 한두 번이 아닌 수천 번씩 되풀이되었다. 그녀는 꿈을 현실로 만들기 위해 화장품 연구와 마케팅에 집중했다.

몇 년 후, 놀랍게도 그녀의 상상은 현실이 되었다. 그녀는 백화점 입점을 시도할 때마다 이 방법을 사용하였다. 그녀의 회사는 4조 원의 자산을 가진 세계적인 화장품회사로 성장했다. 그녀는 1998년 미국의 시사 주간지 타임 TIME에 의해 '20세기의 가장 영향력 있는 천재 경영인 20명' 가운데 한 명으로 선정되었다. 그녀는 시각화의 힘을 『에스티 로더 자서전』에서 다음과 같이 말했다.

> "당신의 꿈을 시각화하라. 만일 당신이 마음의 눈으로 이미 성공한 회사, 이미 성사된 거래, 이미 달성된 이윤 등을 볼 수 있다면, 실제로 그런 일이 일어날 가능성이 커진다. 이미 성공한 모습을 마음속으로 생생하게 그리는 습관은 목표를 달성하는 가장 강력한 수단이다."

손정의의 시각화

일본 소프트뱅크의 회장인 손정의 孫正義는 1957년 일본 남부 규슈의 사가현에서 재일교포 3세로 태어났다. 바쁜 부모님을 대신해 손정의는 온전히 할머니 손에 컸다. 조부모님과 부모님 역시 한국인으로 차별받으며 힘들게 삶을 살았으며, 가난한 집안에서 태어나 제대로 배우지 못했다. 할머니는 식당에서 먹고 남은 음식 찌꺼기를 리어카에 모아 돼지를 기르며 생계를 이어갔다. 그는 일본인 친구들에게 "돼지 냄새 나는 조센징"이라는 놀림을 당했다.

어려운 환경에서도 손정의는 꿈을 가진 소년이었다. 손정의는 초등학교 교사가 되고 싶었다. 하지만, 아버지는 그의 꿈에 찬물을 끼얹었다.

　"재일교포는 교육공무원이 될 수 없다."

손정의는 선생님을 제외한 화가, 시인, 정치가, 사업가로 눈을 돌리게 되었다. 이중 가장 현실적인 꿈으로 사업가가 되는 것을 생각했다. 그는 17세에 가족의 반대에도 불구하고 자퇴서를 내고 미국 유학을 떠난다. 2년 만에 고등학교를 졸업하고 캘리포니아 대학교 버클리분교 경제학과에 들어간다. 당시 19세였던 손정의는 인생의 50년 계획을 세웠다.

1981년, 일본으로 돌아온 손정의는 후쿠오카의 작은 마을에 있는 허름한 2층 건물에서 아르바이트 직원 두 명과 함께 창업을 시작했다. 낡은 선풍기가 돌아가는 허름한 사무실에서 손정의는 귤 상자 ^{당시 귤 상자는} 나무상자로 만들어 짐 위에 올라섰다. 그리고 두 직원에게 사업을 시작하는 포부를 말했다.

"우리는 소프트뱅크라는 회사를 세워 훌륭한 사업을 시작하는 거야! 정보혁명이다! 컴퓨터를 사용해서 컴퓨터의 능력으로 디지털 정보혁명을 일으킨다. 30년 후에 우리 회사의 모습을 보라! 소프트뱅크는 30년 후 두부 장수처럼 수의 단위를 1조, 2조 _{일본의 두부 장수가 두부를 세는 단위를 '조'라 함라 말할 것이야!} 1조 2조 이하하는 숫자가 아니다! 일천억이나 오천억은 숫자가 아니다. 1조 2조로 셀 수 있는 단위가 되어야 비로소 숫자다! 그런 규모의 회사를 만들 것이다. 전 세계 사람들에게 정보혁명을 제공하는 세계적인 기업이 될 것이다."

손정의는 자신에게 보이는 시각화 된 그림을 1시간 동안 두 직원에게 큰 목소리로 말했다. 1주일 뒤 두 직원은 현재의 초라한 모습에서는 손정의가 말한 그 모습은 불가능하다고 여겼는지 회사를 그만둬 버렸다. 40여 년이 지난 지금, 손정의와 소프트뱅크는 세계적으로 성공했다. 2021년 포브스 일본판에 따르면 손정의 회장의 보유자산액은 약 444억 달러 _{한화 약49조}로 일본 최고 부자에 올랐다. 또한 소프트뱅크는 일본에서 최고가는 기업이 되었다.

출처: http://www.mediaville.co.kr/news/articleView.html?idxno=509

손정의는 다음과 같이 말했다.

"나는 한 가지 원칙을 가지고 있습니다. '신중하게 계획하되, 반드시 실행한다.'는 원칙을 가지고 있습니다. 그리고 19세에 계획을 세웠습니다. '20대에는 이름을 알린다. 30대에는 사업 자금을 모은다. 40대에는 사업적인 한판 승부를 한다. 50대에는 비즈니스 모델을 완성 시킨다.'는 계획을 세웠습니다. 우여곡절도 많았지만 순조롭게 계획한 대로 가고 있습니다. 60대 이후에도 계획이 있습니다. 소프트뱅크 아카데미 교장이 되는 것입니다."

손정의는 자신의 계획을 시각화하는 능력이 있었다. 그리고 그는 자신의 모습을 계속 상상했고, 자신의 직원들에게 말했다. 하지만 직원들은 믿지 않았고, 주위에서는 안 된다는 부정적인 이야기를 했지만, 손정의는 자신의 신념을 믿고 시각화를 계속했다.

투자와 사업에 대한 방법을 묻자 손정의 회장은 다음과 같이 말했다.

"투자와 사업을 할 때는 최소 10년, 어떨 때는 30년 후를 바라보고 합니다. 그리고 그렇게 되기 위해 행동합니다."

선명하고 뚜렷하게 시각화하기

시각화의 첫 번째 요소는 '선명도 Vividness'이다. 자신이 그려왔던 비전을 생생하게 그리는 것이 핵심이다. 처음에는 막연하던 비전에 이미지를 떠올리고, 관련 정보를 더하면 선명도는 조금씩 높아지게 된다. 원하는 모습의 사진이나 기사를 모아 그 사람처럼 그런 모습으로 시각화할 수 있다.

메리케이 화장품의 대표인 메리 케이 애시 Mary Kay Ash는 어려운 가정 환경 때문에 대학 진학을 포기하고 결혼을 선택했다. 그녀의 결혼 생활은 순탄치 못하고 결국 남편과 이혼했다. 이후 애시는 세일즈맨이 되어 자신의 세 아이를 부양하며 생계를 책임졌다. 그녀가 입사 3주쯤 되었을 때, 세일즈 퀸으로 뽑힌 여사원이 많은 사람이 모인 단상 앞에서 회사 대표로부터 명품 가방을 받는 것을 보았다. 그것을 본 그녀는 '나도 저 자리에 오르고 싶다.'고 생각하며, 회사 대표를 찾아가서 내년에 자신이 세일즈 퀸이 되겠다며 호언장담을 했다.

그녀는 단상 위에 올라선 자신의 모습을 매일 시각화했고, 매일 자신에게 '나는 세일즈 퀸이다.'라는 말을 했다. 그녀는 말만 하고 다니는 것이 아니라, 세일즈 퀸을 했던 선임들에게 조언을 구하고 판매에 관해 배웠다. 1년 뒤, 애시는 자신이 간절히 원하던 세일즈 퀸에 오르게 되었다. 이를 계기로 그녀는 전 세계에 자신의 이름을 건 화장품회사를 만들 수 있었다.

화장품회사의 대표가 된 애시는 세일즈 퀸에게 핑크 캐딜락 자동차를 선물해 주는 시상식을 만들었다. 그해에 최고의 판매 성과를 낸 사람 5명에게 핑크 캐딜락을 선물해 주었다. 애시는 그들의 성과와 노력을 인정하며 격려했다. 자동차를 받지 못한 사람들에게는 다음 해에 핑크 캐딜락을 받고 싶은 욕구를 자극했다. 이후 메리 케이 사의 직원들은 항상 핑크빛 꿈을 꾸었다. 이를 통해 개인의 성과뿐만 아니라 회사의 성과까지 이어졌다. 이러한 성과는 메리케이사를 세계적인 기업으로 성장시켰다. 지금도 전 세계에 있는 메리케이사는 세일즈 퀸에게 핑크빛 자동차를 수여하고 있다.

어느 날, 나는 대형서점에 들렀다. 서점 한쪽에는 어떤 작가의 사인회를 준비하고 있었다. 그 옆에는 많은 사람들 사인을 받기 위해 길게 줄을 서 있었다. 그 모습을 보면서 '10년 후, 저 자리는 내가 앉을 자리고 내 책에 사인을 받기 위해 아이부터 어른까지 남녀노소 줄을 서 있을 것이다.'라며 자리에 앉아 사인하는 모습을 머릿속으로 그리며, 진행되는 사인회의 장면을 사진으로 찍었다.

나는 한 달에 두 번 이상 서점에 가는데 그 장소에 가면, 그때처럼 사람들이 줄을 서 있고, 그 자리에 앉아서 독자들에게 사인하는 모습을 계속 상상한다. 이런 방법을 5년 넘게 했더니 지금은 과거에 찍었던 사인회의 사진에서처럼 사인하는 장면이 구체적으로 상상된다. 그 후 11권의 책을 출간하면서 상상하던 사진처럼 다양한 장소에서의 사인회는 현실로 이루어졌다.

비전을 이루지 못한 사람은 하고 싶은 것이나 자신이 되고 싶은 모습을 구체적인 이미지를 떠올리지 못한다. 이들은 비전에 대한 간절함과 열정이 낮아서 이미지를 떠올리지 못하거나 흐린 이미지로 나타난다. 비전에 대한 흐린 이미지는 자신감과 열정을 불러오지 못해 계속 꿈의 방향으로 나아가는 끈기가 약해지게 된다. 반면, 비전을 이룬 사람은 자신의 마음속에 이미지를 구체적이며 생생하게 생각한다. 비전을 가지고 있다면, 자신이 비전을 이루었을 때의 구체적이고 선명한 한 장면의 이미지는 열정을 불러일으킨다. 이러한 열정은 시련과 고난을 극복하게 하는 원동력이 된다.

감정이 있는 생생한 시각화하기

시각화의 두 번째 요소는 '감정 Emotion'이다. 자신이 디자인한 이미지에 부여하는 열정, 간절함, 절실함, 뿌듯함 등의 감정을 첨가한다. 감정이 가미된 이미지는 더욱 생생해지며 열망을 불러일으켜 그 일에 많은 시간을 부여하게 되고 열정적으로 매달리게 한다.

예를 들어, 자신이 원하는 자동차가 있다면 자동차 대리점에 가서 사고 싶은 차를 시험 운전해보고 그 느낌을 기억한다. 무대에 서기를 원하는 사람이라면 비록 객석이 비어 있는 무대라도 올라가서 그 느낌을 조금이나마 받을 수 있다. 감정을 첨가한 이미지는 '나도 저 차를 타고야 만다.', '나도 할 수 있다.', '꼭 이런 모습으로 모두를 놀라게 해줄 거야!'라며 열정을 불러일으킨다.

축구 선수 손흥민도 마음속으로 이미지를 습관처럼 그린다. 손흥민 선수는 자신의 롤 모델인 크리스티아누 호날두를 활용해 이미지를 그린다. 손흥민 선수는 호날두의 영상을 보며 움직임 하나하나를 기억한다. 손흥민 선수는 자신이 상상으로 만든 경기장에서 달리고, 함성을 상상하며 땀 냄새를 맡고, 골을 넣는 장면까지 상상한다. 그는 귓가에 울리는 팬들의 승리와 함성에 스스로 빠져든다. 손흥민 선수는 모든 감각을 동원해 시각화한다. 시각화를 통해 그는 경기를 앞둔 부담감이나 두려움의 스트레스를 물리친다.

나는 서점에서 열리는 정식 사인회를 아직 해본 적이 없지만, 지인들을 모아 놓고 출판 기념회를 하며 사인은 해 보았다. 30권 정도의 책에 한 명 한 명 이름과 꿈을 묻고 사진도 찍어가며 책에 사인했다. 이렇게 사인을 하는데 상당히 많은 시간이 걸렸다. 30권이었지만, 책에 사인하는데 팔이 저렸다. 하지만, 내 책에 사인할 때면 말로 설명할 수 없는 뿌듯함이 더 컸다. 사람들의 칭찬에 뿌듯함은 배가 되었다.

나는 시각화 기법을 사용할 때 이때의 감정까지 이용한다. 베스트셀러 작가가 되어서 사인할 때도 이처럼 팔이 저리지만 뿌듯함을 느낄 수 있다는 느낌, 사람들이 사인을 받으면서 아이처럼 좋아하는 느낌, 함께 사진을 찍으면 해맑게 웃는 모습까지 많은 감정을 느끼며 시각화를 하고 있다.

자신의 비전이 이뤘을 때 감정을 조금이라도 맛보는 방법이다. 이미지로 된 모습을 상상하며 '나는 대한민국을 대표하는 사람이다.', '내가 저 자리에서 이런 일을 하면, 기분이 날아갈 것 같다.' 등 이미지에 최대한 다양한 감정을 담는다. 시각화에 감정을 담으면 더욱더 강력한 열망이 일어난다.

계속 그리면 그 비전을 닮아간다

시각화의 세 번째 요소는 '빈도 Frequency'다. 자신이 디자인한 그림을 계속 보고 그것을 시각화할수록 생각과 느낌이 마음을 계속 진동시키게 된다. 마음속에 진동한 파동은 비전을 향해 움직일 수 있게 하는 원동력으로 전환되어 행동이 된다. 뛰어난 업적을 이룬 사람은 자신이 원하는 것을 계속해서 시각화하고, 시간이 날 때마다 시각화를 반복했다.

반복해야 하는 이유는 사람은 망각의 동물이기 때문이다. 모든 사람은 시간이 지날수록 자신이 한 경험이나 생각을 차츰 잊어간다. 안 좋았거나 나쁜 일을 잊는다는 것은 장점이 될 수 있다. 하지만, 목표나 비전처럼 좋은 생각도 시간이 지나면서 흐려지고 사라지기 마련이다. 기억은 더 큰 자극이나 욕구 때문에 더 빨리 사라지기도 한다.

주변에는 TV, 컴퓨터, 스마트 폰, 음식, 술 등 접근이 쉽고 중독성이 있는 많은 자극과 욕구가 있다. 비전은 이처럼 자극과 욕구가 큰일과 부딪히면 잊히기 마련이다. 비전이 자극과 욕구가 큰일과 맞서 싸워 이기는 방법은 계속해서 반복하는 방법뿐이다. 반복을 통해 목표를 확인함으로써 다시 목표를 상기하게 된다.

스마트 폰을 사용하면 할수록 배터리가 방전되듯이 자신의 일과 주위 자극 때문에 목표를 잊게 된다. 스마트 폰의 배터리가 줄어들면 충전기로 충전하는 것처럼 우리의 목표도 목표를 자주 봄으로써 상기시킬 수 있다. 목표를 반복하는 빈도가 높을수록 이루려는 의지가 상승된다.

자동차를 사는 것이 꿈인 사람은 감정을 불러일으키기 위해 자동차를 시험 운전해보라고 했다. 시험 운전을 했다면 그 차의 팸플릿을 가져와 사진을 오려 여러 곳에 붙인다. 그리고 스마트 폰, 컴퓨터 바탕화면 등 자신이 자주 볼 수 있는 곳에 붙여 둔다. 하루를 시작하거나 마무리할 때마다 보며 '나는 이런 모습이 될 거야!'라는 것을 자주 반복한다. 반복을 통해 비전을 인지하게 되고, 일을 할 때 비전을 이뤘을 때처럼 생각하고 행동하게 된다.

나는 새해가 되면 내 비전에 가장 핵심이 되는 한 마디를 정한다. 이렇게 정한 문구를 보면서 시각화 기법을 통해 비전을 이룬 모습을 상상한다. 이렇게 정한 문구를 컴퓨터의 바탕화면, 노트북의 바탕화면, 스마트 폰의 첫 화면, 사무실 벽, 방 등에 붙여 둔다. 이렇게 벽에 문구를 붙였을 때, 처음에는 가족들의 시선과 지인들의 눈총을 받는 것만 같아 스스로 부끄러움도 느꼈다. 하지만, 이런 부끄러움보다 더 중요한 것은 비전이었다.

TV나 컴퓨터를 보다가도 벽이나 바탕화면에 있는 내 비전 문구를 보면, '이러면 안 돼!'라며 TV나 컴퓨터가 아닌 책이나 자료를 수집했다. 그뿐만 아니라 몇 달이 지났을 때는 벽에 붙여둔 것을 볼 때면 응원의 목소리들이 들려왔다. 이렇게 평소에 활용하는 기기들과 벽에 붙여둔 종이를 통해 내 비전을 하루에도 열 번 이상 상상할 수 있게 되었고, 비전은 한발 한발 조금씩 내게 다가오고 있다.

구체적이고 명확하게 그려지는 비전의 모습을 가지고 있다면 그것은 미래의 자신의 모습이다. 자신의 비전이 명확하게 그려지지 않는다면 비전을 시각화를 선명하게 하고, 자신의 감정을 첨가해야 하며 계속 시각화를 반복해야 한다.

프랑스의 문화부 장관이자, 소설가인 앙드레 말로는 다음과 같이 말했다.

"오랫동안 꿈을 그리는 사람은 마침내 그 꿈을 닮아간다."

이처럼 오랫동안 반복해서 시각화하면 비전의 모습을 닮아 갈 수 있다.

미래를 생생하게 그리는
미래일기

사람에게는 상상하는 능력이 있다. 상상을 얼마나 생생하게 하느냐에 따라 미래를 바꾸는 힘이 있다. 이러한 힘을 발휘하기 위해서는 자신의 미래를 생생하게 그릴 필요가 있다. 미래를 생생하게 그리는 방법의 하나로 '미래일기'를 사용하는 방법이 있다.

미래일기는 자신이 원하는 미래의 한 시점으로 가서 자신의 마음대로 상상하여 그날의 일기를 써보는 것이다. 지나간 일이나 오늘 하루 있었던 과거를 기록하는 것이 일반적인 일기라면 미래일기는 아직 일어나지 않은 미래에 일어날 일을 상상하여 쓰는 것이다. 비전을 이룬 사람들의 습관 중 하나는 미래를 생생하게 그리는 것이다. 생각은 보이지 않지만, 미래일기는 글자로 보이기 때문에 매번 같은 미래를 시각화할 수 있다.

영화배우 이소룡의 미래일기

이소룡이라는 이름으로 익숙한 할리우드 인기스타 브루스 리 Bruce Lee 가 직접 손으로 쓴 편지 한 장이 할리우드 유명 연예인 박물관에 있다.

편지 봉투에는 받는 사람을 제외하고 아무도 열어보지 말라는 뜻의 도장까지 찍혀 있으며, 우체국에 접수된 날짜는 1970년 1월 9일이라고 되어 있었다. 그 편지에는 이렇게 적혀 있었다.

"앞으로 10년 후에는 아시아를 배경으로 한 영화 열풍이 올 것이다. 당신은 그 대표적인 주인공이 될 것이다. 그리고 당신은 미국에서 가장 유명한 아시아 스타가 될 것이며 1,000만 달러를 거머쥐게 될 것이다. 그리고 그것을 얻는 대가로 카메라 앞에 서는 순간마다 당신이 보여줄 수 있는 모든 것을 보여줄 것이다."

편지의 받는 사람 이름에는 자신의 이름인 '이소룡'을 적었다. 이소룡은 자신이 자신에게 편지를 보냈다. 그리고 '나에게 쓴 편지'를 벽에 붙여 놓고 읽고 또 읽으면서 무술과 연기를 연마했다. 결국, 편지에 적은 것처럼, 이소룡은 세계적인 영화배우가 되었다.

방송인 박경림의 미래일기

개그맨이자 MC인 방송인 박경림은 자신의 미래 이력서를 썼다. 그녀의 미래 이력서에는 지금까지 자신이 이룬 이력이 아니라 미래에 일어났으면 하는 소망, 앞으로 이룰 꿈의 내용, 진행 중인 꿈 등을 기록했다. 그리고 그 꿈이 이루어졌을 때는 이룬 날짜와 함께 '완료'라고 적었다. 진행 중인 꿈 목록 옆에는 '노력 중'이라고 쓰고, 아직 실천하지 못하고 있거나 행동하지 못하는 꿈 목록 옆에는 '노력 요망'이라고 적었다.

그녀는 미래 목표를 세우고, 목표 달성을 위한 미래 완료형 이력서를 쓰고, 계속 노력했다.

그녀가 10살 때 쓴 미래 이력서에는 미국 유학, 부모님께 집 사드리기, 28세에 결혼하기 등을 적어두었다. 그녀는 패널에서 리포터로, 그리고 진행자로, 연기자로 영역을 확대해 가며 연예인이 되었다. 연예인이 되어 모은 돈으로 부모님께 집을 사드릴 수도 있었다. 그녀는 자신의 미래 이력서를 실행하기 위해 26세에는 자신의 모든 것을 내려놓고 돌연 미국 유학을 떠났다. 그녀의 결혼식에서 한 기자가 물었다.

"미래의 이력서를 쓴다던데 앞으로는 어떤 내용으로 채우고 싶나요?"

그녀는 대답했다.

"1년, 10년 주기로 미래의 이력서를 씁니다. 28세에 결혼하겠다 고 이력서에 써놨었는데 결혼하는 올해가 바로 만 28세입니다. 기한을 넘기지 않아 기쁩니다. 행복한 결혼 생활을 하고 싶고 내조 잘하는 부인이 되고 싶습니다. 부모님께 효도하면서 더 따뜻해진 방송인이 되고 싶습니다. 가장 중요한 것은 행복인 것 같습니다."

그녀는 자신의 이름을 딴 토크 쇼를 진행하는 것이 꿈의 목록 중 하나 였다. 그녀는 2008년 「박경림의 화려한 외출」, 2012년 「박경림의 오! 해피데이」를 진행하는 MC가 되었다. 그녀의 미래 이력서는 현실로 이루어졌다. 그녀는 앞으로 미국의 진행자 오프라 윈프리와 같은 한국형 오프라 윈프리 쇼를 만드는 것을 목표로 열심히 자신의 목표를 향해 달려가고 있다.

가수 타이거 JK의 미래일기

우리나라 힙합의 대부인 타이거 JK도 미래일기를 사용했다. 그는 초등학생 때, 아버지를 따라 미국에 이민했다. 청소년 시절부터 미국에서 힙합에 대한 관심을 가졌으며, 한 힙합 페스티벌에 초청되면서 본격적인 힙합의 길을 걷기 시작한다.

1995년, 한국으로 돌아와 자신의 솔로 앨범 「Enter The Tiger」를 발매했지만, 당시 우리나라에서는 힙합에 대한 선입견이 심했다. 당시 서태지와 아이들의 「컴백홈」 열풍으로 주목을 받지 못하면서, 그가 출연한 방송은 단 한 번에 그치고 말았다. 그는 미국으로 돌아가기 전에 자신의 미래에 대한 결심을 종이에 썼다. 2010년 MBC 「무릎팍도사」에 출연한 그는 자신의 미래에 대한 결심이 적힌 종이를 보여 주었다.

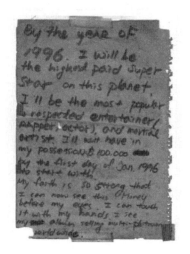

편지의 내용은 다음과 같다.

"1996년에는 나는 이 지구에서 제일 돈을 많이 버는 슈퍼스타가
될 것이다. 나는 가장 인기 있고 존경받는 엔터테이너(래퍼 또는
배우), 무술가가 될 것이다. 1996년 1월 1일 전까지 나는 10만 달러
의 돈을 벌 것이다. 내 믿음은 너무 강해서 볼 수 있을 만큼 강하다.
나는 손으로 만질 수 있다. 내 앨범은 세계적으로 많이 판매될
것이다."

타이거 JK는 1999년 '드렁큰 타이거'를 결성, 1집 앨범 타이틀 「너희가
힙합을 아느냐」로 재기에 성공했다. 그의 2집에서 6집까지 앨범이
모두 히트하면서 총 6장의 앨범으로 100만 장 이상의 판매량을 기록
했다. 힙합 앨범으로는 이례적인 판매량이었다. 1996년 1월 1일 이전은
아니었지만, 앨범 수익으로 원하는 10만 달러에 해당하는 금액을
벌 수 있었다. 그뿐만 아니라 그는 정통 힙합을 대중가요로 만들었으며
사람들에게 각인시켰다. 대한민국 대표 힙합 그룹의 정신적 지주로
한국 힙합계의 대부가 되었다.

그렇게 승승장구가 이어질 것 같은 어느 날, 그에게 충격적인 소식이
전해진다. 2006년 2월, 그는 단순 디스크인 줄만 알았던 병이 척수염이
라는 통보를 받는다. 척수염은 척추 안의 물인 척수에 문제가 생겨
뇌에서 온몸으로 신호를 전달하는 신경계통의 이상으로 열, 두통, 저림,
통증, 무감각이 나타나는 희귀병이다. 심각해질 경우 하반신 마비가 될
수도 있는 위험한 병이다.

타이거 JK는 발가락이 움직이지 않았고 다리털을 뽑았는데 감각이 느껴지지 않았다. 그는 척수염 약인 스테로이드제의 부작용으로 갑자기 살이 찌기 시작해 2주에 30~40Kg의 살이 쪘고 지팡이 없이 걷지 못할 정도로 심각했다. 그는 주변에서 유명하다는 약과 치료를 모두 해봤지만 소용이 없었다.

타이거 JK는 자신의 날씬했던 모습의 사진을 벽에 붙이고 다시 미래일기를 썼다. 매일 자신이 쓴 미래일기와 날씬했던 사진을 보고 "나는 완치된다."라고 매일 반복해서 말했다. 모두 그가 지팡이 없이는 걷지 못할 것으로 생각했지만, 기적처럼 지팡이 없이 두 다리로 자신의 동네를 걷기 시작했다. 그는 자신의 미래일기를 매일 보며 물을 많이 마시고, 긍정적인 생각을 반복했다.

그에게 미래일기에 그렸던 기적의 날이 왔다. 살이 빠지고 부작용은 점점 사라졌다. 담당 의사는 그에게 "운이 좋은 케이스이고, 완치에 가깝다."라고 했다. 타이거 JK의 척수염 완치는 세계적으로도 희귀해 의학계에 보고되었다.

타이거 JK는 미래일기를 통해 긍정적인 생각과 할 수 있다는 자신감을 가질 수 있었다. 그는 미래일기를 통해 두 번이나 자신이 원하는 모습을 현실로 만들어 냈다.

미래일기를 쓰는 3가지 방법

지금부터 자신이 디자인한 미래의 어느 날로 날아가서 그날의 일과를 일어난 일처럼 일기를 써보자. 본래 일기는 '일어난 일' 즉, 과거를 적는 것이지만, 미래일기는 미래에 '일어날 일'을 적는 것이 차이점이다. 미래의 어느 하루에 잠에서 일어나서부터 잠들 때까지 하나하나 구체적으로 적으면 좋다. 세부적이고 상세할수록 그날의 기분을 그대로 온몸으로 느낄 수 있다.

첫째, 미래일기는 과거형 또는 현재형으로 쓴다.

미래일기는 미래의 일기를 쓰지만, 미래형으로 쓰지 않고 현재형 또는 과거형으로 쓴다. '나는 서울대에서 강의하고 싶다.'를 '나는 서울대에서 강의하고 있다.' 또는 '나는 서울대에서 강의했다.'라고 표현한다. 미래일기는 미래의 시점에서 과거를 바라보기 때문에 이루어진 것처럼 쓰기 때문에 '과거형'으로 쓰는 것이다. 미래일기는 당일 일어나고 있는 일이기 때문에 '현재형'으로 써도 된다.

과학자들은 뇌는 상상의 일과 현실을 정확하게 구분하지 못한다는 점을 알아냈다. 지금도 간단하게 증명할 수 있다. 이것을 못 믿겠다면 다음을 상상하며 동작을 해보자.

(행동과 상상을 함께한다.) 먼저 지금 내 손에는 아주 노랗고 노란 레몬이 있다. 이 노란색은 너무 밝아 눈이 부실 지경이다. (손날을

세워) 레몬을 칼로 두 동강으로 자른다. 두 동강이 된 레몬을 잡고 입 앞에 가져간다. 그리고 레몬즙이 나올 때까지 꾹 짜면서 입으로 한 입 베어 문다. 입안에는 상큼한 신맛이 나고 눈꼬리는 올라가며 눈은 감긴다. 입안에는 침이 가득 베여 나온다.

지금까지 상상했다. 이제 자신의 손에 든 것을 바라보라. 자신의 손에는 아무것도 없다. 노란 레몬은 상상에 불과했다. 그런데 자신의 입에는 침이 한가득 고였다. 뇌는 상상과 현실을 구분하지 못하고 침샘을 고이게 했다. 만약, 침이 안 나왔다면 레몬을 먹어 본 적이 없거나 생생하게 상상하지 않고 읽기만 했다고 볼 수 있다. 이렇듯 우리 뇌는 상상과 현실을 구분하지 못한다. 과거형이나 현재형으로 쓰면 우리 뇌는 그렇게 되었다고 믿는다. 이렇게 쓴 미래일기를 반복함으로써 우리 몸은 그렇게 되기 위해 반응하고 행동한다.

둘째, 일을 겪은 감정을 쓴다.

일기를 쓸 때, 사실에 해당하는 일만 적는 것이 아니라 감정을 적절하게 섞어 쓴다. 예를 들어, '나는 서울대에서 3,000명의 학생을 대상으로 강의했다.'를 '나는 서울대에서 3,000명의 학생을 대상으로 강의를 하니 처음에는 떨리기도 했지만, 강의가 끝날 무렵에는 기분이 날아갈 것만 같았다.'처럼 감정을 함께 써 준다. 감정을 함께 쓸 때 단순한 표현보다는 구체적으로 적는다. '좋았다.'처럼 단순하게 적기보다 '이 일을 해낼 것이라는 믿었던 내가 스스로 대견스럽고, 세상을 다 가진 것만 같은 그런 느낌이 들었다.'처럼 상세하고 느낄 수 있게 적는다.

미래일기를 적는 그 날, 원하는 일이 이뤘을 때 자신의 감정을 함께 쓰는 것이 중요하다. 느낀 감정을 상상해서 쓰면 자기 스스로 비전에 대한 동기를 불러일으킨다. 이렇게 상상으로만 느낀 감정은 실제로 느껴보고 싶다는 간절함을 더해준다. 미래일기에 감정을 함께 적는 것은 비전에 대한 열정을 불어넣는다.

- 원하는 그 일을 했을 때, 어떤 감정을 느끼는가?
- 그 일을 하기까지 누가 가장 많이 생각나고, 어떤 고마운 표현을 하겠는가?
- 자신의 집, 자동차, 옷, 소파 등 원하는 것을 사용할 때, 어떤 느낌이 있는가?

셋째, 구체적인 세부 사항까지 모두 쓴다.

얼마 전 나는 이사하기 위해 물건을 정리하고 있었다. 정리하던 물건 속에서 초등학교 시절 썼던 일기장을 발견했다. 초등학교 5학년 시절에 썼던 일기장이었다. 삐뚤빼뚤하던 글씨로 쓰여 있는 일기장에는 대부분 2~3줄에서 끝이 났다. 그 내용은 다음과 같다.

"아침에 밥을 먹고 학교에 갔다. 학교에서 점심을 먹고, 집에 왔다. 집에 와서 게임을 하고 저녁을 먹고, TV를 보다 잤다."

대부분 일기는 이런 방식으로 쓰여 있었다. 일기장을 넘기는데 수영장을 다녀온 어느 날은 일기장 2페이지를 가득 채워 있었다. 누구와 몇 시에, 몇 번 버스를 타고 어디에 있는 수영장에 갔다는 내용부터 시작해서,

수영장에서 했던 게임, 쉬는 시간, 점심 메뉴, 수영장 폐장 시간, 집에 왔을 때 피부가 타서 아팠던 느낌 등 매우 구체적으로 쓰여 있었다. 이 일기를 읽는 순간 나는 타임머신을 타고 그날로 가 있는 느낌이었다.

미래일기를 쓸 때도 마찬가지다. 시간과 장소를 구체적으로 쓴다. 그리고 소리, 냄새, 색깔, 감촉 등 오감으로 느끼는 구체적인 감정을 자세히 쓴다. 자신의 직업 또는 자신의 직위 또는 역할을 표현해서 쓴다. 마치 자기가 시나리오 작가가 된 것처럼 하나하나 정밀하게 써본다.

구체적인 과거일기가 과거로 가는 타임머신이라면, 구체적인 미래일기는 미래로 가는 타임머신이다. 과거일기는 일어난 일이기 때문에 구체적인 사실로 적을 수 있고, 미래일기는 아직 일어나지 않았기 때문에 상상으로 더 구체적 적으면 된다. 미래일기는 원하는 상상의 나래를 펼쳐 자유롭게 쓴다.

- 몇 시에 잠에서 일어났고, 어떤 곳에서 누구와 함께 살고 있는가?
- 그날, 나만의 특별한 일정은 무슨 일인가?
- 원하는 일이 일어났을 때, 가족들이나 지인들의 표정은 어떤가?

나의 미래일기

2029년 12월 1일, 오늘은 서울대에 강의가 있는 날이다. 20년 전, 강의를 시작할 때부터 꼭 한 번은 서울대에 가서 강의한다고 다짐을 했는데 오늘 그 일이 이루어지는 역사적인 날이다. 어제 밤은 설렘 때문인지 많이 뒤척였다. 아침에 눈을 떴을 때는 새벽 5시였다. 아내는 부엌에서 음식을 준비하고 있었다.

"오늘 같은 날은 든든하게 먹어야 해!"라며 아침을 차려주었다. 아내가 해주는 맛있는 음식을 먹고 동대구역으로 향했다. 대구에서 출발하는 8시 KTX 기차를 탔다. 지난 밤 잠을 뒤척였더니 눈꺼풀이 내려앉았다. 나도 모르게 단잠에 빠졌다. 달콤한 단잠을 깨우는 전화가 울렸다. 강의를 요청하는 전화다. 벌써 일정이 있는 날이라 스케줄이 중복되어 거절했다. 전화를 건 기업에서는 나를 꼭 강사로 초청하고 싶다는 말을 남겼고, 날짜를 변경해서라도 초청 강의를 하고 싶다고 했다. 다시 눈을 붙였다. 또 전화가 울린다. 또 일정이 중복이다. 전화가 자꾸 울려 단잠을 자는 것을 포기했다. (강사로서 잘 나간다는 이야기다.)

서울대에는 3,000명의 인원이 강당을 가득 채우고 있었다. 자리가 모자라 밖에서 서성이는 사람들도 있었다. 나는 그 사람들을 무대 앞에 의자는 없지만, 앉을 수 있다며 강의장 안으로 데리고 왔다. 그리고 강의는 시작되었다. 사람들은 메모하기 바쁘고, 눈빛도 초롱 초롱 빛나고 있었다. 나는 사람들을 웃기며 사람들에게 강의를 통한 긍정적 변화의 메시지를 던졌다. 강의 뒤에 이어진 스탠딩 콘서트가 시작되었고 3,000명의 인원은 모두 일어나서 뛰었다. 콘서트 때 부를 노래는 3곡이 예정되었지만, 앙코르가 이어졌다. 앙코르가 이어지면서 8곡이나 불러버렸다. 서울대 강당은 신나는 콘서트 현장으로 바뀌었다. 강의 콘서트를 성황리에 마쳤다. 강의를 처음 시작할 때는 설렘 때문에 떨리기도 했지만, 강의가 끝날 무렵에는 기분이 날아갈 것만 같았다.

집으로 돌아오는 기차 안, 서울대 3,000명의 인원이 함께 노래를 부르고 뛰는 모습이 아직도 내 귓가에 맴돈다. 동대구역에 아내와 딸이 함께 배웅을 왔다. 저녁을 먹으며 서울대에서 있었던 강의 콘서트를 아내와 딸에게 들려줬다. 아내는 나에게 "매번 서울대 강당에서 강의한다더니, 우리 자기 멋쟁이! 나도 그렇게 될 거라 믿었어."라고 말하며 엄지손가락을 치켜들며 말했다. 나는 시간이 가는 줄도 모르고 무용담을 늘어놓았다.

내일은 교보문고에서 저자 사인회가 있는 날이다. 내 책이 베스트 셀러에 올라 사인회 스케줄이 계속 잡히고 있다. 내일은 사인 하려면 손이 아프겠네. ㅋㅋㅋ

이 미래일기는 2009년 12월 1일 처음으로 썼다. 그때 쓴 미래일기는 이보다 구체적이지 못했다. 세부적인 감정을 첨가하고 구체적인 이야기도 만들어 넣었다. 그러다 보니 미래일기도 점점 발전되었다.

사실 이 글은 첫 특강을 하기 위해서 썼다. 당시 서울은 커녕 대구에서도 강의 섭외는 없었다. 첫 강의는 내가 교생실습 나갔던 학교에 부탁해서 하게 되었다. 이어 졸업한 학교에 은사님을 찾아가 부탁해서 강의를 했다. 하지만, 그로부터 10년이 지난 지금은 서울대는 아니지만, 서울이나 경기도 등 전국에서 강의 섭외가 들어오는 전국구 강사가 되었다. KTX를 타고 서울을 가는데 강의를 요청하는 전화가 온 적도 많다. 그리고 2016년에는 아내도 생겼다. 그때 써 놓은 미래일기가 점점 이루어지고 있다. 참고로 딸은 아니고 아들 두 명이 생겼다.

미래일기의 그 날은 온다

자신이 원하는 그 날이 떠오르지 않으면 가까운 미래부터 상상해서 쓰는 것이 좋다. 학생이라면 자신이 학교를 졸업할 때를 상상하고, 직장인이라면 승진하는 날, 결혼하는 날, 여행하는 날 등 가까운 미래부터 쓰는 것이 좋다. 이렇게 계속 반복하면 상상하는 능력이 자라면서 자신의 비전이 이뤄지는 날도 상상할 수 있게 된다.

이렇게 쓴 일기는 자주 읽을 수 있도록 하는 것이 좋다. 다이어리 맨 앞장에 꽂아두거나, 스마트 폰에 저장해두고 시간이 될 때마다 읽는 것이 좋다. 자주 읽으면 읽을수록 더 구체적인 상상이 될 뿐만 아니라 자신에게 동기를 부여할 수 있다.

미래일기를 처음 썼다면 거기에서 그치지 말고 구체적인 이야기나 세부적인 감정을 넣어 더 좋은 미래일기로 발전시킨다. 그리고 자신이 상상하는 미래에 그 일이 이뤄지려면 오늘 무엇을 해야할지를 생각해본다.

나에게 미래일기는 미래를 상상할 수 있는 원동력이 되었다. 벽에 붙여두고 시간이 나거나 강의를 할 때마다 미래일기를 읽는다. 미래일기는 현실이 될 것이라 믿으며 오늘도 미래일기를 읽는다. 전국 투어 팬 사인회도 할 수 있을 것이라 믿으며 글을 쓰고 있다. 미래일기의 그 날이 올 것이라 굳게 믿고, 매일 읽고, 하나씩 행동으로 옮기고 있다.

과거일기는 수정할 수 없지만, 미래일기는 얼마든지 수정할 수 있다. 과거는 정해져 있지만, 미래는 정해져 있는 것이 아니다. 미래는 내 생각으로 만들고, 내 두 다리로 열심히 뛰면, 내가 쓴 미래일기처럼 그날은 반드시 온다.

눈으로 보는
비전 보드 만들기

사람의 뇌는 문자보다 이미지를 더 잘 받아들인다. 우리 뇌는 생각할 때도 문자보다 이미지에 더 직관적이다.

   "빨간 사과"

지금 무엇이 생각나는가? 혹시 머릿속에 문자가 생각나는가? "ㅃㅏㄹ ㄱ ㅏ ㄴ…"처럼 문자가 생각나는가 또는 이미지가 생각나는가? 사람은 "빨간 사과"라고 생각하면 빨갛고 동그랗고, 꼭지가 달린 이미지를 떠올린다. 빨간 사과를 한 번도 보지 않았다면 이미지가 떠오르지 않을 수도 있다.

텍스트 문자를 볼 때는 뇌에서 한 번의 처리 과정이 더 들어간다. 텍스트를 읽고 그것을 해석하여 이미지를 떠올리고 정보를 처리한다. 다시 말해 이미지를 처리할 때보다 텍스트를 해석해야 하는 과정은 더 복잡하고 어렵다.

자신의 비전을 글로 쓰는 것도 좋지만, 이미지 ^{사진 또는 그림}로 되어 있을 때 뇌에 더 많은 자극과 정보를 준다. 앞서 생각으로만 비전을 그리는 기법을 사용했고, 이어 미래일기는 텍스트를 사용했다. 생각만 으로 비전을 디자인하면 휘발되고 왜곡되기 마련이다. 다시 말해 더 급한 일이나 더 재미있는 일이 있으면 잊어버리기에 십상이다. 미래일기 기법은 텍스트로 만들어져 있다. 미래일기를 보기 위해서는 약 1분의 읽어야 하는 시간이 필요하다. 이렇게 읽으면 이미지로 생각하기 위한 에너지 소모도 있다.

비전을 디자인하기 위해 생각하거나 텍스트를 이용하는 기법보다 더 좋은 것은 이미지로 만드는 것이다. 자신이 쓴 미래일기를 바탕으로 이미지화하여 이미지를 통해 머릿속에 있는 비전을 더 뚜렷하게 한다.

도시타카의 비전 보드

『당신의 소중한 꿈을 이루는 보물지도』 모치즈키 도시타카 지음/은영미 옮김/ 나라원의 작가 모치즈키 도시타카 ^{Mochizuki Toshitaka}는 30대 초반, 경제 적인 수입이 줄고 있었다. 그는 누군가가 자신에게 꿈에 관해 묻는 것 조차 싫었다. 당시 도시타카에게는 자신이 처한 현실만으로도 벅찼고, 꿈은 그에게 사치였다. 그는 빚이 있어 신용도가 낮았고, 애인을 사귀는 것도 돈이 없어 못 사귄다고 여겼다. 그는 빚을 청산하지도 못하고 다니던 회사에서 정리 해고되고 말았다. 당시는 그에게 바닥에까지 추락한 최악의 상황이었다.

2003년 1월, 도시타카는 '비전 보드 Vision Board'에 대해 알게 되었다. 처음에는 꿈을 적는 일이 창피하다는 생각도 했지만, 밑져봐야 본전이라는 생각으로 시험 삼아 비전 보드를 만들었다. 그의 비전 보드에는 '아마존 서점에서 베스트셀러 1위 획득'이라는 문구가 쓰여 있었다. 도시타카가 자신의 비전 보드를 만들 당시에는 책의 출간에 대해서는 거론조차 되지 않았던 상황이었지만, 매일 비전 보드를 보며 '예정보다 늦춰지는 일은 있어도 2, 3년 안에는 이뤄진다. 1년 안에 이뤄지면 좋겠다.'라는 간절한 마음을 가졌다.

도시타카가 비전 보드를 만든 그달 말, 도시타카에게 출판의뢰 소식이 찾아왔다. 그는 두 달 동안 온 힘을 다해 원고를 완성했다. 이 책은 출간 과정을 거쳐 5월에 출간되었다. '비전 보드'에 대해 쓴 책이었다. 도시타카의 책은 일본 아마존닷컴에서 60만 권의 판매량을 올리며 당당히 베스트셀러 1위를 차지한다. 도시타카는 자신의 비전 보드에 그린 그대로를 현실로 만들었다.

도시타카의 비전 보드에는 자신의 책이 세계에 출간되기를 바라는 사진도 있었다. 자국에서 베스트셀러가 된 이후 다른 나라에서 출간 제의가 들어오며 여러 나라에서 그의 책이 출간되었다. 출간된 대부분 나라에서 베스트셀러가 되었다. 이 책은 우리나라에서도 출간되었으며 많은 독자의 사랑을 받았다.

도시타카는 현재 몇십 개 회사로부터 집필 의뢰가 쇄도하는 유명 작가가 되었다. 그는 연간 200회 이상 강의하는 인기 강사가 되었다.

도시타카는 책과 강의를 통해 비전 보드를 인생 최고 '보물지도'라고 말한다. 그는 강의와 책을 통해 많은 사람에게 보물을 찾아주고 있는 일을 하고 있다. 도시타카는 다음과 같이 말했다.

> "커다란 종이에 자신의 꿈을 써넣고, 이미지와 사진을 붙입니다. 그런 다음 방에 붙이고 매일 바라보는 일입니다. (중략) 보물지도를 만들면 꿈은 분명히 연이어 이뤄집니다. 꿈의 크고 작은 정도에 따라 실현되는 시간과 속도는 다르지만, 꿈이 이뤄지는 최종 목적지를 향해 한 걸음씩 다가가고 있다는 느낌은 분명하게 얻을 수 있습니다. (중략) 제 인생이 바로 그 증거 중 하나입니다. 제가 십여 년 전, 밑바닥에서 현재 행복한 부자로 소개되기에 이른 것도 다름 아닌 보물지도가 있었기 때문입니다."
>
> 『당신의 소중한 꿈을 이루는 보물지도』 중에서;
> 모치즈키 도시타카 저/은영미 역/나라원

도시타카는 비전 보드를 통해 원하는 인생을 살고 있다. 그의 메시지를 통해 많은 사람이 변화했다. 그는 자신이 알려준 대로 비전 보드를 만든 이들의 꿈이 이뤄졌다는 소식을 들을 때면 기뻐한다.

잡지를 이용한 비전 보드

잡지를 이용해서 비전 보드를 만들 수 있다. 잡지에는 주로 CEO, 연예인, 정치인, 스포츠 스타 등 다양한 인물들의 사진과 인터뷰를 찾을 수 있다. 또한, 잡지에는 인물에 관한 내용뿐만 아니라 음식, 집, 자동차, 가방, 여행지 등 다양한 볼거리들도 제공하고 있다. 이러한 잡지의 다양한 이미지를 이용하여 비전 보드를 만들 수 있다.

비전 보드를 만들기 위해서는 가장 먼저 4절지 545×394mm 크기 이상인 두꺼운 보드를 마련한다. 보드의 재질로는 하드보드지 또는 코르크 보드가 두꺼워 좋다. 코르크 보드는 압정을 이용해 사진 등을 붙였다 떼기 쉽다는 이점이 있다.

보드 윗부분에 "OOO의 비전 보드" 또는 "베스트셀러 OOO 작가의 비전 보드" 등 원하는 제목을 쓴다. 다음 단계로 비전 보드에서 사용할 이미지를 얻을 수 있는 잡지를 구한다. 과학에 대해 발명이 비전이라면 과학 잡지를, CEO가 되고 싶다면 성공한 CEO들이 인터뷰가 많은 잡지를 구하는 것이 좋다. 미용실에 있는 잡지, 은행에 있는 잡지 등 어떤 잡지든 관계는 없다. 잡지를 구하기 어렵다면 신문이나 사용하지 않는 책을 사용할 수도 있다. 인터넷 검색을 통해 이미지을 인쇄하여 사용해도 된다.

잡지에서 자신이 원하는 이미지를 찾는다. 찾아 놓은 이미지를 보기 좋은 크기로 잘라 비전 보드에 붙인다. 해당 이미지 아래에 부연 설명 및 언제 이런 모습이 되겠다는 기한을 적는다. 이미지에 대한 세부 사항을 적을 공간이 부족하면 포스트잇이나 다른 종이를 덧붙여 사용할 수도 있다. 다 만든 비전 보드는 자신이 가장 잘 볼 수 있는 곳에 붙인다. 이제 매일 비전 보드를 보며 '꼭 이루고야 만다.'라고 반복한다. 비전 보드를 자주 보면 꿈이 이뤄진 상상을 하게 되고, 상상은 행동을 불러 일으킨다.

비전 보드를 만드는 7단계

1. 4절지 크기 이상의 보드를 구한다.
2. 비전 보드의 제목을 쓴다.
3. 자신이 원하는 이미지가 있는 잡지를 구한다.
4. 잡지의 이미지를 오려 비전 보드에 붙인다.
5. 비전 보드에 붙인 이미지에 원하는 기한과 설명을 적는다.
6. 비전 보드를 잘 보이는 곳에 걸어 둔다.
7. 매일 비전 보드를 보며, 이뤄진 꿈을 상상한다.

자신의 사진을 이용한 비전 보드

자신의 사진을 이용한 비전 보드를 만들 수 있다. 잡지를 이용한 방법은 자신이 아닌 모델의 이미지가 비전 보드에 사용되지만, 자신의 사진을 이용하는 방법에서는 실제로 찍은 자신의 사진을 이용함으로 좀 더 뚜렷한 비전 보드를 만들 수 있다.

1957년 19세였던 일본 무명 레슬링 선수 로키 아오키는 친선 레슬링 경기에 출전하기 위해 미국으로 원정을 갔다. 친선 경기가 끝난 후, 아오키는 미국은 가능성이 많은 나라라고 판단하고 남기로 했지만, 당시 그의 주머니에 있던 돈은 400달러가 전부였다. 그에게 미국은 아는 사람도 없고, 도움을 받을 사람도 없었던 낯선 땅이었다. 게다가 할 줄 아는 영어는 인사 몇 마디가 전부였다. 그러나 아오키는 이러한 역경에 지지 않고, 성공하겠다는 결심을 했다.

아오키는 미래에 미국 생활에서 멋진 롤스로이스 자동차를 타겠다고 생각하며, 롤스로이스 고급 자동차를 가진 사람에게 사진을 찍을 수 있게 부탁했다. 운전석에 앉아 차 앞과 옆에서 웃으며 자세를 취하는 장면, 자신이 주인이 된 마냥 차에 기대는 장면까지 사진을 찍었다. 그 사진을 항상 가지고 다니면서 시간만 나면 언제 어디서든 보았다. 그렇게 6개월 뒤, 그는 실제로 롤스로이스를 가지게 된다. 롤스로이스는 그에게 반한 부잣집 딸이 선물로 준 것이다.

https://brunch.co.kr/@bookfit/2348

아오키는 상점을 열고 싶었다. 그리고 자신이 차리고 싶은 상점과 비슷한 건물에 가서 사진을 찍었다. 이전에 우승하고 자동차를 얻을 때 방법처럼 사진을 보면서 상상을 했다. 미국 생활 7년 만에 아오키는 자신의 힘으로 원하던 상점을 열게 되었다. 1964년에 처음 문을 연 그의 상점 이름은 '베니하나'이다.

아오키는 전 세계 주요 도시 50곳이 넘는 곳에 '베니하나'의 체인점을 내고 싶었다. 그리고 제트기를 가지고도 싶었다. 앞서와 같은 방법을 사용하며, 결국 세계 100여 개 대도시에 체인망을 가지게 되었다. 자가용 제트기 2대를 가졌고, 롤스로이스를 비롯한 최고급 승용차가 30여 대를 소유하게 되었다.

원하는 모습으로 한 장의 사진을 찍고, 그것을 계속 그림으로써 아오키는 원하는 것을 얻었다. 사진을 볼 때마다 방법을 생각했고, 하나씩 실행에 옮겼다. 한 장의 사진으로부터 비전을 현실로 불러들였다.

자신이 앞으로 살고 싶은 집을 발견했다면, 일단 그 집을 사진 찍는다. 그리고 자신이 마치 주인인 양 '우리 집이다.'라는 자세로 사진을 찍는 것이다. 이 사진을 2장 이상 현상해서 한 장은 비전 보드에 사용하고 한 장은 항상 볼 수 있는 지갑, 가방, 자동차에 가지고 다니는 것이다.

나는 대형문고에서 다른 사람의 팬 사인회 때 그 앞에서 찍은 사진을 자주 꺼내 본다. 사진을 볼 때마다 기필코 저 자리에 앉아서 사인회를 하고야 말리라는 생각을 한다.

앞서 비전 보드를 만들 때와 같은 방법으로 큰 종이를 구하고, 제목을 적는다. 잡지 대신 이렇게 찍은 자신의 사진을 비전 보드에 붙이고 기한과 추가적인 설명을 쓴다. 그렇게 완성된 비전 보드를 잘 보이는 곳에 걸어두고 매일 본다. 이제는 스마트 폰을 항상 가지고 다니기 때문에 언제 어디서나 사진을 찍을 수 있고, 볼 수도 있다. 비전에 해당하는 사진을 찍어 배경 화면으로 만들 수 있다. 시간이 될 때마다 스마트 폰을 보며 자주 자신의 비전을 구체화할 수 있다.

합성 이미지를 이용한 나의 비전 보드

컴퓨터를 활용하여 만들 수 있는 합성 이미지를 이용한 비전 보드는 포토샵 프로그램 등 이미지 편집 프로그램을 이용하여 자신이 원하거나 되고 싶은 모습의 이미지에 자신의 사진을 합성한다. 자신의 롤 모델이나 그렇게 하는 사람의 모습에 자신의 사진을 합성하는 것이다.

컴퓨터를 활용하는 합성 이미지를 이용한 비전 보드는 내가 사용하는 방법이다. 손재주가 없어서 잡지를 예쁘게 잘라서 붙여 꾸미거나, 사진을 이용해서 활용하는 방법은 내게는 어려웠다. 어렸을 때부터 컴퓨터를 잘 다루었기에 비전 보드를 만들 때, 컴퓨터를 활용해서 만들었다.

먼저 포털 사이트에서 내 이름 '이창현'을 검색하면 나에 대한 정보와 내가 쓴 책이 나왔으면 했다. 그래서 포털 사이트에서 내 이름 '이창현'을 검색하니 '제이디'라는 가수가 가장 먼저 나왔다. 이 가수의 본명이 나와 같은 '이창현'이었다. 컴퓨터 프로그램을 사용하여 원래 있던 사람의 사진 위에 내 사진을 위치했다. 그리고 '가수'라는 직업 대신 내가 원하는 직업을 썼다. 당시까지 출간되었던 책의 이미지를 내 사진 아래에 위치시켰다. 검색 창에 내 이름을 입력했을 때 나에 대한 소개와 책이 나왔으면 하는 첫 번째 비전 보드를 만들었다.

나는 레크리에이션 강사 및 이벤트 MC였기에 언젠가는 방송 프로그램을 진행해 보고 싶다. 그래서 나의 롤 모델인 진행자 김제동 씨가 출연한 '스타 골든벨' 사진을 구했다. 그리고 지석진 씨의 사진이 있는 위치에 내 사진을 올렸다. 간단하게 MC로서 행사를 방송 프로그램을 진행하는 모습의 두 번째 비전 보드를 완성했다.

나의 비전 중 가장 하고 싶은 '베스트셀러 1위'를 표현하고 싶었다. 서점 홈페이지의 베스트셀러 순위 사진을 캡처했다. 그리고 당시에 쓴 책의 표지 이미지를 캡처하여 베스트셀러 1위 서적 위에 살짝 올렸다. 감쪽같이 내 책이 베스트셀러 1위가 된 듯했다. 이렇게 나만의 세 번째 비전 보드를 완성했다.

나는 TV 방송 프로그램에서 강의하는 것을 비전 중 하나로 생각하고 있다. 나중에 강의하게 되면 어깨를 나란히 올리고 싶은 김미경 강사가 있는 사진을 구해 다른 강사의 사진 대신 내 사진을 올렸다. 그리고 간단하게 나를 소개하는 문구도 적었다. 문구를 적는 순간 '나도 이 프로필처럼 TV에서 강의한다.'라는 마음을 굳게 가지며 네 번째 합성 이미지를 사용하는 비전 보드를 완성했다.

이러한 합성된 사진들을 사용한 비전 보드를 자주 바라보면서 그렇게 되는 방법을 찾아서 실행하고 있다. 내 책은 종합 베스트셀러는 아니지만 분야별 베스트셀러가 되었고, 파랑새 프로그램은 아니지만 "청산유수 특강 쇼"라는 TV 프로그램에서 강의하게 되었다. 정말 이 방법을 통한 시각화를 현실로 이루고 있다.

이미지 합성을 위한 컴퓨터 프로그램은 어떤 프로그램을 사용하든 상관없다. 나는 포토샵이나 파워포인트를 주로 사용한다. 무료 이미지 편집 프로그램으로는 포토스케이프 또는 스키치 등을 사용할 수도 있다. 프로그램을 잘 다루지 못한다면 조금 티가 나도 자신이 원하는 상황에 자신의 사진을 위치시키기만 해도 좋다. 이렇게 합성된 사진을 인쇄해서 큰 종이에 붙여 비전 보드를 완성한다. 자신의 방에 완성된 비전 보드를 걸어두고, 비전 보드를 보며 매일 상상한다. 자신의 비전이 합성된 사진은 스마트 폰 배경이나 자주 볼 수 있는 곳 등록하는 것도 좋은 방법이다.

꿈은 보아야 믿는 것이 아니라, 믿어야 보인다

어느 하루, 나는 사무실로 출근하는 길에 자동차에서 소리도 나고, 운전하는 느낌도 조금 달라졌다는 것을 느꼈다. 기존에 다니던 카센터는 사무실과 거리가 너무 멀리 떨어져 있어 갈 수 없어 사무실 주위에서 카센터를 찾아보기로 했다. 사무실 근처에는 카센터가 없을 것이라고 생각했지만, 가는 길에서 만난 첫 번째 카센터에 들러서 자동차를 수리를 요청했다. 자동차 수리시간은 3시간 이상 걸린다고 했다. 하는 수 없이 자동차를 맡겨두고 사무실까지 걸어갔다. 사무실까지는 걸어서 약 15분 정도 걸리는 거리였다. 자동차로 달리면 1~2분이면 충분한 거리다.

사무실을 향해 도로를 따라 걷고 있는데, 여기도 저기도 자동차를 수리하는 카센터가 눈에 띄기 시작했다. 사무실 주위에는 카센터가 하나도 없다고 생각을 했는데, 주위에 무려 5개의 카센터가 있었다. "지금까지 5년 동안 이 거리를 지나다녔는데, 이 가까운 거리에 카센터가 5개나 있었는데 하나도 보지 못했다니…"

나는 길을 지나갈 때마다 내가 원하는 것만 보았다. 필요했던 마트나, 식당만 보고 다녔지, 길을 지날 때 카센터는 필요하지 않았기 때문이었다. 카센터는 항상 가던 곳이 있었기 때문에 주위에서 찾을 필요가 없었고 따라서 그러한 정보는 보이지 않았던 것이다.

지금부터 눈을 감고 다음 물음에 스스로 답을 해보기를 바란다. 질문을 읽자마자 눈은 감는다. 준비됐다면 시작해 본다.

　　"지금 내 주변에 파란 색상 계통의 물건은 몇 개가 있는가?"

물음을 읽는 즉시 눈을 감고, 파란 색상 계열의 물건 개수를 세어 보아라. 몇 개가 떠올랐는가? 평소에 자주 머물렀던 장소임에도 불구하고 파란 색 물건이 잘 떠오르지 않을 것이다. 그렇다면 눈을 뜨고 지금부터 파란색을 찾아보아라. 파란색은 몇 개가 보이는가? 최소한 눈을 감고 떠올렸을 때보다는 많이 보일 것이다.

나도 사무실에서 눈을 감고 생각했다. 가방, 옷, 스마트 폰 케이스 3개 가 떠올랐다. 눈을 뜨니 컵, 스피커의 전원 버튼, 화장지 티슈, 책장에 수십 권의 파란색이 있는 책, 가글, 립글로스, 연습장, 가방, 청바지 등 10개가 넘는 것이 보이기 시작했다.

이를 '선택적 지각 Selective Perception'이라 한다. '선택적 지각'은 자신이 접하는 객관적인 정보가 아무리 많아도 그중에 자신이 관심을 가지는 주관적인 정보만을 받아들이는 것을 말한다. 한마디로 '자신이 원하는 것만 본다.'는 것이다.

예를 들어 운동화가 필요하다면 지나가는 거리에 운동화 가게가 눈에 띈다. 길에 지나다니는 사람들의 얼굴이나 옷보다는 운동화가 눈길을 끈다. 많은 사람이 모인 자리에서 멀리 떨어져 앉은 사람의 이야기는 잘 들리지 않는다. 게다가 주변에는 이야기와 음악이 있어 소음이 심할 때, 멀리 있는 사람의 입에서 내 이름을 이야기하는 순간에는 신기하게도 들리는 경험을 해 본 적이 있을 것이다. 학교에서 다른 행동을 하다가 선생님이 이름을 부르면 자신도 모르게 긴장을 하는 것도 같은 맥락이다. 이러한 행동들은 '선택적 지각' 때문이다.

미래는 아직 경험해보지 못한 미지의 세계임은 분명하지만, 생생하게 꿈을 꾸면 경험한 것처럼 느낄 수 있다. 이렇게 비전에 대해 계속해서 생각하다 보면 자신의 비전을 위해 해야 할 일들이 구체적으로 보이기 시작할 것이다.

먼저 이루어 놓고
시작한다

비전이나 계획을 세울 때 다음 중 어떤 방법을 사용하는가?

첫 번째, 현재시점부터 차례차례 미래시점으로 그린다.
두 번째, 미래시점부터 거꾸로 현재시점으로 그린다.

이 방법을 알기 전까지 나는 첫 번째 방법으로 계획을 세웠다. 첫 번째 방법이 더 쉽고 편했으며 당연하다고 생각했다. 그런데 비전을 이룬 사람들은 두 번째 방법으로 계획하고 행동했다.

얼핏 보면 두 가지는 같은 결과가 나올 것 같지만, 실제로 해보면 다르다. 첫 번째 방법으로 계획을 세울 때는 행동이 정확하지 않았으며, 계획이 내일로 미뤄지기 일쑤였다. 하지만, 두 번째 방법으로 계획을 세울 때는 끝내야 할 시간과 행동의 양을 정확히 알 수 있었다.

일본의 최고 경영 컨설턴트이자 베스트셀러 작가인 간다 마사노리 神田昌典는 "99%의 인간은 현재를 보면서 미래가 어떻게 될지를 예측하고, 1%의 인간은 미래를 내다보면서 현재 어떻게 행동해야 할지를 생각한다. 물론 후자에 속하는 1%의 인간만이 성공한다."라고 말했다.

선승구전 先勝求戰: 이겨 놓고 싸운다

勝兵先勝, 而後求戰, 敗兵先戰, 而後求勝
승 병 선 승 , 이 후 구 전 , 패 병 선 전 , 이 후 구 승

고대 중국의 병법서인 '손자병법'에 있는 말이다. 승리하는 병사는 먼저 이겨놓고 전쟁을 시작하지만, 패배하는 병사는 전쟁을 먼저 시작하고 이길 방법을 찾는다는 말이다. 긴 문장의 핵심을 4자로 줄여보면 '선승구전 先勝求戰'이다. 전쟁에서는 단순히 이길 수 있다는 신념이나 주관적인 느낌만으로 이길 확률이 없는 전쟁은 하지 않아야 한다. 전략 없이 무작정 전쟁에 나갔다가는 자신의 부하들을 몰살시키는 꼴이 된다. 이로 인해 전쟁에 패하게 되면 한 나라를 망하게 할 것이란 경고의 메시지도 담겨 있다.

'선승구전'을 완벽하게 실행에 옮긴 인물이 있다. 바로 충무공 이순신 장군이다. 충무공은 임진왜란 당시 왜적과 23전 23승 무패를 기록했다. 조선 수군의 수는 왜군의 수에 비해 크나큰 수적 열세로 이순신 장군은 불가능에 도전한 것이다.

이순신 장군은 어떻게 23전 23승을 했을까? 그것은 '선승구전'을 실행했기 때문이다. 이순신 장군은 '이기는 싸움'만 했다. 장군은 '이겨놓고 싸우는 전쟁'에 나갔다. 이 때문에 임금 선조가 해전을 명령했지만, 이순신 장군은 나가 싸우지 않았다. 육군과 함께 육지에서 싸우라는 임금의 명령도 거역했다. 이순신 장군은 어명을 따르면 질 확률이 높았고 이긴다고 해도 아군의 피해가 높다는 것을 알았다. 어명을 거역했다는 이유로 이순신 장군은 백의종군하는 수모를 겪기도 했다.

이순신 장군의 해전 중 가장 유명한 해전은 '명량해전'이다. '명량해전'을 하기 전, 장군은 고민에 빠지기 시작했다. 13척의 전선으로 130여 척에 달하는 적의 전선을 싸워 이겨야 했다. 장군은 조선 수군이 이겼다는 가정을 한다면 어떻게 이길 것인지 거꾸로 전략을 짜기 시작했다. 장군의 전략은 13 대 130으로 싸우는 것이 아니라 좁은 지형으로 유인하여 13 대 1로 싸우는 것이었다. 게다가 조선 수군의 포 사정거리가 길다는 점을 이용하여 원거리 공격을 주로 하기로 전략을 세웠다.

1597년 9월 16일, 조선 수군은 적선을 명량으로 유인하여 좁은 지형에서 싸웠고, 13척의 배로 10배에 해당하는 적을 물리쳤다. 이순신 장군은 '선승구전'의 방법으로 적군과 싸웠으며 23전 23승의 전승 신화를 썼다.

비전을 이루기 위한 전략도 '선승구전'의 전략으로 처음부터 계획을 세우는 것이 아니라, 비전을 이루어 놓은 시점부터 거꾸로 계획을 세우는 방법을 사용해보자.

선순행 로드맵과 역행 로드맵

비전을 이루기 위한 로드맵을 디자인하는 방법은 크게 두 가지 방법이 있다. 한 가지 방법은 현재를 기점으로 시작해서 차근차근 계산해서 비전 달성 시기를 예측하는 방법이다. 이러한 방법을 '순행 로드맵 Forward Road Map'이라 한다. 또 다른 방법은 미래에 비전을 이룬 모습을 기점으로 역으로 출발해 거꾸로 계산해서 지금 해야 하는 일을 선택하는 '역행 로드맵 Backward Road Map'이다.

순행 로드맵을 디자인하는 사람은 초점이 가까운 위치에 잡혀 있다. 그래서 '열심히 하다 보면 될 수 있을 것이다.'라는 생각을 가진다. 이 경우 비전의 갈림길에서 어느 쪽으로 가야 할지 고민에 빠지게 된다.

역행 로드맵을 사용하는 사람은 초점을 멀리 잡는다. 비전을 이룬 그날을 기점으로 거꾸로 자신의 로드맵을 그리다 보면 오늘 해야 하는 행동까지 구체적인 계획이 보인다.

할리우드 배우이자 미국 캘리포니아 주지사를 역임한 아놀드 슈워제네거 Arnold Schwarzenegger는 역행 로드맵을 잘 이용했던 사람 중 한 명이다. 아놀드는 영화 『터미네이터』 시리즈의 주인공으로 알려져 있다. 아놀드는 오스트리아 출생으로 그는 어린 시절부터 뚜렷한 목표가 있었다.

12살 아놀드의 목표는 캘리포니아 주지사가 되는 것이었다. 캘리포니아 주지사가 되기 위해서는 높은 인지도가 필요하다고 거꾸로 생각했다. 인지도를 얻기 위해서는 자수성가 自手成家하는 방법 또는 명문 집안과 결혼을 하는 방법이 있다는 것을 알고, 명문가 집안의 여인과 결혼하겠다는 목표를 가졌다. 명문가의 여인과 결혼하기 위해서는 자신도 유명한 사람이 되어야 이루어질 확률이 높다고 생각한 그는 유명한 영화배우가 되는 것을 목표로 했다. 그는 이 세 가지 목표를 자신의 방에 붙여두고 매일 읽으며 방법을 찾았다.

어린 시절 그는 몸이 약했고 건강해지기 위해 많은 운동을 접했다. 그러던 중 보디빌딩을 접하게 되었고 자신의 몸을 키워나갔다. 그는 영화배우가 되기 위해서는 자신의 몸이 강점이 될 것이라는 생각에 열심히 몸을 만들었다. 그 후 그는 미스터 유니버스 1위를 5회, 미스터 올림피아 1위 7회 등 역대 최다 우승 타이틀을 얻었다. 명실상부한 최고의 몸을 가지게 되었다. 영화배우를 시작할 당시, 오스트리아식 억양과 다른 사람들에 비해 연기력이 조금 떨어진다는 단점을 극복하고, 자신의 장점인 탄탄한 몸을 연기에 반영하기 시작했다. 10년이 넘는 무명 생활 끝에 찍은 『터미네이터』, 『유치원으로 간 사나이』 등의 작품이 히트하면서 톱스타 영화배우가 되면서 첫 번째 목표인 인지도를 높이는데 성공했다.

그의 나이 40세에 미국 방송사 NBC의 스타 기자이며 앵커로 활동하던 마리아 슈라이버와 결혼했다. 그의 아내 마리아는 존 F 케네디 미국 35대 대통령의 조카였다. 이렇게 아놀드는 명문가의 여인과 결혼하며 자신의 두 번째 목표에 성공했다.

2003년 10월, 주변의 만류를 뿌리치고 그는 자신의 마지막 꿈인 캘리포니아 주지사 보궐선거 출마하였다. 공화당 후보로 당선되었고, 2006년 재선에 성공하여 2003년부터 2011년 1월까지 캘리포니아 주지사로 활동하며 자신의 세 번째 목표를 이루었다.

1976년, 당시 무명의 아놀드에게 한 신문 기자가 물었다.

"보디빌딩을 그만두셨다는데 앞으론 뭘 할 생각이세요?"

아놀드는 답했다.

"저는 할리우드 최고의 스타가 될 겁니다."

신문 기자는 놀란 티를 내지 않으려고 무척 애썼다. 아놀드의 초기 영화들이 그다지 가능성을 보여주지 못했을 뿐 아니라, 아놀드의 발음은 오스트리아식 억양을 사용하고 있었기 때문이다. 그의 울퉁불퉁한 근육도 관객들을 단박에 사로잡을 수 있을 것 같지 않았기 때문이었다. 기자는 내친김에 한 번 더 물었다.

기자: "무슨 수로 할리우드의 톱스타가 될 겁니까?"
아놀드: "보디빌딩을 할 때처럼 할 겁니다."

아놀드는 이렇게 말하면서 한마디 덧붙였다.

"원하는 모습을 상상하면서 이미 다 이룬 것처럼 사는 거지요."

이렇듯 아놀드는 자신의 목표를 먼저 이루었다고 생각한다. 그리고 꿈이 이루어진 그때의 장면에서 거꾸로 지금을 그렇게 행동하는 역행 로드맵 기법을 사용하며 꿈을 현실로 만들었다.

역행 로드맵 그리기

여기에 김 군과 이 군, 두 명의 대학 신입생이 있다. 두 사람의 목표는 같다. 그들은 자신의 기업을 운영하는 CEO가 되는 꿈을 가지고 있다. 어느 날, 김 군은 교수님 면담이 있었다. 교수님이 김 군에게 물었다.

지도 교수: "자네는 꿈이 무엇인가?"

김 군: "기업의 CEO가 되는 것입니다."

지도 교수: "그렇군, 신입생 중에 꿈을 당당하게 말하는 걸 보니 패기 있고 멋지군. 그렇다면 그 꿈을 어떻게 이룰 생각인가?"

김 군: "수업을 열심히 듣고 공부를 열심히 하겠습니다."

지도 교수: "'열심히'라고 하면 구체적으로 어떻게 하겠다는 건가?"

김 군: "수업 시간에 졸지 않고 최선을 다하며, 시험을 잘 치겠습니다."

지도 교수: "(아쉬워하며)음, 그렇다면 앞으로 열심히 하는 모습을 기대하네."

다음 날, 이 군의 면담 차례가 왔다. 교수님은 이 군에게도 똑같이 물었다.

지도 교수: "자네는 꿈이 무엇인가?"

이 군: "기업의 CEO가 되는 것입니다."

지도 교수: "김 군과 같군. 꿈이 있다는 것은 멋진 일이지. 그렇다면 그 꿈을 어떻게 이룰 생각인가?"

이 군: "우선 1, 2학년에는 영어 토익 점수를 900점까지 올리는 것이 목표이고, 3학년 때는 공모전을 최대한 나가 볼 것입니다. 4학년 때는 인턴 및 경험을 통해 실무를

미리 익혀 졸업하면 대기업에 취직할 것입니다. 대기업에 취직한 뒤는 최대한 많은 경험을 쌓을 수 있도록 활동합니다. 그렇게 활동을 기반으로 배운 제 노하우를 바탕으로 제 나이 마흔에 벤처기업으로 작게 시작할 계획입니다. 그래서 제 나이 오십이 되었을 때는 제가 만든 기업의 CEO가 되고 싶습니다."

지도 교수: "그래! 훌륭하네. 자네는 자신의 인생 설계를 제대로 해 뒀군. 어떻게 그런 생각을 하게 되었지?"

이 군: "제가 CEO가 되었다고 가정하고 거꾸로 생각해보니 CEO가 되기 위해서는 한 기업을 만들어야 한다고 생각했습니다. 그렇다고 무작정 벤처기업을 만든다면 경험과 노하우가 없어 금방 회사가 쓰러질지도 모른다고 생각했습니다. 경험과 노하우를 배우면서 종잣돈을 만드는 방법을 생각했습니다. 그러기 위해서는 대기업에 가서 많은 경험과 노하우, 기업의 시스템을 배우며 자금을 모아야겠다는 생각을 가졌습니다. 대기업에 가기 위해서는 영어 점수 및 공모전, 인턴 활동이 중요할 것 같았습니다. 그래서 대학교 계획을 세웠고, 선배들이 4학년이 되어서야 영어 점수 올리기에 급급한 것 같아 1, 2학년에 미리 영어를 정복해야 한다고 생각했습니다."

지도 교수: "그렇지. 높이 나는 새가 멀리 보듯이, 거꾸로 인생 설계하는 자가 멀리 볼 수 있지. 그리고 오늘 해야 하는 일까지 구체적으로 보이는 법이지. 훌륭하네. 나중에 김 군을 만나거든 그 방법을 꼭 알려주게."

김 군은 순행 로드맵을 사용하였고, 이 군은 역행 로드맵을 사용하였다. 순행 로드맵은 지금 해야 할 일을 처리하는 짧은 목표는 이룰 수 있다. 하지만, 멀리 있는 목표는 제대로 볼 수는 없다. 이 경우 비전을 이루기 위해 해야 할 일이 다른 급한 일에 밀려나는 경우가 많다. 반면, 역행 로드맵은 이루었다는 가정을 하고 역순으로 계획을 짜기 때문에 급한 일 때문에 비전을 위해 해야 하는 일이 가려지는 것을 알아차릴 수 있다.

나이가 들어 노후를 준비하는 방법도 두 가지 로드맵을 사용하여 접근할 수 있다. 30세인 A와 B, 두 사람이 65세에 은퇴한다고 가정해보자. 순행 로드맵을 사용하는 A는 노후를 위해 매월 소득에서 생활비를 쓰고 남는 돈을 저축한다. 지금은 그렇게 준비하면 문제가 없다고 낙관한다. 역행 로드맵을 사용하는 B는 지금부터 35년 뒤, 자신이 은퇴하면 매월 생활비가 얼마나 있어야 하는지를 먼저 점검한다. 은퇴 시점에서부터 거꾸로 계산해서 지금부터 얼마씩 저축을 해야 할지 계산한다. B는 65세에 현재 가치로 최소 월 150만 원은 필요할 거라고 판단하고, 은퇴 후 30년간 매달 그 정도의 생활비를 쓸 수 있으려면 약 11억 정도가 필요하다는 결론에 도달하여 노후 자금을 마련하기 위해 지금부터 은퇴할 때까지 매월 40만 원씩 꼬박꼬박 저축하고 있다.

순행 로드맵으로 '그냥 열심히 살다 보면 어떻게 되겠지.'라고 하면서 살아가는 A와 역행 로드맵을 활용하여 체계적이고 구체적으로 노후 자금을 준비하는 B 중 누가 행복한 노후를 보낼 수 있었을까?

역행 로드맵 디자인 5단계

역행 로드맵을 디자인하는 첫 번째 단계는 자신이 원하는 모습을 구체적으로 그린다. 앞서 버킷리스트, 시각화, 미래일기, 비전 보드를 통해 자신이 원하는 모습을 알아보았다. 자신이 원하는 모습이 되었을 최종 목적지를 상세하게 그린다.

두 번째 단계는 언제까지 그 모습이 된다는 마감 기한을 정한다. 마감 기한이 없는 목표는 허상에 불과하다. 시간을 정하지 않으면 '언젠가 하겠지!'라며 미루다 시간을 모두 허비한다. 언제까지 이루겠다는 구체적인 날짜를 정하는 것이 좋다. 날짜를 정할 때, 자신에게 뜻깊은 날을 정하는 것이 좋다. 생일, 결혼기념일, 취직한 날 등 기념일로 정하면 매년 그 기념일마다 자신에게 남은 시간을 예측할 수 있고, 하고 싶은 의욕을 불러일으킨다.

세 번째 단계는 목표를 이루기 전 단계의 모습을 상상하고 구체적으로 기록한다. 비전은 하루아침에 당첨되는 복권이 아니다. 비전은 자신의 경험으로 한 장 한 장 벽돌을 쌓는 계단과 같다. 경험을 쌓아 원하는 모습을 만들어 갈 수 있다. 예를 들어 교장 선생님이 되겠다면, 그전 단계는 교감 선생님, 그전은 학년 주임, 그전 단계는 10년 넘는 담임 선생님의 경험, 그전 단계는 임용 고시, 그전 단계는 사범대학교 또는 교육대학교 진학이 된다. 이런 식으로 목표를 이루기 전 단계를 거꾸로 그릴 수 있다.

네 번째 단계는 현재 시점이 올 때까지 1~3단계를 반복한다. 완성된 시점의 모습 이전에 자신이 해야 할 일을 상상하고, 마감 기한 정하기를 반복한다. 거꾸로 해야 할 일을 하나씩 찾는 과정이다. 이 단계를 반복하면 자신의 비전 로드맵이 그려진다.

다섯 번째 단계는 이 로드맵을 통해 현재 해야 할 일을 행동 목록으로 작성하고 실행한다. 앞서 예로 보았던 기업의 CEO가 되겠다던 김 군처럼 '열심히' 한다는 것은 허무맹랑한 말이다. 이것은 '행동 목록'이 아니라 '다짐'에 불과하다. 현재 단계에 해야 할 일이 영어 점수를 올린다면 '하루에 영어 단어 20개 외우기'처럼 구체적인 행동 목록을 작성해야 한다.

역행 로드맵 5단계	
단계 1	자신이 원하는 모습을 구체적으로 그린다.
단계 2	그 모습이 된다는 마감 기한을 정한다.
단계 3	목표를 이루기 전 단계의 모습을 상상하고 구체적으로 기록한다.
단계 4	현재 시점이 올 때까지 1~3단계를 반복한다.
단계 5	로드맵을 통해 현재 해야할 일을 행동 목록으로 작성하고 실행한다.

내가 가는 그 길

나는 서른이 되기 전까지 많은 방황을 해 왔다. 가수를 해보겠다고 방송 출연도 하고 전국을 누비며 가요제라는 가요제는 모두 나가기도 했다. 레크리에이션 강사가 되겠다고 2년 반 동안 스승님을 따라다니며 행사를 진행하는 이벤트 MC가 되었다. 강의해야 할 강사의 공백으로 우연한 기회에 강의를 시작하게 되면서 그 계기로 3년 동안 매달 정기적으로 강의하게 되었다. 강의하는 내용을 책으로 출간하라는 권유에 책을 쓰는 작가가 되었다.

지금까지 내가 걸어온 길을 돌아보면, 내가 하고 싶은 것들을 했다. 하지만, 하고 싶은 일을 멀리 보지 못하고 눈앞에 급한 상황을 해결하느라 항상 바쁘고 힘들었다.

2009년, 강의하면서 많은 책을 읽고 배우기 시작했다. 그러면서 비전을 이루는 방법에 대해 깨닫게 되었다. 그전까지는 생각대로 살기보다 사는 대로 생각하고 있었다. 비전을 이루는 방법을 깨닫고 내가 내 비전의 주인이 되어 생각대로 살아야겠다고 마음먹었다. 그 꿈 중 하나가 '베스트셀러 작가'가 되는 것이었다.

베스트셀러 작가가 되면 글로 사람들에게 활력을 줄 수 있다. 베스트셀러 작가가 되면 책으로 인해 강의도 할 수 있게 되어 사람들에게 활력을 줄 수 있는 영향력을 가질 수 있게 된다고 생각하면서, 나의 비전인 '베스트셀러 작가 되기' 과정을 위한 역행 로드맵을 작성했다.

베스트셀러가 되기 위해서는 책을 출간해야 한다. 책을 출간한다고 모두 베스트셀러가 되지는 않는다. 20권 정도의 책을 쓰다 보면 그중에 한 권 정도는 베스트셀러에 올라갈 것으로 생각했다. 약 20년 뒤인 2029년에는 20권의 책이 출간된다고 목적지를 그렸다. 목표를 정한 날이

2009년 12월 1일이었기 때문에 정확하게 20년이라는 목표를 가지고 가보자는 의미로 2029년 12월 1일을 마감 기한으로 정했다. 2029년 12월 1일을 기점으로 5년씩 구분하기 쉽게 2025년, 2020년, 2015년으로 단계를 나누었다.

다음은 2009년 12월 1일에 다짐했던 역행 로드맵을 글로 적은 것이다.

> 2025년 - 강사로서 전국에 있는 대기업 강의를 하고 있다. 일 년에 가끔 TV 방송에 강의 및 게스트로 방송 출연을 하고 있다. 지금까지 출간한 책은 15권을 출간했으며 독자들의 관심과 사랑을 받고 있다. (미래지만 현재형으로 씀)
>
> 2020년 - 블로그 마케팅으로 전국에 있는 기업에서는 즐겁고 강의를 잘하는 강사로 입소문으로 알려졌다. 방송 출연은 거의 없지만, 방송관계자들과 인맥을 형성했다. 지금까지 출간한 책은 10권을 출간했다.
>
> 2015년 - 전국에 있는 학교 또는 기업에 강의하고 있다. 지금까지 출간한 책은 5권을 출간했다. 블로그 마케팅으로 전국에 조금씩 소문이 나기 시작했다.
>
> 현재해야 할 목록(2009년 12월)
> 1. 하루에 책 10페이지 이상 읽기
> 2. 하루에 한 페이지 이상 쓰기
> 3. 하루에 블로그 1개 이상 글쓰기

글로 작성된 나의 역행 로드맵을 그림으로 그리고, 해야 할 행동 목록을 만들어 벽에 붙여 놓았다.

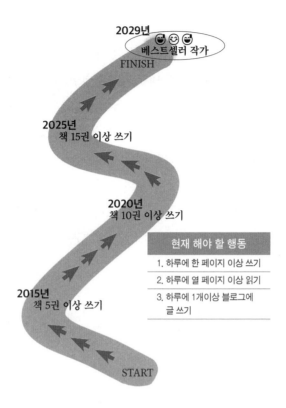

2029년
베스트셀러 작가
FINISH

2025년
책 15권 이상 쓰기

2020년
책 10권 이상 쓰기

현재 해야 할 행동

1. 하루에 한 페이지 이상 쓰기
2. 하루에 열 페이지 이상 읽기
3. 하루에 1개이상 블로그에 글 쓰기

2015년
책 5권 이상 쓰기

START

그날로부터 6년이 지난 2015년, 로드맵의 첫 단계는 현실이 되었다. 5권의 책을 출간하고 전국에 있는 학교와 기업에서 강의했다. 2020년에는 목표였던 10권의 책을 출간했다. 입소문으로 알려진 강의는 1년에 200회가 넘는 특강을 하고 있다. 블로그에는 3,560여 개의 글을 쓰고, 유튜브에는 170여 개의 영상을 만들었다. 이를 바탕으로 다음 목표를 향해 계속 나아가고 있다. (2021년 11월 기준)

자신의 목적지가 어디 있는지 아는 것도 중요하지만, 목적지를 향해

가는 방법을 제대로 모른다면 길을 헤매며 시간을 허비한다. 로드맵을 가진다는 것은 낯선 땅에서 지도와 나침반을 가진 것과 같다. 로드맵을 가진 사람은 인생에 대한 전략을 가진 사람이다.

목적지에서 거꾸로 풀어나가면 조금 더 쉽게 목적지에 다다르는 방법을 찾을 수 있다. 이러한 방법으로 지금까지 거꾸로 찾는다면 오늘 해야 할 일이 무엇인지도 찾을 수 있다. 그 일을 계속하면 한 걸음 한 걸음 걸어가다 보면 비전에 도달할 수 있게 된다.

롤 모델의
디자인 따라하기

프랭클린 루스벨트 Franklin Roosevelt; 미국 32대 대통령는 자신의 롤 모델을 자신의 12촌 친척이자 당시 대통령이었던 시어도어 루스벨트 Theodore Roosevelt; 미국 26대 대통령로 삼았다. 두 사람은 왕래가 없는 먼 친척 관계였다. 프랭클린은 시어도어를 롤 모델 Roll Model로 삼고 시어도어의 장점을 끊임없이 연구하고 따라 하기 시작했다.

프랭클린은 시어도어가 읽은 독서 리스트대로 책을 따라 읽었으며 군 경력을 쌓았고, 둘 다 해군 차관보를 지낸 경력을 가졌다. 그뿐만 아니라 두 사람 모두 뉴욕 주지사 시어도어 1899~1900, 프랭클린 1929~1933를 지낸 경력까지 비슷하게 따라갔다. 결국, 시어도어 루스벨트가 미국의 26대 대통령이었듯, 프랭클린 루스벨트는 미국의 32대 대통령이 되었다. 프랭클린은 자신의 롤 모델인 시어도어가 걸어왔던 약력, 프로필, 생각 등 많은 자료를 토대로 자신의 로드맵의 힌트를 얻을 수 있었으며, 결국 시어도어와 같은 길을 걸을 수 있게 되었다.

자신의 로드맵을 그릴 때 어떤 그림을 그려야 할지 상상이 되지 않는 경우가 있다. 도대체 뭐부터 어떻게 해야 할지 생각이 나지 않는다면 자신의 롤 모델을 찾아 그 사람에게서 힌트를 얻을 수 있다.

롤 모델 Roll Model이란 존경 또는 모범이나 본보기가 될 만한 대상을 말한다. 롤 모델은 우리말로 '본보기 상'이라 할 수 있고, 좋은 점을 따라 할 수 있는 역할모델이다. 롤 모델을 정해서 그 사람의 좋은 점이나 그 사람이 지낸 과정을 따라 할 수 있다.

자신이 닮고자 하는 롤 모델을 정해 그 사람을 따라 함으로 시행착오를 줄일 수 있다. 롤 모델은 어디로 가야 할지 방향을 잡지 못하는 하얀 눈밭에 앞서 걸은 누군가의 발자국과 같은 역할을 한다. 롤 모델은 자신의 미래를 위한 길잡이 역할을 해줄 것이다.

김연아의 롤 모델, 미셸 콴

김연아 선수는 초등학교 1학년인 7살에 빙상장을 찾았다가 스케이트를 타기 시작했다. '알라딘'이라는 아이스 쇼를 본 뒤 피겨 선수가 되겠다는 꿈이 시작되었다. 그러던 그녀에게 어머니가 피겨스케이팅 경기 비디오를 보여주었다. 그녀는 비디오에서 많은 선수 중 미셸 콴 Michelle Kwan 이라는 선수에게 끌림을 느꼈다.

당시 콴은 올림픽에서 안타깝게 은메달에 그쳤지만, 세계 피겨스케이팅 챔피언십에서 금메달로 두각을 나타내던 선수였다. 콴은 강한 연기력과 표현력으로 많은 팬을 거느리고 있는 세계적인 선수였다.

김연아는 미셸의 경기를 되감기를 통해 반복해서 보며 '나도 미셸 콴처럼 강한 연기력과 멋진 표현력으로 세계적인 피겨 선수가 될 거야!'라고 다짐했고, 온몸이 땀에 젖을 정도로 미셸 콴의 동작을 흉내 냈다. 레슨이 없는 날에는 동료 선수들과 피겨스케이팅 놀이를 하곤 했다. 이때 각 선수는 자신이 좋아하는 선수를 정해 따라 했다. 김연아 선수는 어김없이 미셸 콴을 선택해서 따라 했다.

김연아는 첫 공식 경기 날, 마치 자신이 미셸 콴 선수가 된 듯이 링크 가운데로 나와 관객들의 박수 속에 미소로 답하고는 경기가 시작되기를 기다렸다. 이윽고 음악이 흐르며 경기가 시작되자 미셸 콴처럼 음악에 맞춰 우아하면서 강한 동작의 연기를 펼쳤다. 그러자 사람들은 하나같이 환호와 박수를 보내며 칭찬이 쏟아졌다. 김연아는 미셸 콴의 경기 비디오를 보며 수없이 보고 따라 했기에 우아하며 강한 동작을 연기할 수 있었다.

2002년 한 인터뷰에서 그녀는 "'제2의 미셸 콴'이면 몰라도 '제2의 남나리'라는 평가는 듣기 싫어요."라고 당차게 말하여 자신의 롤 모델에 대해 확고함을 보였다. 동아일보/[스포츠 화제] 열두 살 김연아 "2006년엔 나도 미셸 콴", 2002.11.12. 남나리 선수는 미셸 콴과 같은 시기에 활동했던 재미교포 피겨 선수이다. 2004년, 꿈을 묻는 인터뷰에서는 "꿈이요? 미셸 콴 같은 챔피언이죠." 경향신문/"꿈이요? 미셸 콴 같은 챔피언이죠.", 2004.09.10. 2006년, 닮고 싶은 피겨스케이팅 선수를 물었을 때는 그녀는 주저하지 않고 말했다. "전 세계 팬들이 가장 좋은 선수였다고 평가하는 미셸 콴 같은 선수가 되고 싶다." 한국일보/[인터뷰] 김연아 "넘어졌는데 1등…기뻐요", 2006.11.19.

어릴 때부터 롤 모델로 갈망하던 미셸 콴처럼 되기를 갈망하고 함께 빙판 위에 서기를 소망했던 김연아 선수는 피겨 챔피언이 되어, 2009년과 2010년 듀엣 갈라쇼로 미셸 콴과 함께 빙판 위에서 연기를 보였으며, 2013 평창동계스페셜올림픽 세계대회 폐막식에서도 두 사람은 나란히 빙판 위에서 연기할 수 있었다.

미셸 콴과의 듀엣 무대를 마친 김연아 선수에게 이날 소감을 묻자 그녀는 답했다.

> "공부하든 운동을 하던 어릴 때부터 나만의 모델을 갖는 것이
> 큰 도움이 됩니다. 그렇게 힘든 시간을 보내다가 목표에 다다르면
> 더욱 큰 보람을 느끼거든요."

현재 피겨를 은퇴한 김연아는 사람들로부터 자신의 우상이었던 미셸 콴을 넘어섰다는 평가를 받고 있다. 이것이 바로 롤 모델의 힘이다. 만일 김연아에게 '피겨 선수가 되고 싶다.'라는 막연한 꿈만 있었다면, 누군가를 따라 하는 구체적인 방법은 몰랐을 것이다. 꿈을 가지고 롤 모델을 따라하는 방법으로 미셸 콴처럼 되고 싶다는 김연아의 소망은 현실이 되었다.

샤오미의 레이쥔과 스티브 잡스

레이쥔 雷軍은 중국의 스마트 폰 열풍을 일으킨 샤오미 小米; Xiaomi의 CEO이다. 레이쥔은 대학 시절 스티브 잡스의 전기 『실리콘밸리의

해적들』을 본 뒤부터 스티브 잡스처럼 세계 일류회사를 세우겠다는 꿈을 갖기 시작한다.

레이쥔은 대학에서 컴퓨터학과를 졸업했으며, 22살에 킹소프트라는 기업에 들어가 28살에 그 회사의 CEO가 되었다. 그가 CEO가 된 뒤 킹소프트는 정보 보안, 소프트웨어, 온라인 게임 등 다양한 사업의 확장에 성공해 홍콩증시에 상장했다. 하지만, 레이쥔은 회사의 주식상장 2개월 만에 개인적인 사유로 킹소프트 회장 직위를 그만 두겠다는 결정을 내렸다. 주위의 사람들은 아직 나이도 젊고 성장 가도를 달리고 있는 회사에서 물러나겠다고 했기에 더 의아했다.

레이쥔은 스티브 잡스처럼 세계적인 회사를 만드는 것이 꿈이었다. 여러 해 동안 노력하여 킹소프트를 홍콩증시에 상장했을 때, 킹소프트는 중국의 기업 바이두와 알리바바와 같은 거대 기업과는 상대되지 않는다고 생각했다. 앞으로 킹소프트 CEO로서 남던지, 자신이 직접 세계적인 회사를 새롭게 창업하는지 갈림길에서 그는 과감하게 사표를 선택했다.

2010년 그의 나이 41세, 레이쥔은 스티브 잡스처럼 세계적인 회사를 처음부터 만드는 꿈을 꾸기 시작하며, 스티브 잡스처럼 스마트 폰을 만드는 것을 목표로 잡고 자신의 회사 '샤오미'라는 회사를 설립했다.

"휴대폰 업계에서는 운영 체제는 거의 바뀔 수 없는 것으로 생각한다. 휴대폰 한 대를 사면 평생 그 모양이다. 스티브 잡스가 1년에 한 번 운영 체제를 갱신한다고 말한다면, 샤오미도 그렇게 할 것이고 가능하다면

매주라도 바꿀 수 있다."라는 말을 하며 스티브 잡스가 한 것처럼 운영
체제를 업데이트할 각오를 밝혔다.

레이쥔은 스마트 폰 시장에 본격적으로 뛰어들었다. 샤오미는 초기
직원 수가 6명인 작은 회사로 출발했다. 레이쥔은 샤오미에서 스마트 폰
을 만들 때, 스티브 잡스의 아이폰을 따라 하기 시작했다. 애플의 'iOS'
를 따라 한 'MiUI'를 만들었다. MiUI는 안드로이드 환경에서 애플의
iOS 인터페이스를 잘 살렸다는 평가를 받으며 인기를 끌기 시작했다.
샤오미가 발매한 첫 스마트 폰은 스티브 잡스의 아이폰과 흡사한
모양이었다. 레이쥔이 만든 스마트 폰의 이름도 'mi1, mi1s, mi2, mi2s,
mi3 …' 스티브 잡스가 명명한 이름 'iPhon4, iPhone4s, iPhone5,
iPhone5s'와 같은 패턴으로 이름을 지었다. 레이쥔은 스티브 잡스가
한 것처럼 1년에 한 번 신제품을 발매하는 전략까지 따라 했다.

신제품을 발표하는 스티브 잡스와 레이쥔의 프레젠테이션 모습

신제품 시연 설명회를 할 때 레이쥔은 스티브 잡스와 비슷한 프레젠테이
션 화면을 구성하고, 옷까지 스티브 잡스와 비슷하게 따라 입기도 했다.

레이쥔은 스티브 잡스를 따라 하며 자신의 꿈을 계속 실행해 나갔다. 이 때문에 레이쥔은 '레이잡스'라는 별명까지 얻게 되었다.

그렇다고 레이쥔은 모든 것을 스티브 잡스만 따라 하지는 않았다. 샤오미는 아이폰에 절반도 되지 않는 가격에 고성능의 제품으로 경쟁했다. 샤오미는 오직 SNS를 통해서만 제품 출시를 알리고 자신의 홈페이지를 통해서만 주문을 받아 택배로 발송하는 전략을 세웠다. 이를 통해 기존의 판매방식보다 유통비를 30% 절감할 수 있었다. 이러한 전략은 SNS에 민감하고 좋은 제품을 사고 싶어 하는 청년층은 이에 열광했다.

2015년 애플의 홈페이지와 샤오미의 홈페이지

2015년 샤오미 홈페이지는 애플의 홈페이지까지 닮은꼴이다. 레이쥔은 스티브 잡스를 동경하며 그를 따라 했다. 하지만, 레이쥔은 스티브 잡스뿐만 아니라 수익적인 부분은 기업 아마존을 벤치마킹하고, 온라인 유통구조는 델을 벤치마킹하며 자신만의 기업으로 성장시킬 수 있었다.

'사과 열매를 먹고 자란 좁쌀'이라는 말처럼 레이쥔은 스티브 잡스를 벤치마킹함으로 세계시장에 우뚝 설 수 있었다. 샤오미의 레이쥔 회장은 다음과 같이 말했다.

> "기회는 누구에게나 오기 마련입니다. 하지만 그 기회를 자기 것으로 만들 수 있는 사람은 오직 준비하고 있던 사람의 몫입니다. 그 기회를 자신의 것으로 만들기 위하여 그릇을 키우십시오. 태풍을 잘만 이용한다면 날개 없는 돼지도 날 수가 있습니다."

나의 롤 모델이 된 가요제 진행자

2001년 고등학교 3학년 수능을 약 100일 앞둔 토요일, 나는 친구와의 약속 장소에 가기 위해 대구 시내 한 쇼핑몰 근방을 지나가고 있었다. 쇼핑몰 1층에는 즉석 가요제가 열리고 있었다. 스피커 소리에 발길이 멈추었다. 3평 남짓의 작은 무대에서 키도 작고 못생긴 진행자가 가요제를 진행하고 있었다. 진행자는 참가자와 배꼽이 빠질 만큼 재미있게 인터뷰를 하고 있었다. 친구와의 약속도 까맣게 잊어버린 채 30여 분동안 무대와 그 진행자에게 빠져들었다. 진행자의 입담은 주변의 모든 사람의 발길을 멈추어 놓았다. 가요제를 보기 위해 아니, 사회자를 보기 위해 작은 무대 주위는 인산인해를 이루었다. 나는 가요제가 끝날 때까지 진행자의 말솜씨에서 빠져나오지 못했다. 진행자에게 정신을 빼앗겨 친구와의 약속은 늦어버렸다.

그날, 친구와의 약속이 끝나고 집으로 돌아와 잠을 청하려고 자리에

누워서도 낮에 보았던 진행자의 이상한 웃음소리와 사람들에게 던졌던 유머가 생각나 혼자 웃음보가 터져 한참을 웃었다. '그렇게 웃긴 진행자인데 TV에 나오지 않고 이런 무대에 있다니, 다음 주에 그 무대에 올라가서 노래를 불러야겠다.'고 생각했다.

일주일 뒤 토요일, 내 발걸음은 지난주에 보았던 그 무대로 향했다. 긴장한 탓에 조금 일찍 도착했다. 가요제는 아직 시작되지 않았고 준비 중이었다. 나는 맨 앞자리에 앉아서 기다리고 있었다. 드디어 사람을 모으기 위해 진행자가 마이크를 들고 무대로 올라왔다. 진행자는 선물을 주며 사람들과 이야기를 주고받았고, 진행자의 말솜씨에 마련된 자리는 순식간에 모두 찼다. 드디어, 가요제가 시작되며 진행자는 첫 번째 참가자를 지원받았다. 나는 맨 앞자리에서 손을 번쩍 들었다. 하지만, 진행자의 눈길은 다른 사람을 향하며 다른 사람이 먼저 무대에 올라 노래를 했다. 진행자와 참가자의 인터뷰는 왜 그렇게 웃기는지. '가요제'라고 하지만 진행자의 '원맨쇼'를 방불케 했다. 두 번째 기회에서도 선택을 받지 못했다. 나는 1시간 동안 계속 손만 들고, 진행자의 입담에 웃기만 했다.

'여기서 그냥 물러설 수는 없어.'라고 중얼거리며, 노래를 시켜주지 않는다면 내가 찾아가야겠다고 생각했다. 참가자가 노래를 부르는 동안 진행자가 무대 뒤쪽에 내려와 있을 때 진행자를 찾아갔다.

나: "아저씨! 저 한 시간 동안이나 노래하고 싶어서 손들고 있는데 왜 이렇게 안 시켜주세요? 제발 시켜주세요."

진행자: "아, 그랬어요?"

나: "네, 맨 앞자리에서 얼마나 손을 들었는데요. 부탁이
         있는데 한 곡만 시켜주시면 안 되나요?"
진행자: "음, 가요제 시간이 끝나서 다음 주에 오면 노래 부르게
         해줄게요."
나: "지난주에도 왔었는데 안 시켜주셔서 이번 주는 맨 앞
         자리에서 계속 손들고 있었어요. 그리고 고3이라 수능도
         얼마 남지 않아서 자주 못 와요. 오늘 노래 못 부르면
         수능도 망할 것 같아요. 제발 시켜주세요."

나는 안 된다는 말에 수능을 언급하는 기지를 발휘했다.

   진행자: "잠시만 저희 스태프들과 상의하고 알려줄게요."

몇 명의 스텝들과 진행가 모여 잠시 상의하더니 진행자가 내게 다가
와서 말했다.

   진행자: "좋아요. 대신 시간이 늦어져서 1절만 불러야 해요."
   나: "네, 좋아요."

그렇게 드디어 무대에 올라갈 수 있게 되었다. 진행자는 자초지종을
이야기하고 마지막 참가자를 받는다며 나를 청중들에게 소개했다.
마이크를 받고 무대에 오르니 진행자는 내게 인터뷰를 했다.

   진행자: "자기소개 부탁합니다."
   나: "저는 영남고등학교 3학년……"

진행자는 내가 말하는 중간에 말을 걸었다.

진행자: "선생님이시죠?"
나:　　 "아니요. 3학년 학생인데요. 고3"
진행자: "엄마야~ 사람들 여기 보이소. 야가 고3이랍니다. 아까는
　　　　 미장원 원장님처럼 생긴 애가 중3이라 그러더니, 인자는
　　　　 선생님같이 생긴 아가 올라와서 고3이라 그러네요."

가요제를 구경하는 사람들은 사회자의 말에 모두 폭소하며 박장대소
했다. 사회자는 다음 말을 이어갔다.

진행자: "그럼 학교를 잠깐 쉬었다거나 복학이죠? 사정이 있었
　　　　 겠네요? 설마 나이가 19살은 아니겠죠?"
나:　　 "아니요. 19살이에요. 주민등록증도 얼마 전에 받았는
　　　　 데요. 보여줄까요?"

내가 진행자를 향해 주민등록증을 보여주니, 진행자는 주민등록증을
보고 다시 말을 이어갔다.

진행자: "도대체 80년대에 무슨 일이 있었던 거죠?"

가요제는 웃음바다가 되어버렸다. 사실, 나는 고등학교 때 노안이라는
소리를 많이 들었고, 약 15년이 지난 지금도 그 얼굴 그대로 있다. 무대
에서 조금은 부끄러웠다. 하지만 사람들이 나로 인해 즐거워하는 모습
을 보니 오히려 기분이 좋았다. 진행자는 다시 내게 물었다.

진행자: "그렇다면 어떤 노래로 가요제에 참가하시나요?"

나: "싸이의 '새'라는 노래를 준비했습니다."

진행자: "아, 엽기가수로 유명한 그 노래, 박수로 맞이해주십시오. 싸이의 '새'"

인터뷰가 끝나고 노래가 시작되었다. 일주일 동안 준비한 엽기 댄스와 랩을 했다. 가요제에 모인 사람들은 진행자의 유머만큼이나 내 노래에도 웃음과 함성을 질러주었다. "당신은 아름다운"이라고 내가 먼저 노래하면 사람들은 "비너스"라고 서로 노래를 주고받으며 즐겼다. 1절이 끝나갈 무렵 진행자는 무대로 올라와서 말했다.

진행자: "2절까지 갑시다."

주변에는 진행자의 말솜씨에 반한 사람들과 내 노래에 재미를 들인 사람들은 모두 발걸음을 멈추었다. 그리고 2절을 이어갔다.

나: "(랩) 당신 나랑 지금 장난하는 거야 당신 갖긴 싫고 남 주긴 아까운 거야"

내가 랩을 하는데 사회자의 커다란 추임새가 들려왔다.

진행자: "이 십 원(10)짜리야."

2절은 그렇게 진행자와 함께 노래를 불렀다. 노래가 끝나고 진행자는 나를 칭찬해 주었다.

진행자: "이놈 이거 물건일세. 잘했어. 진짜 재미있었어. 다음에
또 노래하고 싶으면 와!"

나: "네, 알겠습니다. 아저씨 감사합니다."

진행자: "아저씨라 그르지 말고 형이라고 그래. 그리고 사람들
많은 무대에서 노안이라고 말한 거 이해해줘. 재미있게
하려고 그랬던 거니까!"

나: "네, 아저씨 덕분에, 아니 형님 덕분에 노래 부를 수 있어
감사했습니다. 다음에 또 놀러 올게요."

이후 가요제의 진행자를 까맣게 잊고 수능을 마쳤고, 대학생이
되었다. 대학교 1학년 겨울, 「윤도현의 러브레터」라는 TV 프로그램
에서 낯익은 사람이 사람들을 웃기고 있었다. 웃음소리로도 바로
알 수 있었다. 가요제를 진행했던 진행자 아저씨였다. 그다음 해에는
TV만 틀면 그 아저씨가 나왔다. 몇 년 뒤 그 아저씨는 'KBS 연예대상'
을 타며 온 국민에게 웃음과 감동을 주고 있었다. 진행자의 이름은
'김제동'이다.

나는 고등학교 때부터 대학교 3학년까지 가수라는 꿈을 꾸고 있었다.
전국에서 열리는 가요제를 나갔고, 오디션 프로그램 및 방송을 출연
하며 꿈을 키웠다. 그러던 중 할아버지가 돌아가셨다. 나는 어린시절
부모님의 이혼으로 할머니와 할아버지께서 키워주셨다. 할아버지가
돌아가신 후 대구에서 할머니와 둘이 살아야 했고, 대구에서 가수를
하기에는 많이 힘겨운 느낌이 들어 가수라는 꿈은 잠시 내려놓았다.
사실 약 2년 동안 방송과 오디션을 봤지만, 가수의 재능이 보이지 않았다.

나는 "그렇다면 나는 이제 무엇을 하면서 살까?"라며 두 달 동안 스스로에게 질문했다. 그러던 중 한 명이 떠올랐다. 고등학교 시절 무대에서 사람들을 웃기며 즐겁게 진행하던 김제동이다. "그래! 나도 김제동처럼 레크리에이션 강사가 되면 무대에 설 수 있고, 무대에 있다가 서다 보면 노래를 할 기회도 있을 거야."라고 생각하며 레크리에이션 강사가 되어야겠다는 새로운 꿈을 꾸기 시작했다.

그렇게 레크리에이션 강사가 되어야 겠다는 꿈을 정한 뒤 김제동 선배와 관련되는 영상과 음성 파일을 모두 구하기 시작했다. 김제동 선배가 나온 방송을 모두 다운로드 받은 뒤, 음성 파일로 전환해서 항상 듣고 다녔다. 특히, 2003년 김제동 선배가 단국대학교에서 '대중 앞에 서는 법'을 주제로 레크리에이션을 진행했던 영상은 500번 이상 봤던 것 같다.

당시에 유명했던 '김제동 어록'을 수첩에 적어두고, 시간이 될 때면 버스에서도, 지하철에서도 장소에 구애하지 않고 메모를 읽기 시작했다. 그렇게 계속 읽어 언제 어디서나 말할 수 있게 외웠다. 다음은 당시에 외웠던 김제동 어록들이다.

> ★ 자신의 단점을 깊숙이 숨겨두지 말고 햇볕을 쏘이게 하라.
>   그래야 그 단점이 광합성을 하여 꽃을 피울 수 있다.
> ★ 사랑했다면 앞을 보고, 사랑할 거라면 서로를 보고,
>   사랑한다면 같은 곳을 봐라.
> ★ 이별은 사랑했던 사람만의 특권이다.
> ★ 사랑이 아름다운 이유는 기억을 추억으로 만들어 주기 때문입니다.
> ★ 남자는 아무 데서나 함부로 무릎을 꿇어서는 안 되지만,
>   사랑하는 여자 앞에서 무릎을 꿇는 것은
>   사랑하는 여자를 갖은 남자만의 특권이다.

김제동 선배를 연구하던 중 김제동 선배가 대구에 있는에서 'MC 리더스'라는 사무실 출신이라는 것을 알게 되어, 'MC 리더스' 사무실에 들어가는 것을 또 하나의 작은 목표로 정했다.

운이 좋게 김제동 선배와 같은 사무실인 박동철 선생님을 만났다. 박동철 선생님과의 인연으로 'MC 리더스'와 인연의 끈을 만들 수 있었다. 사무실에는 김제동 선배의 손때가 묻은 책들이 있었다. 그 책을 펼쳐 보니, 김제동 선배가 외웠던 명언의 흔적들과 중요한 곳을 표시해 놓은 밑줄, 접혀있는 책의 모습을 볼 수 있었다. 사무실에 있는 책의 목록을 사진 찍고, 김제동 선배가 읽었던 책을 도서관에서 빌려 보기 시작했다. 그중 좋았던 책은 구매해서 김제동 선배가 했던 것처럼 밑줄을 긋고 접어두기 시작했다.

그렇게 김제동 선배를 따라 하기 시작했고, 무대에 섰을 때도 많은 도움이 되었다. 나도 모르게 김제동 선배처럼 나만의 어록을 만들기 시작했다. 물론 사람들은 어록인 줄도 모른다. 이렇게 외웠던 명언은 책을 쓰고, 강의할 때 많은 도움이 되었다.

김제동 선배를 따라 하기 시작하면서 나는 꿈을 디자인할 수 있었으며, 롤 모델을 통해 꿈의 방향을 그려갈 수 있었다.

그 후 2011년 「청춘콘서트 시즌2」 대구 행사의 봉사자로 활동할 때였다. 당시 메인 강사는 김제동 선배였다. 행사가 끝난 뒤, 김제동 선배는 그냥 가지 않고 봉사자들을 위한 시간을 내주었다. 가요제 이후 정확히 10년 만의 재회였다. 먼저 김제동 선배에게 말을 걸었다.

나:	"선배님 안녕하십니까! 선배님은 제가 누구인지 모르실 겁니다. 10년 전에 시내에 갤러리 존 앞에서 했던 가요제에 선배님한테 찾아가서 노래를 시켜 달라고 했습니다. 선배님은 제게 노래를 시켜주셨 고, 그때의 선배님 모습과 TV에 나오시는 모습을 보며 레크리에이션 강사가 되어서 활동하고 있습 니다."
김제동 선배:	"그래요? 쉬운 일만은 아닐 텐데 열심히 하세요."
나:	"네, 선배님 감사합니다. 그리고 감사합니다. 선배님 덕분에 꿈을 꾸고 열심히 하고 있습니다."
김제동 선배:	"저는 한 게 없는데…. 쿄쿄쿄쿄"

김제동 선배는 특유의 웃음으로 화답했다. 나는 김제동 선배에게 한마디 더 말을 했다.

나:	"선배님, 10년 뒤에는 정상에서 뵙겠습니다. 꼭 정상 에 가겠습니다."
김제동 선배:	"(진중한 목소리로) 여기가 정상이 아닌가!"

김제동 선배가 말한 '여기가 정상'이라는 말은 오늘 하루하루를 열심히 살라는 의미로 받아들이며, 그렇게 잠시나마 김제동 선배와의 재회가 이뤄졌다.

2016년, 꿈이었던 'MC 리더스'에 입회했다. 게다가 김제동 선배의 롤 모델인 방우정 선생님도 자주 만나 조언을 얻을 수 있게 되었다.

나는 김제동 선배뿐만 아니라 각각의 분야에서 롤 모델을 찾기 시작했다. 프레젠테이션할 때는 스티브 잡스를 롤 모델로 삼으며 따라 했고, 강의하는 방법은 김정운 교수를 따라 했으며, 책을 쓸 때는 소설가 이외수 선생님을 따라 했다. 나는 이렇게 다양한 분야에서 많은 롤 모델을 만들고, 그 사람들을 따라 하면서 발전하기 시작했다. 그렇다고 무작정 따라 하기만 한 것은 아니다. 롤 모델을 따라 하는 것에서 그치지 않고 나만의 방식으로 변형해서 새롭게 적용했다. 나는 롤 모델을 통해 비전으로 가는 방향을 잡고 구체적인 계획을 세웠으며, 롤 모델을 통해 지금도 조금씩 발전하고 있다.

자신만의 롤 모델 만들기

앞서도 이야기 했지만, 롤 모델 Roll Model이란 자신에게 본보기가 되거나 닮고 싶은 사람을 말한다. 롤 모델을 설정하면 그 사람의 외모부터 생각마저 닮아간다. 롤 모델을 따라 하는 것만으로도 많은 성장을 할 수 있다. 롤 모델은 인생을 살아가는 데 좋은 나침반이 된다.

'논어 술이'편 22장에서 공자는 누군가를 따라 하는 것을 다음과 같이 말하고 있다.

三人行 삼인행	세 사람이 함께 길을 걸어가면,
必有我師焉 필유아사언	여기에는 분명히 보고 배울 스승이 있다.
擇基善者而從之 택기선자이종지	나는 그 사람들의 뛰어난 점을 골라서 따라 해보고,
基不善者而改之 기불선자이개지	반대로 상대의 단점을 찾으면 내게 있는 단점을 고칠 수 있다.

공자는 다른 사람의 좋은 장점은 따라 하면서 자신의 장점으로 취했고, 반대로 다른 사람의 단점을 통해 자신에게는 그러한 점이 없는지 살펴보고 고치려고 노력했다. 그래서 단점을 가졌던, 장점을 가졌던 만나는 모든 사람을 스승으로 삼아 배웠다.

나만의 롤 모델을 만들기 위해서는 첫 번째, 자신이 따라 할 롤 모델을 찾아야 한다. 롤 모델은 시대가 다르거나, 다른 나라의 사람이거나, 지금 당장 만나지 못하는 사람도 관계없다. 롤 모델을 찾는 데는 어떠한 제약 조건도 없다. 롤 모델을 선택할 때 가장 중요한 것은 '끌림'이다. 왠지 모르게 그냥 그 사람에게 끌린다는 느낌이 가장 중요하다.

자신이 앞으로 향하는 분야에서 이미 성공한 사람을 찾는 것도 한 가지 방법이다. 성공한 사람의 분야가 나와 같은 분야가 아니더라도 자신이 닮고 싶은 점이 있는 사람이면 좋다. 그렇다고 꼭 유명하거나 알려진 사람만 찾아야 하는 것만은 아니다. 알려지지 않은 숨어 있는 롤 모델도 있다.

롤 모델을 정할 때, 머릿속에 미리 생각해두지 않았다면 다양한 사람들을 찾는다. 여러 사람을 찾아 종이에 적는다. '만약, 이 사람처럼 될 수 있다면 또는 누구처럼 되고 싶은가?'라는 질문을 자신에게 되묻는다. 여러 인물 중 한두 사람을 롤 모델로 선정한다.

두 번째, 자신의 롤 모델을 선정했다면 다음 단계로 그 사람에게 배우고 싶은 점을 분석한다. 롤 모델을 분석하기 위해서는 정보를 최대한 모을 수 있는 만큼 모으면 좋다. 자신이 롤 모델로 선정한 사람에 관련된 책, TV 프로그램, 인터넷, 인터뷰 기사, 신문 등 다양한 곳에서 정보를 모아, 모은 정보를 바탕으로 롤 모델이 성공한 요인을 분석한다.

롤 모델이라고 해서 무조건 옳은 것은 아니다. 사람은 누구나 장점이 있다. 선정한 롤 모델의 닮고 싶은 장점을 찾아야 한다. 무작정 따라 하게 되면 부정적인 면을 닮을 수 있으므로 분석은 꼭 필요하다. 롤 모델의 성공한 요인 중 화려함의 반대 이면도 찾아보는 것이 좋다. 롤 모델의 결과만을 보지 말고 과정을 분석해야 한다. 대부분의 롤 모델들은 자신이 힘들었던 경우 희망과 끈기로 극복했다. 이러한 정보를 통해 힘들어하는 자신에게 힘을 불어넣어 줄 수 있다. 예를 들어 보면, 나는 무엇인가를 도전하다가 실패를 하면 1008번 실패한 KFC의 할랜드 센더슨을 생각하며 '60이 넘은 나이에 1008번 실패했는데, 난 젊고 이제 고작 10번이야.'라며 스스로 힘을 불어 넣는다.

세 번째, 다음 단계로 롤 모델에게서 배우고 싶은 점을 자신에게 적용한다. 롤 모델의 성공 요인 중 하나가 독서라면, 롤 모델이 읽었고 좋아했던 책 리스트를 만들어 자신도 책을 따라 읽을 수 있다. 롤 모델이 했던 경력을 토대로 배웠던 과정을 따라 배울 수도 있다. 롤 모델이 했던 대로 최대한 비슷하게 따라 하려고 노력한다. 아무리 알고 있어도 실행하지 않으면 자신의 것으로 만들 수 없다. "만약에 내가 롤 모델이라면 어떻게 했을까?"라는 질문을 통해 그 사람이 된 것처럼 생각하고 행동하는 것이다. 이런 방법을 통해 롤 모델의 장점이 자신의 습관이 될 때까지 반복한다.

네 번째, 마지막 단계로 실행을 바탕으로 스스로 발자취를 돌아보고 평가한다. 평가 결과를 바탕으로 더 좋은 방법으로 갈 수 있는 피드백을 한다. 피드백을 통해 롤 모델과 자신의 환경을 비교하기도 한다. 롤 모델을 따라 하기에 그쳐서는 안 된다. 청출어람 靑出於藍이라는 말이 있듯이 롤 모델인 스승을 뛰어넘어야 한다. 롤 모델이 한 것을 따라 한 뒤, 자신만의 방법을 재탄생시켜야 스승인 롤 모델을 뛰어넘을 수 있다.

자신만의 롤 모델 만들기	
단계 1	자신이 따라 할 대상을 찾는다.
단계 2	롤 모델에게서 배우고 싶은 점을 분석한다.
단계 3	배우고 싶은 점을 자신에게 적용한다.
단계 4	스스로 성장을 평가하고 피드백하여 다시 적용한다.

아무도 걷지 않은 눈길 위에 누군가가 걸었던 발자국이 남아 있다. 롤 모델은 이 발자국의 역할이 되어 자신이 걸어갈 길의 나침반이 되어 준다. 롤 모델은 자신의 비전을 디자인하는 것에 중요한 역할을 한다. '만약 내가 그 롤 모델이었다면 이러한 상황에서 어떻게 했을까?'라는 역할 가정을 통해 그 사람처럼 생각하게 하고 행동하게 한다.

자신만의 롤 모델을 찾고, 분석하고, 따라 하고, 자신에게 맞게 적용할 수 있다. 롤 모델을 통해 비전의 전략과 지혜를 엿볼 수 있다.

비전을 세우지 않는
5가지 이유

어느 중학교에 특강을 진행할 기회가 있었다. 나는 학생들에게 목표에 대해서 생각해보고 꼭 종이에 써서 붙여보라는 이야기를 남겼다. 그로부터 1년이 지난 후 다시 그 학교에 특강을 갔다. 전년도 3학년은 졸업한 상태이고, 1학년은 나를 처음 만난 상황이었다. 2학년과 3학년 학생약 400명에게 지난해에 이야기한 목표에 대해서 생각해보고 적어 놓은 사람을 물었더니 약 20명 정도였다. 그것을 가지고 다니거나 책상이나 눈에 띄는 곳에 붙여놓은 사람은 3명에 불과했다.

학교뿐만 아니라 회사의 직원들을 대상으로 하는 강의와 일반인을 대상으로 하는 강의에서도 목표에 대해서 강조했지만, 실제로 하는 사람은 거의 없었다. 책을 읽고 강의를 들을 때는 꼭 해야겠다고 생각하지만, 시간이 지나면 그뿐이었다.

지그 지글러 Zig Ziglar는 "대다수 사람은 의미 있는 소수라기보다 방황하는 다수이다."라고 말했다. 대부분 사람이 인생에서 자신이 원하는 것에 초점을 두고 집중하기보다는 그때그때 상황에 맞게 눈앞의 상황에 급급하며 살아가고 있다는 의미다. 스스로 비전을 세우고 그것을 향해 행동하면 '방황하는 다수'는 '의미 있는 소수'가 된다.

지금까지 학교에서, 가정에서, 직장에서 비전 인생을 디자인해야 한다고 많이 들었지만, 대부분 디자인하지 않고 살고 있다. 심지어는 다음과 같은 말도 있다.

> "여행을 갈 때는 계획이 있지만,
> 인생을 살아갈 때는 계획이 없다."

인생에서 진정한 비전을 세운 '의미 있는 사람'은 소수일 뿐이고, 그 목표를 글로 정리해 놓은 사람은 3%에 불과하다. 그리고 주기적으로 읽거나 써서 점검하는 사람은 1%도 안 된다. 비전을 세우는 것이 중요하다는 것을 알려주어도 사람들이 비전을 세우지 않는 이유는 무엇일까? 5가지 이유를 알아보자.

첫 번째 이유: 삶에 변화를 싫어한다

사람들이 비전을 세우지 않는 첫 번째 이유는 삶에 대해 변화를 싫어하기 때문이다.

비전을 세우지 않는 대부분 사람은 행동보다 말이 앞서는 사람이다. 그리고 자신이 성공이나 목표, 꿈에 대한 더 나은 삶은 원하지도 않고 현재에 평온함에 안주하는 경향을 띠고 있다. 그들은 좋은 변화든 나쁜 변화든 모두 싫어하고 현재 상태에 안주하려고 한다.

한 사람이 생애 처음으로 자신의 집을 사기 위해 많은 돈을 대출했다. 그는 부동산 중개인을 통해 자신이 간절히 원하는 집을 사며, 집에 관련된 모든 서류에 사인했다. 중개인은 서류를 챙기고 집을 나서며 한 마디를 남겼다.

"이 집은 깨끗하지만 오래되었습니다. 고쳐야 할 목록을 만들어 6개월 안에 고치도록 하세요. 꼭 6개월 안에 고치셔야 해요."

그는 자신의 대출을 생각하여 중개인에게 말했다.

"네, 알겠습니다. 하지만, 대출이 만만치 않을걸요. 돈을 조금 모은 뒤, 이 집에 살면서 천천히 고칠게요."

중개인은 빙긋이 웃으며 다시 말했다.

"제가 이렇게 말하면 대부분 살면서 고친다고 말해요. 그런 사람들이 다시 집을 팔 때 가보면 고친 경우가 없었어요. 6개월 정도 지나면 '삐걱'하는 문소리도, 벽에 있는 낙서도, 튀어나온 못도 모두 익숙해지거든요. 익숙해지면 다들 그냥 살아요. 그래서 최대한 빨리 고쳐서 살라는 거예요."

이처럼 사람들은 시간이 지나면서 모든 것에 대해 익숙해져 버린다.

그리고는 계속 그 상태를 유지하려고 한다. 이를 '항상성 Homeostasis'이라고 한다. 항상성은 익숙한 상황에 적응되어 변화하지 않게 한다. 이러한 항상성이 큰 사람은 '안주 지대 Comfort Zone'에 머무르려고 하며 변화하는 것을 싫어하게 된다.

'비전을 세우고 그것을 하는 것이 귀찮아. 그냥 이대로 살래!'
'이대로 평범하게 사는 것이 내 꿈이야!'
'평범하게만 살았으면 해!'

이러한 사람들은 현실에 안주하는 태도로 자기 삶의 변화를 싫어한다. 비전을 세우지 않고 현실에 안주하며 누군가가 자신을 이끌어 주기만을 원하며 비전을 세우지 않는다.

두 번째 이유: 비전의 중요성을 모른다

사람들이 비전을 세우지 않는 두 번째 이유는 비전의 중요성을 모르기 때문이다.

비전의 중요성을 모르는 사람들은 비전이 없는 사람들과 어울린다. 그러다 보면 비전에 대한 중요성을 잊고 살아간다. 눈앞에 힘든 일을 먼저 처리하기에 급급하게 살다 보면 자신의 비전은 없고, 주변에서 끼어드는 여러 가지 급한 일들을 처리하다 시간을 보낸다.

친구들과 만나 이야기를 하면 스포츠 경기, 상사나 주변 사람 흉, 연애 등의 일상 이야기가 대부분을 차지한다. 그러한 자리에서는 목표나 비전에 관한 이야기는 없다.

어느 한 친구와 연초에 만나 목표에 관해 이야기를 건넸다. 친구는 회사에서 평범하게 해고되지 않고 정년퇴직까지 월급 받는 것이 목표라고 했다. 그리고 이야기는 다시 축구 이야기 등 잡다한 수다를 하다 헤어진 적이 있다. 내가 만난 많은 사람은 목표를 정하기보다 연예인, 스포츠, 취미에 대한 이야기를 더 많이 했다.

나 또한 비전이 중요한지 몰랐다. 비전을 세우면서 목표와 계획 그리고 행동으로 이어졌다. 목표나 비전이 조금씩 일어나면서 중요하다는 것을 깨달았다. 나는 늘 목표를 적고, 매일 보는 장소에 붙여 놓고, 행동한다.

자수성가형 백만장자인 브라이언 트레이시는 "성공은 목표다. 나머지는 주석이다."라는 말을 했다. 목표가 없는 꿈은 허상에 불과하다. 목표는 비전으로 가는 징검다리의 돌이다. 돌을 밟아 원하는 곳으로 건너가듯이, 목표를 밟아가면 원하는 비전으로 건너갈 수 있다.

세 번째 이유: 목표를 세우는 방법을 모른다

사람들이 비전을 세우지 않는 세 번째 이유는 비전을 세우는 방법을 모르기 때문이다.

부자들이나 성공한 사람들의 특징은 목표를 구체적이고 명료하게 종이에 기록해서 세운다. 비전을 디자인하지 않는 사람은 꿈을 막연한 생각만으로 그친다.

초등학교부터 고등학교까지 12년 동안 그리고 대학교 4년을 공부하는 동안, 학교에서는 비전과 목표를 세우는 정확한 방법에 대해서 알려주지 않는다. 비전이 곧 성공임에도 불구하고 명확한 비전을 세우는 방법을 알려주지 않는다.

더 심각한 문제는 많은 사람이 자신은 이미 비전을 세우는 방법을 제대로 알고 있고 실행한다고 착각하는 것이다. 사람들에게 비전을 물어보면 "행복한 인생을 살고 싶다.", "돈을 많이 벌어 부자가 되고 싶다.", "행복한 가정을 만들고 싶다."처럼 시야가 흐린 불투명한 꿈을 말한다. 이것은 비전이라기보다 소망에 불과하다. 이런 것은 제대로 된 비전이라 할 수는 없다.

비전과 소망은 분명히 다르며, 비전은 명확하고 구체적으로 기록되어 다른 사람에게 설명할 수 있어야 한다. 비전은 그것을 측정할 수 있어야 하며 언제까지 성취할지 구체적인 시간도 포함되어 있어야 한다.

네 번째 이유: 주변의 부정적인 비판이 싫다

사람들이 비전을 세우지 않는 네 번째 이유는 주변의 부정적인 비판 때문이다.

자신의 비전을 말하면 주변으로부터 부정적인 비판을 받아 본 경험이 있을 것이다. 이러한 부정적인 비판은 비전을 세우지 않게 되는 원인이 된다. 부정적인 비판을 들은 사람은 도전하기보다 현재 위치에 안주하려고 한다.

나는 어린 시절 호기심이 많았다. 그래서 주변에서 일어나는 현상이나 신기한 물건을 보면 가만히 있지 못했다. 무엇을 하면 앞장서서 나서는 것을 좋아했다. 학교에서도 동네에서도 주도적으로 대장이 되려고 하는 성향이 있었다. 그러나 내가 주도적으로 한 일은 대부분 부정적인 결과를 초래했다. 그래서 내 별명은 '마이너스의 손'이었다. 내 손이 닿는 모든 것은 부서지고 없어지기 때문이었다.

"가만히 있으면 중간이나 가지!"
"제발, 남들처럼 가만히 있지, 나대지 마라!"
"넌 안 돼! 제발 말썽 좀 그만 피워라!"

나는 이런 말을 많이 들으며 자랐다. 그래서 무언가를 할 때, 주변의 눈치를 살폈다. 좋은 의도로 했다가 부정적 비판을 많이 받기 때문이다. 이런 일이 반복될수록 적극적으로 나서지 않았고 군중 속에 가만히 있게 되었다.

나처럼 부정적인 비판 속에 자란 사람은 주위의 비판에 두려워 자신의 비전이나 목표를 다른 사람에게 말하지 않는다. 이들은 자존감이 떨어지고 꿈과 목표를 더는 생각하지 않는다. 항상 안전한 쪽을 선택하고 스스로 처한 상황을 부정적으로 여긴다. 본래 능력보다 낮은 성취에 만족하고 제자리에 안주하려고 한다.

이런 부정적인 비판을 피하는 방법이 있다. 그것은 비전을 비밀로 하는 방법이다. 그래야 사람들이 그것을 꼬투리 잡아 비웃거나 부정적인 비판을 하지 않기 때문이다. 비전을 비밀로 하되 두 가지 예외가 있다. 첫 번째는 비전 달성에 도움을 받아야 하는 사람들로 직장 상사나 배우자 등은 예외에 속한다. 두 번째는 자신과 비전이나 목표가 같은 사람들, 자신의 비전을 격려해주는 사람들로 같은 방향을 향하는 사람들의 응원을 받을 수 있으며, 서로 목표를 공유하여 도움을 주고받을 수 있다.

비판을 피해 가기만 해서는 근본적인 문제를 해결할 수 없다. 비판을 피해 가기보다 더 좋은 방법은 비판을 수용하는 것이다. 다른 사람이 나에 대해서 비판을 하면 그것을 적이 아닌 동지로 생각하는 것이다. 비판에 대해서 반발하거나 방어하거나 피하지 말아야 한다. 비판을 들으면 감정에 초점을 두어서는 안 된다. 비판에 대한 원천과 내용을 중심으로 인정하고 수용하면 된다. "그 점 고려해보겠습니다.", "감사합니다. 더 말씀해주십시오."하고 수용하는 자세를 취한다. 비판을 적이 아닌 동지로 만드는 방법을 사용해야 한다. 부정적인 비판을 공격적인 자세나 방어하는 침묵의 자세가 아닌, 고려하고 수용하는 자세로 받아들인다.

비판을 인정하고 수용하게 되면 스스로 발전하는 동력으로 바꿀 수 있다.

다섯 번째 이유: 실패에 대한 두려움이 있다

사람들이 비전을 세우지 않는 마지막 다섯 번째 이유는 실패에 대한 두려움 때문이다. 실패에 대한 두려움은 비전을 세우지 않는 가장 커다란 이유다.

실패에 대한 두려움에 관련된 실험이 있었다. 쥐가 접시에 담긴 음식을 먹으려고 할 때마다 전기 충격을 주었다. 반복될수록 전기 충격에 겁을 먹은 쥐는 음식이 담겨 있는 접시 쪽에서 멀어졌다. 잠시 후 전기 충격을 껐지만 쥐는 접시에 접근하지 않았다. 더 맛있는 음식을 올렸지만 쥐는 결국 시간이 흘러도 먹지 않았다. 결국, 쥐는 아무것도 먹지 않고 굶어 죽었다.

60cm를 뛰는 벼룩을 높이 50cm 병에 가두고 뚜껑을 덮었다. 병 속의 벼룩은 뛰면서 계속 뚜껑에 부딪혔다. 한참 시간이 흐른 뒤, 병뚜껑을 열어두었다. 벼룩은 뚜껑이 열려 있어도 그 이상 뛰지 않았다. 원래 벼룩은 그 이상을 뛸 수 있었지만, 뚜껑에 부딪히면서 실패를 반복했다. 병뚜껑이 열려 있지만, 반복된 실패 때문에 벼룩은 병에서 빠져나오지 못했다.

서커스 공연을 하는 사람들은 어린 코끼리에게 말뚝을 박아 이동하지 못하게 했다. 새끼 코끼리는 자신의 힘으로 아무리 당겨도 말뚝을 빼고 도망갈 수 없었다. 세월이 흐른 뒤, 새끼 코끼리는 어른 코끼리가 되었다. 어른 코끼리는 말뚝을 뺄 힘이 충분히 있다. 하지만 어린 시절부터 말뚝을 뺄 수 없다고 생각한 코끼리는 말뚝을 빼고 도망가지 않는다.

능력이 있음에도 불구하고 벼룩이나 코끼리는 실패를 받아들이고 더는 도전하지 않게 된다. 사람도 마찬가지다. 실패에 대한 두려움은 '나는 할 수 없어, 나는 안 돼, 실패하면 어쩌지!'라는 부정적인 생각을 불러일으킨다. 이 두려움은 과거에 겪은 경험에 대한 부정적인 인식을 통해 자리 잡게 된다. 부정적인 인식이 자리 잡게 되면 희망이 어두워지고 꿈은 사라져버린다. 그래서 기존의 목표보다 더 높은 목표를 설정하는데 두려움을 가지게 된다.

이와 같은 현상을를 '학습된 무기력 Learned Helplessness'이라고 한다. '학습된 무기력' 이론은 한 사람에게 반복적 실패나 부정적인 자극을 계속 제공하면, 이후에 가능한 상황이 되어도 반응을 하지 않고 학습된 무기력한 상태가 계속되는 현상이다.

두 사람이 테니스를 하던 중 한 사람이 심장마비로 쓰러졌다. 신고를 통해 응급차가 달려왔고 병원으로 가는 도중에 의료진은 그 사람을 살리기 위해 온갖 방법을 썼다. 그러나 병원에 도착하기 전에 그는 이 세상 사람이 아니었다. 화가 난 의사는 함께 테니스를 하던 사람에게 소리쳤다.

"도대체 왜 테니스 코트에서 심폐소생술을 실시하지 않았습니까? 심폐소생술을 했으면 살았을 텐데 도대체 왜?"

다른 한 사람은 말했습니다.

"갈비뼈를 부러뜨릴까 두려웠습니다. 예전에 제가 다른 사람에게 심폐소생술을 했다가 갈비뼈를 다치게 했기 때문에…"

그러자 의사가 이렇게 소리쳤다.

"갈비뼈가 부러진다고 사람이 죽지는 않습니다."

『꿈을 실현하는 사람들의 15가지 성공비결』 중에서;
스티븐 스콧 지음/김명렬 역/비즈니스북스

실패에 대한 두려움은 행동을 하지 못하게 방해한다. 나뿐만 아니라 다른 사람들에게도 부정적인 영향을 미칠 수 있다. 사람들이 실패를 두려워하는 주된 이유는 성공하리라는 큰 기대 때문이다. 기대가 크면 실망이 크고 두려움이 크기 때문이다. 알고 보면, 실패가 하는 역할은 두려움을 가지게 하는 것이 아니라 성공으로 나아가는 역할을 한다. 실패 없이는 어떠한 꿈도 이루어지지 않는다. 실패는 꿈이 이루어지는 과정이지 끝이 아니다. 메이저리그의 홈런왕 베이브 루스 Babe Ruth도 홈런왕이 되었던 그해에 가장 많은 삼진을 당했다. 삼진을 실패로 여기지 않고 홈런왕으로 가는 밑거름으로 삼았다.

실패에 대한 두려움을 극복하는 방법은 두려움의 실체가 무엇인지 적어보는 것도 좋은 방법이다. 실패했을 때 최악의 결과를 추측해서 써 본다. 그 상황이 되었을 때 자신이 어떤 행동을 취할 것인지를 종이에 써 보는 것이다. 만약 최악의 상황이 와도 다음 행동이 준비되어 있으므로 실패에 대한 두려움에서 조금은 멀어질 수 있다.

실패에 대한 두려움을 극복하는 또 다른 방법은 하려는 일이 성공했을 경우 돌아올 혜택이 무엇인지 적어본다. 희망을 바라보게 되면 하려는 일에 대한 열정이 생겨나 두려움을 극복하는 힘이 된다.

나폴레온 힐 Napoleon Hill은 "모든 불행 속에는 더 큰 기회나 성공의 씨앗이 들어 있다."라고 말했다. 실패에 굳어 제자리에 머물면 실패지만, 실패 속에서 교훈을 찾으면 성공으로 가는 과정이다. 실패를 두려워 말고 실패를 받아들이면, 그 속에 있는 비전의 씨앗은 꽃을 활짝 피운다.

비전을 세우지 않는 5가지 이유

1. 삶에 대해 변화를 싫어하기 때문

▪▪▮▶ 변화하지 않으면 꿈을 이룰 수 없다.

2. 목표의 중요성을 모르기 때문

▪▪▮▶ 목표는 매우 중요하다.

3. 목표를 세우는 방법을 모르기 때문

▪▪▮▶ 목표를 세우는 구체적인 방법을 습득한다.

4. 부정적인 비판에 대한 두려움 때문

▪▪▮▶ 비판은 걸림돌이 아니라 디딤돌로 이용한다.

5. 실패에 대한 두려움 때문

▪▪▮▶ 실패는 결과가 아닌 과정으로 당연한 것으로 여긴다.

아직 비전을 세우지 않았다면 왜 세우지 않았는지 생각해보고, 해결할 수 있는 방법을 찾아보자.

#처음은_힘들다 #작은_일 #작은_행동 #실패 #습관
#DoItNow #후회_줄이기 #끝내기 #시간_매트릭스
#우선순위 #시간_관리 #마감_기한 #자투리_시간
#시계부 #최적의_장소

많은 자기 계발 서적에서 '간절히 원하면 이루어진다.', '생생하게 상상하면 꿈이 현실로 바뀐다(R = VD).'라고 말하고 있다. 물론 틀린 말은 아니지만, 아무리 생생하게 생각을 거듭한다 해도 생각에만 그치면 그 꿈은 이루어지지 않으며, 또한 간절히 원하기만 하고,

행동하지 않으면 이루어지지 않는다.

꿈은 크게 두 가지 분류로 나눌 수 있다. 하나는 '진짜 꿈'이고 나머지 하나는 소위 말하는 '개꿈'으로 분류된다. 두 가지 꿈의 가장 큰 차이는 바로 '행동'의 차이이다. 내가 원하는 상상을 하루에 조금씩이나 일정 기간 동안 꾸준히 행동하면 '진짜 꿈'이다. 반면 자신이 원하는 상상을 행동하지 않고 매일 생각만 하면 '개꿈'이다.

자신의 비전으로 베스트셀러 작가가 되는 것이 꿈인 두 사람이 있다. 한 사람은 매일 서점에 가서 자신의 책이 베스트셀러 코너에 올라가는 것을 생생하게 상상한다. 서점 한쪽에 있는 곳에서 자신이 사인회를 하며 많은 사람이 줄을 서서 기다리는 구체적인 비전을 상상하지만, 일주일에 한 번 이상 글을 쓰거나 한 권의 책도 읽지 않았다. 반면에 첫 번째 사람과 같은 꿈을 꾸는 다른 사람은 일주일에 한 번 정도 서점에 들러 같은 상상을 하며 하루에 한 페이지 이상 꾸준히 글을 쓰고 일주일에 두 권 이상의 책을 읽었다. 또, 자신이 좋아하는 작가의 책을 한 달에 한 권을 똑같이 따라 썼다.

첫 번째 사람은 무척 생생하게 꿈을 꾸지만, 그 꿈이 이루어질 확률은 거의 없다. 첫 번째 사람의 꿈은 '개꿈'에 해당한다. 개꿈을 꾸는 사람은 많은 것을 원하며 꿈만 꾸고 행동하지 않는다. 이들은 누군가가 자신에게 꿈을 이뤄주기를 바라기만 한다.

두 번째 사람은 첫 번째 사람과 마찬가지로 생생하게 꿈을 꾼다. 자신만의 꿈이 이루어지는 것을 믿음으로만 그치는 것이 아니라 믿음에 따른 행동하는 사람이다. 그래서 이 사람의 꿈은 '진짜 꿈'이다. 이 사람은 주변의 유혹과 시련을 견디고 자신만의 꿈을 향해서 계속 행동한다. 이 사람은 어려움과 역경이 있어 방향이 흔들릴지는 몰라도 꺾이지 않고 자신만의 방향을 계속 나아간다. 결국, 계속 행동하여 끝내 자신만의 비전을 현실로 만든다.

비전을 꿈꾸기 시작할 때는 어떤 장애물도 없다. 상상의 나래를 펼치는 것은 그저 재미있고 흥미진진하다. 비전이 이루어졌을 때 많은 사람에게 영향을 미칠 것을 생각하면 즐겁다. 하지만, 비전을 발견하고 디자인하는 동안 비전을 이루는 데 따르는 대가에 대해서는 생각하지 않았다. 지금부터 비전을 이루는데 행동과 시간을 투자해야 한다.

비전을 하나하나 실행할 때마다 주변의 반대, 상황, 여건, 돈 등 많은 제약이 따르기 시작할 것이다. 비전을 이루기 위한 상상만 해서는 결코 이룰 수 없다. 비전을 이루기 위해 그에 따른 행동과 대가를 치러야 한다. 꿈을 꾸는 사람은 많지만, 꿈을 이루는 사람이 많지 않은 이유가 이 때문이다.

라이트 형제가 비행기로 하늘은 나는 꿈을 꾸고 행동할 때, 사람들은 그들을 미쳤다고 했다. 양수기가 발명되기 전까지는 물이 거꾸로 흐를 수 없다고 생각했다. 다빈치가 수직으로 하늘로 올라가는 물체를 상상했을 때, 사람들은 믿지 않았지만, 500년 후 헬리콥터가 등장했다. 휴그무어가 종이컵을 만들기 전까지 사람들은 종이는 물에 젖어 물을 담지 못한다고 생각했다. 많은 사람이 불가능한 몽상에 불과하다고 생각했지만, 그들은 행동했고 많은 실패를 거듭하여 결과를 만들어 냈다.

지금까지 비전을 발견하고 디자인했다. '첫 번째; 비전을 발견하라'와 '두 번째; 비전을 디자인하라'에 해당하는 자신의 비전을 발견하고 디자인하는 것에 대한 비용이나 대가는 무료에 해당한다. 비전을 실행하기 위해 행동하는 지금부터는 대가를 치러야 하는 유료다.

많은 사람은 '꿈은 이뤄진다.'고 말한다. 이렇게 말하는 이유는 다른 사람이 이룬 꿈을 멀리서 보면 자연스레 이뤄진 것처럼 보이기 때문이다. 하지만, 꿈은 이뤄지는 것이 아니라 만들어가는 것이다. '꿈은 이루어 진다.'가 아니라 '꿈은 만들어진다.'가 더 정확한 표현이다.

극작가 조지 버나드 쇼 George Bernard Shaw는 "유능한 자는 행동하고, 무능한 자는 말만 한다."라고 말했다. 자신의 '꿈'에게 물어보자. 자신의 꿈은 생각으로만 꿈꾸고 이뤄지기 기다리는 '개꿈'인가? 꿈에 관련된 행동을 하며 대가를 치르고 있는 '진짜 꿈'인가?

비전을 현실로 만드는 오직 한 가지 방법은 그것이 현실이 될 때까지 실행해야 한다. 꿈만 꾸는 사람은 생각에서 그쳤고, 꿈을 현실로 만든 사람은 행동이 계속되었다. 아인슈타인은 "내가 움직이기 전까지 나에게는 어떤 일도 일어나지 않는다. Nothing happens until something moves." 라고 말했다. 비전은 행동하지 않으면 절대 이루어지지 않는다.

처음에는
원래 그런거야

아기는 태어난 지 약 12개월 전후에 걸음마를 시작한다. 아기가 걸음을 걷기 위해서는 먼저 제자리에 서야 한다. 제자리에 서기를 위해서만 아기는 3000번 이상 넘어진다. 누군가 잡아주는 손을 잡고 걸음을 시작하지만, 아기의 다리는 힘이 없어 곧 넘어지고 만다. 이렇게 2개월 동안 일어나고 넘어지기를 반복하면 아무런 도움 없이도 걷게 된다. 이 기간 아기는 넘어지고 일어나기를 반복하면 언제 걸음마를 연습했느냐는 식으로 뛰어다닌다.

우리 모두 3000번의 실패를 경험하고 지금은 아무렇지도 않게 걸음을 걷고 있다. 지금 걸을 때, 처음 걸음마를 배울 당시처럼 마음속으로 '왼발부터 이렇게, 오른발은 이렇게'하며 걷지는 않는다. 처음에는 어려웠지만, 익숙해지면 쉽게 느껴진다.

비전의 처음은 원래 힘들다

자신의 비전을 실행하지 않는 이유는 거부에 대한 두려움이나, 실패에 대한 두려움 때문에 시도하지 않는 경우가 많다. 비전을 이루기 위한 일을 처음 시작하면 익숙하지 않아 힘들고 많은 문제에 부딪히게 된다.

컴퓨터 키보드를 처음 칠 때를 생각해보자. 대부분 처음 키보드를 칠 때는 독수리 타법으로 자판을 친다. 제대로 치는 것보다 독수리 타법으로 치면 더 쉽다. 키보드를 제대로 익히면 분당 300타 이상 칠 수 있지만, 독수리 타법보다 어렵고 노력이 많이 들어가며 시간도 오래 걸린다. 하지만, 일정 수준이 되면 눈으로 키보드를 보지 않아도 편안하고, 빠르게 키보드를 칠 수 있다. 타자를 익히는 과정을 겪는 것이 싫어서 '독수리 타법'으로 키보드를 치는 사람은 평생 독수리 타법으로 치게 된다. 독수리 타법과 타자의 속도 차이는 2배 이상이다. 하루에 키보드 타이핑을 1시간씩 50년을 한다고 가정하면 독수리 타법은 자판을 익힌 사람보다 약 380일로 거의 1년이라는 엄청난 시간을 허비하게 되는 셈이다. 장기적 관점으로 바라보고 제대로 실행하는 것이 중요하다.

내가 처음 강의할 때가 생각난다. 그때 강의는 내가 하고 싶어서 한 것이라기 보다 원래 강의하기로 되어 있던 강사의 사정으로 자리가 비어 갑작스럽게 강의를 진행하게 되었다. 한 주 동안 급하게 준비해 강의를 시작하려고 강단에 섰을 때, 눈앞이 깜깜했고 청중이 보이지 않았다. 오로지 해야 할 말에만 신경 쓰였다. 1시간 동안 준비한 강의를 모두 전달해야 했기에 여유도 없이 강의했다. 강의가 끝난 뒤, 무슨 말을 했는지도 기억이 안 날 만큼 정신이 없었다.

며칠 후 그날 내 모습이 담긴 한 장의 사진을 보았다. 사진 안에 있는 나는 긴장한 탓인지 어깨가 올라가 있었다. 그 사진을 본 후로 다시는 강의하고 싶지 않다는 생각을 했지만, 우연히 또 다른 강의 기회가 왔다. 이번에 할 때는 어깨를 올리지 않고 해야겠다고 마음먹은 탓인지 아주 조금은 강의에 여유가 생겨났다. 이렇게 연습무대부터 강의를 시작한 지 3년이 지났을 때부터는 내가 해야 할 말은 생각하지 않아도 자동으로 나왔다. 청중들의 눈빛, 표정, 입 모양 등 청중의 반응이 보이기 시작했다. 그때부터 강의에 점점 흥미를 느끼기 시작했다.

다시 몇 년이 지났을 때부터 나는 강의를 즐기고 있었다. 처음에는 무료로 강의했지만, 지금은 강의를 통해 수익이 발생한다. 강의하기 위해 무대에 설 때면 무엇을 가르친다고 하기보다 사람들과 이야기 한다고 생각해 편안하게 행동한다. 강의는 알고 있는 내용을 알려주는 토크 콘서트라고 생각하고 즐긴다. 계속 강단에 서다 보니 강의에 익숙 해진 지금은 긴장도 많이 줄었다. 강의를 준비하는 시간도 줄었고, 강의 하는 것도 처음에 비하면 많이 쉽게 느껴진다.

페르시아의 시인 사디는 다음과 같이 말했다.

> "인내하라! 무엇이든 처음에는 어렵지만,
> 점점 쉬워지게 마련이다."

독수리 타법에서 정식 타법으로 바꿔 키보드를 칠 때는 어렵다. 하지만, 반복할수록 쉬워지기 마련이다. 걸음마도 강의도 모두 마찬가지로 처음 에는 어렵지만 반복할수록 쉬워진다. 자전거를 탈 때도, 자동차 운전을 배울 때도 모두 처음은 어려웠지만, 반복할수록 점점 쉬워진다. 계속 반복되어 몸에 익숙해지면 의식하지 않아도 자동으로 몸이 움직에게 된다.

본격적으로 자신의 꿈을 행동으로 옮기기 시작하면 어려운 것은 당연하다. 자신이 지금까지 접하지 않았던 낯선 일에 부딪히기 때문이다. 지금까지 했던 일만 하면 더 큰 성장은 없고 제자리에만 머물고 만다. 어떤 일이든 처음은 어렵기 마련이고 실수가 따르기 마련이다. 지금까지 성공했던 사람들도 모두 처음은 그랬다. 힘들고 어렵다고 느끼는 것은 성장통이다.

비전으로 가기 위한 일을 반복하게 되면, 그 일에서 자신의 심장을 뛰게 하는 만족감도 찾을 수 있다. 많은 책에서는 '가슴 뛰는 일을 해라.', '네 심장이 뛰는 일을 찾아라.'라고 말한다. 처음 하는 일이 낯설어 잠시 심장을 뛰게 할지는 모르겠으나, 처음부터 가슴 뛰고 재미있는 일은 거의 없고 힘든 경우가 더 많다. 나 또한 처음에는 강의하고 책을 쓰는 일이 어려웠고 흥미도 느끼지 못했으며 내가 해야 할 일이 아니라고 여겨졌다. 하지만, 반복하다 보니 조금씩 흥미와 재미를 느끼기 시작했고 지금은 천직이라 여기게 되었다.

처음에는 힘들어도 일을 흥미를 느끼고 계속 반복해서 부딪혀야 한다. 처음부터 가슴 뛰고 재미있는 일은 소수에 불과하다. 중요한 것은 가슴 뛸 때까지, 쉬워질 때까지 그 일을 반복해야 한다.

꿈에 관련된 일만 할 수는 없다

비전으로 가는 일을 처음 시작하면 서투르고 실수투성이다. 그리고 보수는 왜 그렇게 짠지. 버티기도 아주 힘들고 어렵다. 하고 싶은 일을 바로 할 수 없는 경우가 대부분이다.

사람들 사이에서 말도 잘하고 웃기는 것에 소질이 있다는 이야기를 많이 들어 개그맨이 되기를 꿈꾸는 김 군이 있었다. 많은 사람의 인정도 받았으며 학창 시절 무대에 선 경험도 많았고 상도 탔기 때문에 마음만 먹으면 금방 개그맨이 될 수 있다고 생각했다. 김 군은 자신의 꿈을 이루기 위해 대학로 소극장에 들어갔다. 하지만 처음부터 선배들은 그를 무대에 세워주지 않았다. 매번 소품, 조명, 메이크업 등 잡다한 일과 선배들의 심부름만 하게 되었다. 가끔 무대에 올라가면 대사도 없고 변두리에서 그저 서 있는 엑스트라 역할만 했다. 김 군이 제일 많이 하는 일은 청소와 정리뿐이었다. 그러다 보니 김 군은 차츰 불만이 쌓여갔다. 김 군은 과연 개그맨이 되었을까? 그럴 일은 없었다. 김 군은 자기 일을 대충대충 하기 시작했고, 꿈이라고 생각했던 일에 흥미를 잃기 시작했다. 결국, 김 군은 극단 생활을 오래 하지 못하고 떠나게 되었다.

한편 똑같이 개그맨을 꿈꾸는 지망생 박 군이 있었다. 박 군도 원하는 일을 하기보다는 청소와 정리, 선배들의 심부름만 하게 되었다. 박 군은 선배들이 하는 분장하는 모습을 보고 그것을 스케치하며 분장하는 방법들을 세심히 관찰하고 기록했다. 무대에 말 한마디 없는 엑스트라 역할을 할 때도 대사는 없지만, 표정으로 최선을 다해 연기했다. 이렇게 '작은 일'을 충실히 수행하던 박 군은 한 선배의 눈에 띄어 본 공연을 시작하기 전에 분위기를 띄우는 일부터 시작하게 되었다. 그렇게 선배들에게 자신의 존재를 조금씩 알린 박 군은 극단에서 인정받아 본 공연에서 비중 있는 역할을 맡았다. 결국, 박 군은 방송에서 출연하는 개그맨이 되었다. 대부분 개그맨은 이런 과정을 거치며 힘들게 자신의 꿈을 시작한다.

대부분 회사나 조직은 개인이 하고 싶은 일이나 비중 있는 일을 처음부터 부여하지는 않는다. 새로운 신입사원이 들어오면 상사나 선배는 신입사원에게 '작은 일'을 부여한다. 그리고 이러한 작은 일을 통해 그 사람이 어떤 재목인지 살펴보게 된다. 회사의 신입사원들은 복사하기, 문서 정리, 청소 등 처음에는 '작은 일'부터 시작한다. 만약 이런 작은 일을 대충 하고 요령을 피우면 그 사람에게 더 큰 기회는 멀어지게 된다. 상사들은 '이 사람은 이런 일도 제대로 해내지 못하고, 이런 일도 하기 싫어하는데 더 비중 있거나 큰일을 맡기지 말아야겠다.'라고 생각한다.

두 명의 신입사원에게 여러 장의 문서를 복사하는 업무를 맡겼다고 가정해보자. 한 명의 신입사원은 문서 복사는 모두 했지만, 스테이플러로 집지도 않고 복사해 낱장으로 제출했다. 다른 한 신입사원은 문서를 복사한 뒤 종이를 스테이플러로 집었다. 그리고 그는 스테이플러의 철심이 빠지거나 손에 상처가 날까 봐 문서의 마지막 장 스테이플러의 철심에 투명 테이프까지 붙여 제출했다. 과연 누가 더 상사의 사랑을 받으며 성장해 갈까? 당연히 작은 일도 정성스럽게 한 두 번째 신입사원일 것이다.

이처럼 사람의 가치는 가장 쉬운 일이면서 모두가 하찮게 여기는 작은 일에서부터 판가름할 수 있다. 작은 일을 잘하는 사람은 조금 더 비중 있는 일의 기회를 잡을 수 있다. 작은 일을 반복적으로 잘하는 사람은 큰일도 맡게 될 뿐만 아니라 자신이 원하는 일을 할 기회가 생겨난다.

작은 일을 큰일로 만들기

내가 레크리에이션 강사가 되고 싶어서 일을 처음 시작했을 때 처음부터 무대에 세워주지 않았다. 무작정 무대에 올라가서 마이크를 잡고 진행하며 사람들을 웃기고 싶었지만, 그렇게 되기까지는 작은 일부터 시작되었다. 레크리에이션 강사가 되기 위해 처음 해야 했던 것은 소품 담당부터 시작했다. 선배 진행자들이 운동회를 진행하면 게임에 맞는 소품을 챙겨두었다가 선배의 사인에 맞춰 소품을 투입하고 다시 회수하는 일을 했다. 운동회가 모두 끝나면 소품을 청소하고 정리하는 것이 내 역할이었다. 일을 하면서 운동회가 어떻게 진행된다는 것을 알게 되었고 게임의 특성들을 조금씩 파악할 수 있었다.

6개월이 지났을 때는 음향 장비를 설치하고, 음악을 선곡해서 틀어주는 역할을 맡았다. 게임을 할 때는 박자가 신나는 음악을 틀어주고 분위기가 필요할 때는 잔잔한 음악을 틀어주며 상황에 맞는 음악을 사용하는 방법을 알게 되었다. 뿐만 아니라 무대 만들기, 제안서 만들기, 조명 사용법 등 1년 동안 '작은 일'의 연속이었다. 그러던 어느 날, 길거리에 회전판을 돌리며 사람들에게 시음회를 하는 작은 행사를 할 수 있게 되었다. 무대도 없고 음향도 작은 이동식 스피커였지만, 일을 시작한 지 1년 만에 마이크를 잡을 수 있었다. 행사를 시작하기 전에 분위기를 띄우는 사전 진행자로 활동도 할 수 있었다. 그렇게 활동하던 중 정식 무대에서 행사를 진행할 기회가 왔다. 그렇게 작은 일을 시작으로 조금씩 더 큰 기회가 찾아와 결국에는 무대에 서는 진행자로 성장할 수 있었다.

자신의 비전에 도전하면 힘든 많은 일이 따르기 마련이다. 주변의 사람들은 "왜 사서 고생이냐!"라며 반대를 한다. 처음부터 큰일을 시켜주는 사람은 없다. 작은 일부터 자신이 할 수 있는 능력을 증명해야 한다. 작은 일로부터 능력을 조금씩 인정받아 조금 더 좋은, 조금 더 큰 기회를 잡을 수 있다. 처음부터 자신의 비전을 이룰 수 있는 일이 바로 주어지지 않는다. 아주 작은 일부터 해나가면서 조금씩 자신이 원하는 일을 만들어가야 한다. 많은 시간과 대가를 치른 노력이 계속해서 쌓이면 드디어 원하는 일을 할 수 있게 된다. 그제야 비로소 자신이 원하는 꿈에 대한 일을 할 수 있고, 사람들로부터 인정을 받을 수 있다.

어떤 일이든 처음에는 낯설고 힘든 것은 당연하다. 처음부터 쉽게 이루어지는 꿈은 애당초 없다. 누구나 쉽게 할 수 있다면 그런 일은 꿈이라고 부르지도 않았을 것이다. 꿈에 관한 일을 시작하면, 실패가 오고 힘든 것은 당연하다. 그럴 때마다 '처음에는 원래 그런 거다. 반복하면 점점 쉬워진다.'라고 생각하기를 바란다.

잘게 나누어
실행하라

나는 강의 중, 다음과 같은 질문을 자주 한다.

"여기에 계신 여러분은 꿈이 있습니까? 꿈이 있는 분들은 손을 들어주십시오!"

이 같은 질문에 청중의 60~70%는 손을 든다. 그러면 다음 질문을 이어 간다.

"그렇다면 이 중에 자신의 꿈에 관해 행동하고 있으신 분은 손을 들고 계시고, 행동하지 않는 분은 손을 내려주십시오!"

두 번째 질문을 하면 앞서 들었던 손들은 가을바람에 나뭇잎 떨어지듯 내려간다. 손을 들고 있는 사람은 전체 인원의 10% 미만이다. 꿈이 있는 사람은 많지만, 꿈을 행동하고 있는 사람은 소수밖에 없다.

다이어트를 해서 날씬한 몸매로 변하겠다는 생각만 하고 '내일부터 다이어트 해야지.'라고 말하며 항상 미루게 된다. 매일 영어 공부를 하겠다는 다짐, 매일 책을 읽겠다는 다짐, 매일 운동하겠다는 다짐, 아침에 일찍 일어나겠다는 다짐을 하는 '생각'은 누구나 할 수 있지만, '행동'은 누구나 할 수 없다.

행동으로 옮기지 않는 사람들의 특징 중 하나는 '큰 성공'부터 생각한다. 행동하기 전에 정보를 수집하고 거창한 전략까지 세운다. 그리고 완벽하게 준비가 되면 행동하겠다고 말한다. 완벽하게 준비가 되기 전에는 '아직 때가 이르다.', '조금 더 준비되면 그때 하겠다.' 등 다양한 핑계를 쏟아낸다.

다음은 행동하지 않는 사람들이 주로 쓰는 말이다.

- 시간이 되면
- 바쁜 일만 끝나면
- 머리가 복잡해서
- 돈이 더 생기면
- 다음 주에, 다음 달에, 내년에
- 도움을 받을 수 있는 사람이 나타나면
- 좀 더 준비가 되면
- 분명한 계획을 세우면

비전을 이룬 사람들은 계획을 세우는 것도 잘했지만, 이들은 큰 목표를 세운 뒤, 중기, 단기 목표로 나누어 자신의 행동에 더 집중하고 하나씩 실행했다. 이들은 생각을 행동으로 옮기는 데 오랜 시간이 걸리지 않고 실행에 옮겼다.

유대 경전의 "지혜로운 사람은 행동으로 말을 증명하고, 어리석은 사람은 말로 행위를 변명한다."라는 말처럼 비전을 이룬 사람은 행동으로 증명한다.

큰 목표를 작은 목표로 나누는 분할 정복법

어느 한 회사원이 평소에는 오전 7시 30분에 일어나서 겨우 출근 시간에 맞춰 출근하고, 오후 7시 정도가 되면 퇴근하고 집에 와서 TV를 보고 잠드는 평범한 일상을 지내고 있었다. 그는 새해가 되어 많은 결심을 했다. 자신의 계획표에 시간별로 빽빽하게 아침에 일어나 잠자기 전까지 하루의 계획을 그리고, 다음날부터 계획을 실행하기 시작했다.

어느 회사원의 하루 계획

06:00	기상	13:00	오후 근무
07:00	아침 조깅	19:00	기타 배우기
07:30	영어학원	20:00	헬스장
09:00	오전 근무	21:30	피부 관리
12:00	점심	22:30	퇴근길 영어 듣기
12:30	재테크 공부	23:00	책 읽기

계획 첫날, 힘은 들었지만 모든 일정을 행동으로 옮겼다. 몸은 피곤하고 힘들었지만, 잠자리에 들며 하루를 보람차게 보냈다는 뿌듯함이 느껴졌다. 둘째 날, 어제의 피곤함이 조금씩 밀려왔다. 아침에 영어학원에 갔는데 피곤함 때문에 집중이 되지 않고 졸음이 밀려왔다. 회사에

출근한 뒤에도 졸음과의 싸움은 계속되었지만, 겨우 버틸 수 있었다. 매번 계획이 실패했기 때문에 이 계획은 해내고야 말겠다는 집념으로 헬스장을 다녀왔다. 책을 읽으려고 책을 펼쳤지만 피곤함을 이길 수 없었다.

셋째 날, 드디어 몸에 과부하가 걸리고 말았다. 피곤함에 기상 시간이 조금 늦어졌다. 아침 조깅은 빠뜨리고, 영어학원은 지각했다. 회사에서는 일도 제대로 못 했다는 상사의 핀잔을 들었다. 저녁에는 헬스장을 빠지고, 퇴근길에 영어는 듣지 않았다. 계획이 조금씩 차질이 생기기 시작했다. 집에 도착했을 때 그의 몸은 천근만근이었다.

넷째 날, 아침 그는 몸살에 걸려서 집에만 있어야 했다. 그렇게 그는 계획을 포기하고 다시 원래의 예전으로 돌아갔다. 그의 결심은 작심삼일이 되어버렸다. 결국, 계획을 포기하고 다시 평범한 회사원으로 돌아오고야 말았다.

누구나 이와 같은 경험은 한 번쯤은 있을 것이다. 자기 계발 관련 강의나 책을 보고 나면 '나도 큰 꿈과 목표를 가져야겠어. 내일부터 당장 실행해야겠어!'라고 사람들은 결심한다. 다이어트를 하겠다고 하루를 굶는다든지, 운동을 한다고 2~3시간 무리한 운동을 한다든지, 책을 읽겠다고 많은 책을 사놓고 책장에만 꽂혀 있는 장식 책으로 사용한 경우들이 있을 것이다. 이렇듯 계획을 세웠지만, 작심삼일에 그치는 이유는 너무 큰 계획 때문이다. 자신의 능력보다 더 큰 계획은 빨리 지치게 하고 계획을 포기하게 한다.

1805년 12월 2일, 프랑스의 황제 나폴레옹은 오스트리아-러시아 연합군을 상대로 아우스터리츠 전투를 펼쳤다. 나폴레옹의 군대보다 연합군의 수는 약 15,000명이 더 많았다. 연합군은 프랑스군의 오른쪽 측면으로 대규모 공격을 했다. 공격을 예상한 나폴레옹은 연합군의 중앙을 먼저 공격하여 연합군의 병력을 둘로 분리했다. 나폴레옹의 프랑스군은 둘로 나뉜 연합군을 각개격파 했고, 둘로 나뉜 연합군의 병력은 프랑스군에게 속수무책으로 당했다. 프랑스군은 수적 열세에도 불구하고 승리할 수 있었다.

나폴레옹은 아우스터리츠 전투에서 '분할 정복법 Divide and Conquer' 이라는 전략을 사용했다. 분할 정복법은 큰 문제를 작은 문제들로 쪼갠 뒤 각각의 작은 문제를 하나씩 해결해 나가는 전략이다. 만일, 쪼갠 문제를 자신이 풀 수 없다면, 쪼갠 문제를 더 쪼갠 뒤 하나씩 해결해 나가면 아무리 큰 문제라도 해결할 수 있게 된다.

작은 크기로 나누는 방법은 마케팅에서도 많이 사용된다. 홈 쇼핑에서는 298,000원의 화장품을 팔 때, 무이자 할부 6개월을 적용해준다고 말한다. 그리고 이렇게 이야기한다. "한 달에 5만 원도 안 되는 가격입니다. 이 가격은 절대로 비싼 가격이 아닙니다. 이 금액은 한 달에 30일이라고 봤을 때, 하루에 1,600원에 해당합니다. 하루에 1,600원만 투자하시면 나빴던 피부가 이렇게 좋은 피부로 바뀝니다. 1,600원이라는 금액은 밖에서 커피 한 잔 마시는 가격보다 저렴합니다. 하루에 커피 한 잔 줄이시면 여러분의 피부도 백옥 같은 피부로 바뀝니다." 홈 쇼핑에서는 이처럼 소비자들에게 30만 원이라는 큰 금액을 하루에 1,600원이라는 적은 금액으로 생각하도록 하여 구매를 자극한다.

연봉 1억이 목표라고 말하는 사람들이 아주 많다. 그렇다면 1억을 어떻게 하면 벌 수 있을까? 1억을 12달로 나누면 매달 8,333,333원을 벌어야 한다. 한 달에 일하는 날을 20일로 기준을 정하면, 하루에 416,666원을 벌어야 한다. 이 금액을 하루 8시간 근무한다면, 한 시간에 52,083원을 벌어야 자신의 연봉이 1억에 해당한다.

큰 수치는 막연한 목표가 되지만, 잘게 나누게 되면 피부에 와 닿는 현실적인 목표가 된다. 자신의 목표가 1억이라면 지금부터는 한 시간에 약 52,000원보다 더 큰 성과를 만드는 일을 할 수 있으면 된다. 이처럼 큰 숫자는 잘게 나눌수록 피부로 느낄 수 있는 숫자로 바뀐다. 마찬가지 방법으로 큰 비전을 잘게 나눌수록 오늘 하루에 할 수 있는 작은 행동 으로 바뀐다.

무명에 가까웠던 일본 마라톤 선수 야마다 혼이치는 1984년 '도쿄 국제 초청 마라톤대회'에서 우승했다. 혼이치는 1986년 이탈리아 국제 초청 마라톤대회에서도 우승했다. 사람들은 무명의 선수가 갑자기 2번의 국제무대에서 우승한 것에 대해 비법이 있을 것으로 생각했다. 한 기자는 혼이치에게 우승의 비법을 물었다.

> 기자: "혼이치 선수, 국제 경기에서 두 번이나 우승했는데 우승 의 비법이 있습니까?"
>
> 혼이치: "저는 매번 시합을 앞두고 차를 타고 마라톤 코스를 돕니다. 코스마다 눈길을 끄는 목표물을 정해 둡니다. 예를 들어 첫 번째 목표는 은행 건물, 두 번째는 큰 나무,

세 번째는 붉은 집 등 나만의 목표를 세웁니다. 이렇게 전 구간에 걸쳐 나만의 목표를 정합니다. 그리고 경기가 시작되면 100m를 달리는 속도로 첫 번째 목표지점을 향해 달립니다. 첫 번째 목표지점에 도착한 다음엔 같은 방법으로 두 번째 목적지를 향해 달렸습니다. 이런 방법으로 40km가 넘는 전 구간을 작은 구간으로 나누어 달립니다. 이렇게 하면 저는 훨씬 수월하게 달릴 수가 있었습니다. 처음에는 멋모르고 42km나 떨어진 결승선 테이프를 목표로 삼고 달렸었죠. 그랬더니 겨우 몇 킬로미터 달리고 지쳐버려 더는 뛸 수가 없었습니다. 저는 마라톤의 긴 장거리 코스를 나만의 연속된 작은 단거리 코스로 달렸던 것뿐입니다."

혼이치는 42.195km가 되는 마라톤 전 구간을 목표로 뛴 것이 아니라 자신만의 작은 구간으로 나누어서 그것을 계속 달렸다. 큰 목표인 마라톤 구간을 나누어 눈앞에 볼 수 있는 작은 구간으로 나누어 달렸다.

분할 정복법

비전의 목적지(10년)	>>	내가 꼭 하고 싶은 비전이 이루어졌을 때 어떤 모습일까?
5년의 목적지	>>	최종 목적지를 바탕으로 5년 뒤에 내가 이루어야 할 성과는 무엇인가?
1년의 목표	>>	5년의 목적지를 바탕으로 1년 뒤 내가 이루어야 할 성과는 무엇인가?
6개월의 목표	>>	1년의 목표를 바탕으로 6개월 동안 해야 할 성과는 무엇인가?

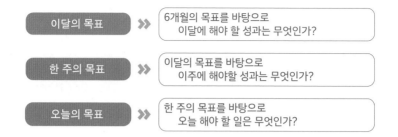

자신이 원하는 비전이 있다면, 그 비전의 최종 목적지를 구체적으로 그리고, 최종 목적지의 마감 기한을 정한다. 비전을 앞으로 10년 뒤에 이루겠다면 5년으로 나눈다. 그러면 5년 전후로 해야 할 목표로 나뉜다. 5년의 목표는 1년으로 나눈다. 같은 방법으로 6개월로 나누고, 한 달로 나누고, 한 주로 나누고, 오늘 하루까지 계속 나누어 비전을 쪼갠다. 이렇게 쪼개면 비전을 위해 오늘 해야 할 일이 구체적으로 나타난다. 해야 할 일은 계속 나누었기 때문에 아주 작은 일이 되었을 것이다.

비전으로 가는 작은 일, 오늘 그 일을 실행하라. 이 방법이야말로 비전이 이루어지게 하는 핵심이다. 이 같은 방법으로 비전을 계속 쪼개어 나누면 지금 해야 할 행동을 알 수 있고, 자신만의 비전 전략을 만들 수 있다. 작은 행동으로 쪼개어 만들지 않고 큰 행동으로 실행하면 일주일 이상 계속 유지하기 힘들어진다. 비전은 하루아침에 이루어지지 않는다. 벽돌 한 장이 꾸준하게 쌓여서 집이 되듯이 비전도 하루가 쌓여서 이루어진다.

『톰 소여의 모험』과 『허클베리 핀의 모험』을 쓴 극작가 마크 트웨인 Mark Twain은 "앞으로 나아가는 비결은 시작하는 것이다. 그리고 그 시작의 비결은 복잡하고 거대한 일을 실행할 수 있는 작은 일로 쪼개어 하나를 시작하는 것이다."라고 말했다.

마이크로소프트사를 세운 빌 게이츠는 "희망이란 거창한 시작이 아닙니다. 작은 시작입니다. 작은 걸음으로 작은 것을 성취하면서 앞으로 나아가는 것입니다."라고 말했다.

스코틀랜드에는 "어둠을 원망하기보다 작은 촛불 하나를 밝혀라."라는 속담이 있다.

이렇듯 지금 여기에서 내가 할 수 있는 가장 작은 일을 계속하면 된다. 계속하는 작은 일은 비전으로 이끌어 주는 한 걸음 한 걸이 된다. 비전을 향한 첫걸음은 화려해야 한다고 생각하며 부담을 가지는 사람들이 있다. 하지만, 처음부터 대단한 일을 할 수 있는 사람은 아무도 없다. '어떻게 해야 그 큰일을 할 수 있을까?'하고 고민할 시간에 작은 일이라도 '지금 여기에서 내가 할 수 있는 일'부터 찾아 시작하는 것이 더 중요하다.

성경의 "시작은 미흡하지만, 그 끝은 창대하리라!"라는 말처럼 작은 걸음일지라도 그 한 걸음이 모여 점점 더 큰 목표지점으로 향해 간다. 부모님의 지원을 받을 수 있는 재벌 2세이거나 로또에 당첨되지 않는 한 '화려한 출발'은 없다.

키보드도 처음에는 독수리 타법으로 쳤고, 제대로 걷기 위해 걸음마는 넘어지기를 반복하며 뒤뚱뒤뚱 걸었고, 자동차를 마음대로 운전하기 전까지는 초보운전 딱지를 창에 붙였다. 세상에 어떤 고수도 초보를 거치지 않고 고수가 될 수는 없다.

헨리 포드 Heny Ford는 "우리가 그것을 작은 일로 나눈다면 어떤 것도 특별히 어렵지는 않다."라고 말했다. '작고 초라한 한 걸음'일지라도 지금 여기에서 할 수 있는 작은 일을 하나씩 해나가면 원대한 '비전'도 어렵지 않다. 비전을 이루기 위해서는 바로! 지금! 여기에서! 할 수 있는 최소 단위의 행동을 하나씩 해나가면 된다.

기억하자. 세상에 어떤 위대하고 훌륭한 일도 작은 일에서부터 시작되었다. 작은 일을 연속하여 모으면 큰일이 되고, 큰일이 모이면 비전으로 성장한다.

작은 성공을 키워, 큰 성공으로

꿈을 향해 나아가기 위해 무엇을 해야 할지 막막할 때가 있다. 꿈이 너무 커 무엇부터 해야 할지 모르는 경우가 많기 때문이다. '꿈을 이루기 위해서는 무엇을 해야 할까?'라는 질문을 던지면 대부분 '열심히'라는 두루뭉술한 답을 한다. 이렇다면 '열심히'라고만 말하지 말고 '무엇을' 해야 하는지 그리고 '어떻게' 해야 하는지 구체적으로 알아야 한다.

수 년 전 '아침형 인간'이 유행했었다. '아침형 인간'이란 '일찍 일어난

새가 벌레를 잡는다.'라는 말처럼 일찍 일어난 사람이 더 많은 일을 할 수 있고 성공 가도를 달릴 수 있다는 것이다.

내가 '아침형 인간'이라는 말을 처음 들었을 당시에 일어나는 시간은 평균 7시였다. '아침형 인간' 이야기를 듣고는 "나도 아침형 인간이 돼야겠다."라고 다짐했다. 도전 첫날, 5시에 일어나서 기분 좋게 아침에 맞이했다. 아침 시간이 많아지니 오전 시간이 길어졌고 오전에 예전보다 더 많은 일을 할 수 있었다. 하지만, 3일이 지나는 날부터는 오후 2시가 되면 졸음이 쏟아져 병든 닭처럼 꾸벅거렸다. '아침형 인간'을 도전하기 전에 일하던 것보다 더 적게 일했고 피로는 더 심했다. 일주일이 지났을 때 몸살로 앓아누워버렸다. 결국 '아침형 인간'이 되기 위한 도전은 물거품으로 돌아갔다.

내가 '아침형 인간'이 되는 것에 실패한 원인을 찾아보았다. 원인은 하루아침에 아침형 인간이 되려고 했기 때문이다. 갑자기 2시간의 수면이 부족해지니 몸이 견딜 수 없었다. 첫날은 기본 체력이 있어 괜찮았지만, 계속 도전할수록 체력이 떨어지기 시작했다. 지금 생각해보면 '아침형 인간'이 되기 위해서는 1달에 30분씩 일어나는 시간을 조금씩 당겨야 했다. 조금씩 적응한 뒤에 일어나면 자신도 모르게 6시에 눈이 저절로 떠진다. 나뿐만이 아니라 많은 사람이 '아침형 인간'에 도전했지만, 갑자기 바뀐 시간에 며칠 버티지 못하고 제풀에 지쳤다.

계획을 세우고 행하지 못하는 것은 계획을 세우지 않는 것만 못하다. 계획을 세워두고 실행하지 못하면 스스로 계획에 실패했다고 생각하기 때문에 자신감이 떨어져 위축되기 때문이다. 다음에 계획을 세울 때는 스스로 겁부터 먹고 '나는 할 수 없어!'라고 생각하게 된다.

새해가 되거나 새 학기, 첫 출근을 할 때면 많은 사람은 지금까지 했던 나쁜 습관을 버리고 멋진 목표를 세운다. 가장 많이 세우는 목표는 운동하기 다이어트, 일찍 일어나기, 책 읽기, 영어 공부 등이 있다.

내가 대학교 신입생이던 해, 새로운 마음으로 영어에 대한 목표를 정했었다. 영어 공부를 하기 위해 한 달 동안 영어학원을 등록했다. 수업은 50명 정원이었고, 50명이 모두 모집되었다. 영어학원의 첫 번째 수업 시간, 교실에는 콩나물시루의 콩나물처럼 사람들로 빽빽했다. 두 번째 시간도 복잡하기는 마찬가지였다. 그다음 주는 열댓 명 정도 결석을 해서 조금 널찍했다. 셋째 주가 되었을 때는 절반 정도만 있었다. 마지막 주가 되었을 때는 10명 남짓 출석했다. 마지막 주 수업 시간에는 몇 명이 남았는지 아는가? 마지막 주 수업 시간은 나 또한 결석해서 몇 명이 남았는지 모른다.

헬스장에도 똑같은 풍경이 펼쳐진다. 매주 월요일은 사람들이 많아 러닝머신을 이용하려면 기다려야 한다. 주말로 갈수록 기다리는 사람 수는 줄어들고, 러닝머신의 자리는 많이 남는다. 월요일이 되면 사람들이 새로운 마음으로 헬스장을 들르지만, 주말에 가까워지면 그 마음은 줄어든다. 마찬가지로 헬스장은 새해를 맞이한 1월에는 사람이 많고 연말이 될수록 사람은 줄어든다.

미국 한 통계에 의하면 새해 결심이 성공할 가능성은 8%밖에 되지 않는다. 다시 말해 92%의 사람은 새해에 세운 계획을 중도에 포기한다. 많은 사람이 새해에 새로운 계획을 세우지만, 왜 이루지 못하는 경우가 더 많을까? 자신의 계획을 능력 이상으로 과대 설정하기 때문이다. 자신의 체력은 30분밖에 달리지 못하는데, 하루에 '러닝머신 2시간 달리기'로 정한다. 첫날 무리하게 2시간을 달려버리면 다음 날 달릴 수 있는 확률은 점차 낮아진다. 결국, 스스로 제풀에 지쳐서 쓰러져 버린다. 자신의 욕심은 크고 실행하기 위한 능력은 낮기 때문이다.

마라톤을 완주하는 것이 목표인 사람이 있다. 그가 마라톤을 완주하기 위해 무엇을 해야 할까? 많은 사람이 '열심히 달린다.'라고 말한다. 하지만 '열심히'의 기준은 없다. 만약 오늘 당장 그 일을 하기 위해 42.195km를 단번에 달리려고 하면 그냥 몸살에 몸져누워버리고 말 것이다. 스스로 자신은 할 수 없다고 생각하고 도전에 대해 무기력함에 빠지게 된다.

마라톤 완주를 꿈꿨다면 오늘 할 수 있는 일로 작게 나누어야 한다. 현재 자신이 달릴 수 있는 거리를 측정하는 것이 가장 먼저 해야 할 일이다. 달릴 수 있는 거리가 3km라면 이번 주의 목표는 하루 5km 달리기로 정한다. 그리고 그것이 달성되면 다음에는 10km를 달린다. 그렇게 15km, 20km, 25km 순으로 차차 늘려가야 한다.

큰 목표일수록 처음부터 무리하게 시작하면 제풀에 지친다. 목표를 계속 나누면 지금 할 수 있는 일이 보인다.

팔굽혀펴기 한 번으로 인생이 바뀌었다

『습관의 재발견 Mini Habit』 구세희 역/비즈니스북스을 쓴 스티브 기즈 Stephen Guise는 멋진 몸을 가지고 싶었다. 기즈는 '하루 30분씩 운동하기'가 목표였다. 기즈는 같은 목표를 몇 해 동안 세웠지만 계속해서 실패했다. 자신의 목표가 현실적으로 실행하기 힘들 것 같다고 생각한 기즈는 더 쉽게 실행할 수 있게 목표를 나누고 나누어, '하루에 팔굽혀펴기 한 번 하기'로 정했다.

'하루에 팔굽혀펴기 한 번 하기'로 목표를 정한 첫날, 기즈는 팔굽혀펴기 자세를 취했고, 정확한 동작으로 한 번의 팔굽혀펴기를 했다. 어깨에서는 우두둑하는 소리가 났고, 팔꿈치에는 윤활유라도 칠해야 할 것 같았다. 이왕 자세를 취한 김에 몇 번을 더 하며, '그래도 아무것도 하지 않은 것보다는 백배 낫지!'라고 생각했다. 기즈는 문득 '턱걸이도 딱 한 개만 해 볼까!'하는 생각이 들어 방문의 툭 튀어나온 부분을 잡고 턱걸이 한 개를 했다. 그냥 내려오기 아쉬워 몇 개를 더했다. 그렇게 그는 하루 목표의 할당량을 초과해서 성공했다. 기즈는 아주 작은 목표 이지만, 자신의 하루 목표를 이룬 뿌듯함에 기분이 좋아졌다.

다음 날은 기즈는 팔굽혀펴기를 한 뒤, 매트를 깔고 복근 운동을 했다. 그렇게 작은 목표를 정했고, 하루에 적어도 팔굽혀펴기 두 번 이상은 했고, 다른 운동을 더 한 날도 많았다. 어떤 날은 자려고 누웠는데 팔굽혀펴기를 하지 않았다는 생각이 들었다. 재빨리 몸을 뒤집어 침대 위에서 팔굽혀펴기를 했다. 잠들기 바로 직전에 그날의 약속을 지켰다는 생각에 스스로 웃음도 났지만 기분은 좋았다.

기즈는 1년 동안 '하루에 팔굽혀펴기 한 번 하기'를 하루도 빠지지 않고 성공했다. 그는 자신이 한 행동 덕분에 더 건강해지고 근육이 훨씬 잘 잡힌 느낌이 들었다. 이전까지는 정한 목표를 모두 실패했지만, 드디어 자신이 1년 동안 하루도 빠지지 않고 설정한 목표를 해냈다는 기쁨이 차올랐다. 목표를 완성함으로 자부심도 높아졌다. 기즈는 다음 해 목표를 '하루에 2페이지 이상 책 읽기'를 정했고, 그다음 해에는 '하루에 2~3줄 글쓰기'를 목표로 이어갔다.

'하루에 팔굽혀펴기 한 번 하기'와 마찬가지로 하루에 2~3줄을 목표로 쓰기 시작해서 3장 쓴 날도 많았다. 이렇게 작은 목표를 시작하기 전에는 하루에 단 한 글자도 쓰지 못한 날이 많았다. 하지만, 작은 목표를 설정한 이후에는 하루도 빠짐없이 매일 글을 쓸 수 있었다. 어떤 날은 2~3줄을 겨우 넘길 정도로 쓰는 날도 있었다. 어떤 날은 두통이 심하고 기운이 없는데도 2장을 쓰기도 했다. 기즈는 '하루에 2페이지 이상 읽기'는 딱 한 번 깜빡하고 넘어간 날도 있다고 고백했다.

기즈는 이렇게 쓴 글을 모아 블로그에 올렸고, 그의 블로그는 많은 사람이 찾아왔다. 그렇게 쓴 글을 모아 『습관의 재발견 Mini Habit』을 출간할 수 있었고, 7개월 동안 아마존 베스트셀러 코너에 올랐다. 『습관의 재발견』은 전 세계에서 출판되어 우리나라와 일본에서도 베스트셀러에 올랐고, 많은 사람에게 기즈의 이야기가 전해졌다.

기즈는 작은 목표인 '팔굽혀펴기 한 번'에서 조금 더 큰 목표로 '2페이지 이상 읽기'로 높였고, 다시 '2~3줄 쓰기'로 목표를 높였다. 그렇게 쓴 글을 블로그로 옮기고, 블로그의 글은 다시 책으로 출간되며 아주 큰 목표를 이룰 수 있었다. 기즈는 아주 작은 성공을 계속해서 이어가며 큰 성공으로 만들었다.

기즈는 말한다.

  "하루 한 번 팔굽혀펴기가 내 인생을 바꿨다."

하루에 한 페이지가 내 인생을 바꾸었다

나도 스티브 기즈와 같은 아주 작은 목표인 '하루에 한 페이지 쓰기'에서 시작했다. 한 페이지 쓴 글을 누군가가 읽어준다면 더 기쁠 것 같아 블로그에 올리기 시작했다. 처음에 쓴 글은 아무도 알아주지 않았지만, 그렇게 1년 동안 쓴 글을 책으로 출간했다. 기즈처럼 베스트셀러에 올라가지는 못했지만, 결국 내 목표 달성에는 성공했다. 첫 책을 받아들었을 때는 기쁨과 희열을 느꼈다. "나도 할 수 있구나!"라는 자신감이 자라났다. 그리고 그 목표는 다음 책으로 계속 이어졌고 지금 이 글로도 이어졌다.

'하루 한 페이지 쓰기'라는 작은 성공을 1년 동안 계속하면 1권의 책이 된다는 것을 알았다. 매년 그렇게 반복해 11년 동안 11권의 책을 출간할 수 있었다. 내 목표 중 한 가지는 평생 50권의 책을 출간하는 것이다. 그렇게 쓴 책 중 베스트셀러가 되는 것이 또 하나의 목표가 되며 내 목표는 점차 커지고 있다.

작은 성공을 통해 자신감을 얻었고, 계속하는 힘을 얻었다. 작은 성공은 또 다른 성공을 불러왔고 그것이 반복되면 큰 성공을 불러오게 된다. 작은 성공을 계속하는 것은 매우 중요하다. 모든 사람에게는 '숨어 있는 무한한 잠재력'이 있다. 이러한 숨어 있는 잠재력을 '내 안의 거인'이라고 말한다. 잠자고 있는 내 안의 거인을 깨우는 방법으로는 '할 수 있다.' 또는 '해냈어!'라는 성취감으로 알람을 주면 줄수록 거인은 잠에서 조금씩 깨어난다. 작은 성공은 이러한 알람 역할을 해서 내 안에 잠자고 있는 무한한 잠재력을 현실로 불러일으킨다.

작은 성공을 이루다 보면, 습관이 되기 때문이다. 작은 성공은 잠자고 있는 긍정적인 잠재력을 깨운다. 작은 성공은 부정적인 두려움, 회의, 망설임 등의 감정은 잠재운다. 작은 성공으로 부정적인 감정은 줄이고 잠재력과 자존감이 향상된다.

자신의 잠재력이 향상되면 목표도 커지기 마련이다. 작은 성공의 반복은 큰 성공을 불러온다. '고기도 먹어 본 놈이 먹는다.'라는 말처럼 '성공도 성공해 본 놈이 한다.'는 것이다. 작은 성공의 연속은 큰 성공을 부르고, 보통의 DNA를 성공의 DNA로 바꿔준다.

내게 '하루에 한 페이지'라는 아주 작은 행동은 내 인생을 바꾸는 결정적인 계기가 되었다. '하루에 한 페이지'는 내 안에 잠든 거인을 깨우기 시작했고, 더 큰 목표를 세우기 시작했다. 오늘도 하루에 한 페이지를 쓰는 작은 일로 나는 비전을 향해 한 걸음씩 가고 있다.

실패는
과정일 뿐이다

안동의 어느 거리를 지나는데 '간고등어'를 판매하는 상점이 줄지어 있었다. 안동의 유명한 특산물 중 하나가 는 바로 간고등어. 나는 '안동은 바다가 아닌 내륙에 있는데 왜 생선인 간고등어가 유명해진 것일까?'라는 궁금한 점이 생겼다.

이유는 다음과 같았다. 자동차가 발달하기 전에는 보부상이나 장사치들이 영덕 강구항에서 안동까지 고등어를 운반하는데 이틀 정도의 시간이 걸렸다. 이 시간 동안 비린내가 심하고 잘 상하는 생선인 고등어를 운반하는 것에 실패했다. 고등어를 바다에서 팔 때보다 양반이 많은 안동에서 팔 때 더 많은 이익이 남았기 때문에 포기할 수 없어 상인들은 고등어를 운반하는 방법을 연구하기 시작했다. 방법은 바로 소금을 이용해 고등어를 염장 鹽藏하는 것이었다. 초기에는 고등어를 바다에서부터 염장해서 운반했다. 바다에서 염장한 고등어는 안동까지 운반하는 시간이 길어 고등어 살에 소금이 많이 베어 너무 짰다.

상인들은 고등어를 먹기 좋게 운반하는 방법을 다시 연구하기 시작한 결과, 안동에서 반나절 거리인 임동의 챗거리 장터에 이르면 고등어가 상하기 직전에 도착할 수 있었고, 이때 소금으로 간을 하면 안동으로 가는 동안 맛있는 고등어가 되어 웃돈을 받고 팔 수 있었다.

http://godunga.co.kr/shop/index.php?doc=program/doc.php&do_id=14

안동 간고등어는 바닷가에서 안동까지 가져오는 과정의 실패를 바탕으로 안동 대표 먹거리가 되었다.

실패를 의로운 실패로 만들어라

'성공'의 반대가 무엇이라고 생각하는가? 아마 많은 사람은 '실패'라고 생각할 것이다. 하지만, '실패'는 '성공'의 반대가 아니라 '과정'이다. 성공하기 위해서는 실패를 거치지 않고 갈 수 있는 경우는 거의 없다.

자신의 배를 채우기 위한 나쁜 '도적'이 있지만, 자신의 배를 채우는 것이 아닌 불쌍한 사람을 돕기 위한 '의적'도 있다. 실패도 '실패'와 '의로운 실패'로 구별할 수 있다. 계획을 세워 행동했지만, 원하는 결과가 나타나지 않은 상황을 '실패'라고 말한다. '의로운 실패'는 성공으로 가는 과정으로써 실패한 상황에서 멈추지 않고, 재도약의 교훈을 찾아 성공의 디딤돌로 삼는 것을 말한다.

'의로운 실패'를 했다면 '비록 OO은 실패했지만, OO에 대해 알게 되었다.'라고 표현할 수 있다. 의로운 실패는 일어난 실패에서 멈추는 것이 아니라 꿈을 향해 가는 과정으로 생각하고 다음 행동의 디딤돌로 사용한다. 과거의 실패를 긍정적으로 생각하면 좋은 감정이 생기고 정신적 스트레스도 줄일 수 있다.

서강대 영문과 교수였던 장영희 교수 1952~2009는 "신은 다시 일어서는 법을 가르치기 위해 나를 넘어뜨린다."라고 말했다. 넘어졌을 때 왜 넘어졌는지 생각을 해보고 일어나야 한다. 그리고 다음에 같은 방식으로 넘어지지 않기 위해 노력하면 '의로운 실패'가 된다.

산을 오를 때, 산에 있는 돌은 어떤 이에게는 더 높이 올라가기 위한 디딤돌로 사용되고, 어떤 이에게는 걸려 넘어지는 걸림돌이 된다. 실패는 걸림돌이 아닌 디딤돌이다. 실패는 누구나 할 수 있지만, 그 실패를 디딤돌로 만들 것인지, 걸림돌로 만들 것인지는 자신에게 달렸다.

MLB의 홈런왕 베이브 루스도 통산 홈런 714개를 치기까지 무려 1,330번의 삼진이 있었다. 베이브 루스는 홈런을 치기 위한 큰 스윙으로 인해 삼진 기록이 늘어갔지만, 삼진에 실망하기보다 삼진당할 때마다 실패 요인을 분석하고 문제점을 해결해 나갔다. 베이브 루스가 홈런왕이 될 수 있었던 것은 홈런 뒤에 가려진 삼진이 있었기에 가능했다.

농구의 황제 마이클 조던은 한 인터뷰에서, "지금까지 농구를 하면서 9,000개가 넘는 슛에 실패했고, 300경기에 가까운 패배를 경험했다. 나는 26번이나 사람들이 믿어주었던 결정적인 슛에 실패했다. 나는 살아오면서 실패하고, 실패하고, 또 실패했다. 그리고 그것이 내가 성공한 원인이다."라고 말했다. 언제나 승승장구한 것만 같았던 조던도 많은 실패를 통해 더 성장할 수 있었다.

아프리카 대륙의 어느 부족민들은 강을 건널 때면 크고 무거운 돌을 머리에 이거나 가슴에 품고 건넌다고 한다. 그냥 맨몸으로 건너기도 어려운 강을 왜 무거운 돌까지 들고 건너는 것일까? 이유는 강 중간쯤에 급류가 흐르는 곳에는 자신의 몸무게만으로는 휩쓸려 내려가 버리지만, 무거운 돌의 무게와 자신의 무게로 급류에 떠내려가는 것을 막아주기 때문이다.

'의로운 실패'는 무거운 돌과 같은 역할을 한다. 의로운 실패는 비슷한 일이나 더 힘든 일이 생겼을 때 당황하지 않고, 더 현명한 판단을 할 수 있게 도와준다. 실패를 한 번도 겪지 않은 사람은 급류를 통과하기 어렵지만, 의로운 실패로 만들어진 사람은 빠르고 유연하게 대처해 나갈 수 있다. 실패는 자신이 아직 서툴다는 것을 가르쳐 주는 신호일 뿐이고, 실패는 사람을 더 성숙하고 전문가로 만들어 주는 과정일 뿐이다.

성공과 실패는 세트 메뉴이다

실패하는 것을 두려워해서는 꿈으로 나아갈 수 없다. 실패가 두려운 사람은 행동하지 않고 제자리에 헛된 꿈만 꾼다. 나는 성공과 실패는 세트 메뉴라는 것을 알았다. 다음과 같은 두 가지의 세트 메뉴가 있다.

- 실패하지 않고 성공도 하지 않는 방법
- 실패와 성공을 모두 하는 방법

햄버거 세트를 주문하면 콜라가 따라 나오듯, 성공과 실패는 세트 메뉴이다. 햄버거를 주문할 때는 단품을 선택할 수 있지만, 비전을 선택할 때는 '성공'이라는 단품만 선택할 수 없다. 실패와 성공은 동시에 선택해야 하는 세트 메뉴이다.

다음은 어느 미국 대통령 후보자의 경력을 보여주고 있다. 그의 인생은 한 번의 당선을 제외하고 모두 부정적인 결과의 연속이었다.

나이	경력사항	결과
21세	첫 번째 사업	실패
23세	주 의회 선거 출마	낙선
24세	두 번째 사업	실패
27세	신경쇠약 발병	
29세	하원의원 선거 출마	낙선
31세	하원의원 선거 재출마	낙선
37세	하원의원 선거 재재출마	당선
46세	부통령 선거 출마	낙선
49세	상원의원 선거 출마	낙선

그는 연이은 실패에도 성공은 찾아올 것을 알고 다음과 같이 말했다.

"내가 걷는 길은 험하고 미끄러웠다. 그래서 나는 자꾸만 미끄러져 길바닥 위에 넘어지곤 했다. 그러나 나는 곧 기운을 차리고 나 자신에게 말했다. 괜찮아. 길이 약간 미끄럽긴 해도 낭떠러지는 아니야."

그는 실패를 극단적으로 생각하지 않고 계속해서 일어났다. 그리고 실패에 굴하지 않고 성공을 향해 계속 도전했다. 연이은 실패를 하던 그는 50세가 되던 해 대통령에 출마했고 결국 당선이 되었다. 이 사람은 미국의 16대 대통령인 에이브러햄 링컨 Abraham Lincoln이다. 링컨은 대통령이 되어 남북전쟁에서 승리했으며 그 결과 노예 해방을 선언했다. 어느 기자가 링컨에게 물었다.

"당신이 성공하고 존경받는 비결은 무엇입니까?"

링컨은 대답했다.

"간단합니다. 실패를 많이 한 것입니다."

링컨은 실패를 '의로운 실패'로 받아들여 배우고 발전시켜 성공의 발판으로 삼았다. 사람들은 링컨의 실패를 기억하는 것이 아니라 성공을 기억한다. 링컨은 미국인이 가장 존경하는 대통령으로 기억되고 있다.

스티브 잡스의 실패

세계에서 가장 닮고 싶은 CEO 1위이자, 혁신의 아이콘인 애플 CEO 스티브 잡스 Steave Jobs도 성공하기까지 많은 실패의 과정들이 있었다.

모두가 잘 알고 있는 잡스의 제품으로 아이폰 iPhone, 아이패드 iPad, 아이맥 iMac, 아이팟 iPod 정도를 알고 있다. 아이폰은 전 세계에 스마트폰 열풍을 불러온 제품이고, 아이패드는 태블릿 PC 열풍을 불러일으켰다. 이를 통해 잡스와 애플이 성공할 수 있었다.

사람들은 성공한 제품들은 기억하지만 실패한 제품에 대해서는 자세히 알지 못했을 뿐만 아니라 기억하지 않았다. 잡스라고 모두 성공한 제품만 시중에 내놓은 것은 아니었다.

다음은 잡스의 대표적인 5가지 실패작들이다.

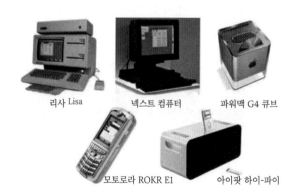

리사 Lisa   넥스트 컴퓨터   파워맥 G4 큐브

모토로라 ROKR E1   아이팟 하이-파이

1984년, 잡스가 자신이 만든 회사에서 쫓겨나게 된 결정적 원인은 '리사 Lisa' 때문이었다. 당시 리사는 스티브 잡스가 가장 공들여 프로젝트를 진행했지만, 1만 달러의 높은 가격으로 인해 저가형 IBM PC에 밀려나고 말았다. 이로 인해 경영난을 겪던 경영진은 회사에서 잡스를 쫓아냈다.

잡스는 쓰러지지 않고 다시 '넥스트 NeXT'라는 벤처 회사를 창업하고, '넥스트 컴퓨터'를 만들어 출시했다. 넥스트 컴퓨터는 기능 면에서 좋았지만, '리사'의 경우처럼 높은 가격으로 인해 한 번 더 소비자의 외면을 받았다.

잡스는 실패에도 쓰러지지 않고 다시 도전했다. 잡스는 애니메이션 회사 '픽사 Pixar'를 설립해서 다양한 애니메이션을 만들었고, 「토이 스토리」, 「벅스 라이프」, 「니모를 찾아서」 등을 통해 재기에 성공하며 애플의 CEO로 돌아와 '아이맥 iMac'을 통해 다시 한 번 성공했다.

잡스는 끊임없이 도전했다. 그러던 중 2000년 '파워 맥 G4 큐브'를 발매하였다. 작은 크기와 좋은 성능으로 대중들의 관심을 받았지만, 높은 발열로 인해 판매에 고전을 면치 못했다.

2005년에 잡스는 모토로라와 합작해 휴대폰인 '모토로라 ROKR E1'을 만들었다. ROKR E1은 MP3 기능을 탑재한 휴대폰 제품으로 100곡의 음악만 저장할 수 있는 작은 용량이었고, 전송속도 또한 느려 대중들의 외면을 받았다.

2007년에는 고음질 스피커인 '아이팟 하이-파이 ipod Hi-Fi'를 발매했다. 아이팟과 함께 사용하는 스피커로 매끈하고 세련된 디자인은 좋았지만, 스피커에서 가장 중요한 소리가 좋지 않아 실패를 맛봐야 했다.

이뿐만 아니라 '하키 퍽 마우스': 너무 커서, '매킨토시 TV': 20kg의 무게로 무거워서, '아이팟 양말': 디자인이 별로여서, '애플3': 쓸수록 불편해서, '애플 포터블': 너무 비싸서 등 많은 실패작도 있었다. 하지만, 잡스는 실패에 멈추지 않고 도전했다. 모토로라와 합작한 휴대폰은 실패작이 되었지만, 이는 아이폰의 탄생의 밑거름이 되었다.

잡스는 실패에서 성공으로 가는 방법을 알아갔다. 잡스는 실패와 성공은 세트 메뉴라는 것을 알고 있었다. 잡스는 실패보다 더 큰 성공이 있을 것으로 생각하고 계속 연구와 제품개발에 매진했다. 잡스는 실패를 딛고 아이폰, 아이패드 같은 시대의 성공작을 만들 수 있었다.

성공한 사람들은 실패를 계속되고 지속적인 것으로 생각하지 않는다. 이들은 실패를 일시적이고 단편적인 것으로 생각한다. 성공한 사람들은 실패한 사람보다 훨씬 더 많이 실패했지만, 실패를 원대한 비전으로 가는 과정으로 여겼다. 실패가 닥쳤을 때, 성공과 실패를 세트 메뉴라고 생각하고 성공도 온다는 믿음을 잃지 않았으며 계속 그 일에 도전장을 내밀었다.

실패에 'But'을 붙여라

일본의 '아오모리'현은 풍부한 일조량과 비옥한 토지로 인해 사과가 많이 나는 지역이다. 이곳에서 생산된 품질이 우수한 사과는 많은 사람에게 인기가 있어 일본 전역에 판매되었다.

사과 출하를 앞둔 8월 말이면 사면이 바다인 일본에서 태풍은 농부들에게 또 하나의 큰 걱정거리였다. 1991년 초대형 태풍이 아오모리현에 상륙했다. 초속 50m 강풍을 몰고 온 태풍의 바람으로 인해 붉은색으로 알록달록해야 할 사과나무는 색을 모두 잃은 나무가 되고야 말았다. 그해 사과 생산량은 90% 줄어들었고, 농부들은 그 상황에 좌절할 수밖에 없었다.

농부들은 땅에 떨어진 사과를 보고 한숨 쉬며 하늘을 원망했다. 하지만, 마을의 청년 지도자인 미우라 료이치의 눈은 바람으로 땅에 떨어져 있는 사과가 아니라 무서운 태풍을 이겨내고 여전히 나무에 달린 몇 안 되는 사과를 보았다.

　"그래! 바로 이거야!"

료이치는 강력한 태풍에도 떨어지지 않고 버틴 사과들을 '합격 사과'라고 이름을 붙이고, 떨어지지 않고 버틴 사과에 태풍의 역경을 이겨낸 이야기를 접목했다. 이 사과는 '어떤 시련과 역경에도 떨어지지 않는다.'라는 의미로 '합격' 도장을 찍어, 이 사과를 대학입시 시험을 앞둔

수험생들이 먹으면 떨어지지 않는다는 이야기를 담았다. 합격 사과는 전국에 없어서 팔지 못할 정도로 큰 인기를 끌 수 있었다.

예전의 사과 생산량에 비하면 약 90% 감소했지만, '합격 사과'라는 이름으로 보통 사과보다 비싼 값을 받았다. 합격 사과 덕분에 오히려 전년보다 전체 판매 금액은 증가해 아오모리현의 농부들은 역경을 딛고서 더 많은 수익을 창출할 수 있었다.

세계적인 연설가 중 한 명이며 자기 계발과 동기부여 분야의 전문가였던 지그 지글러 Zig Ziglar, 1926~2012는 세계적으로 성공한 유명 인사 300명 이상을 조사한 결과, 그중 75% 이상 절망스러운 조건에도 불구하고 큰 성공을 했다는 결과를 밝혔다. 좋은 배경이나 좋은 환경에서 성공한 사람보다 어려운 환경을 극복하고 자신의 비전을 현실로 만들어낸 사람이 더 많다는 것이다.

성공한 사람들은 '실패 역발상의 법칙'을 사용하였다. '실패 역발상의 법칙'은 실패를 그대로 두지 않고 그것을 역으로 뒤집는 법칙이다. 이 법칙은 실패나 어려움, 역경 뒤에 'But 그러나'을 붙이는 방법이다.

다음은 실패 역발상의 법칙을 사용해 비전을 향해 노력한 사람들이다.

- 최종학력이 고졸이다.
  But 대통령이 되었다.   김대중 대통령과 노무현 대통령

- 고환암에 걸렸다.
  But 사이클을 포기하지 않고 계속 했다.   사이클의 전설 랜스 암스트롱

- 10년 동안 무명 개그맨이었다.
  But 국민 MC가 되었다.   개그맨 유재석

- 극도로 가난해서 중학교 중퇴를 했으며 환풍기 수리공이었다.
  But 134만 대 1의 오디션에서 1등으로 가수가 되었다.   가수 허각

- 고등학교 농구팀에서 잘려서 방에 틀어박혀 울었다.
  But NBA 농구 황제가 되었다.   마이클 조던

- 상상력 부족과 독창적인 생각이 없어 신문사에서 해고되었다.
  But 상상의 나라 디즈니랜드를 만들었다.   월트 디즈니

- 자신의 회사에서 인정사정 없이 쫓겨났다.
  But 다시 돌아와 회사를 세계적인 회사로 성장시켰다.   스티브 잡스

- 텔레비전에 어울리지 않는다고 뉴스 진행자에서 좌천되었다.
  But 세계적인 토크쇼 진행자가 되었다.   오프라 윈프리

- 쉰 목소리가 나고, 노래를 못해서 뮤지컬 오디션에서 떨어졌다.
  But 가요 프로그램 1위도 하고, 뮤지컬 주인공이 되었다.   방송인 박경림

- 목소리가 마음에 들지 않는다고 데카 레코드 스튜디오에서 거절당했다.
  But 세계적인 가수가 되었다.   비틀즈

- 발은 평발이었다.
  But 프리미어리거이자, 대한민국 최고의 축구선수가 되었다.   박지성

- 팔과 다리가 거의 없는 장애인이다.
  But 세계에 할 수 있다는 희망을 전달하는 강연자가 되었다.   닉 부이치치

- 160cm 키를 가졌다.
  But NBA 농구선수가 되었다.   타이론 보거스

- 못생긴 얼굴이다.

  But 못 생겨서 사람들을 웃겼다. 이주일

위의 사람들뿐만 아니라 자신의 꿈을 이룬 많은 사람이 고난과 역경을 극복했다. 꿈을 이루지 못한 사람들은 'But'이 아닌 'And'를 붙인다. 스스로 '나는 안 돼.'라며 자기 합리화와 핑계를 붙인다. 사람은 누구나 어려움이 찾아오기 마련이다. 그럴 때마다 뒤에 'But'을 붙여보아라. 그리고 스스로에게 이렇게 이야기하라.

> "나는 실패한 것이 아니라,
> 성공으로 가기 위한 실패라는 과정을 경험한 것이다."
>
> "보통 사람이라면 실패 다음 'And'를 붙이겠지만,
> 나는 'But'을 붙여 역전하겠다."
>
> "나는 꼭 내 꿈을 이루겠다."

첫 책에 실패가 있었기에 이 책도 있다

2009년, 나는 『쪽집게 파워포인트 2007』이라는 제목으로 첫 번째 책을 출간했다. 『쪽집게 파워포인트 2007』는 '파워포인트'에 관해서 쓴 책이다. 이 책의 원고를 출판사에 20차례 이상 투고했다. 하지만 초보 작가의 책을 출간해줄 출판사는 없었다. 그렇게 출간을 포기하려 하고 있던 때, 어느 날 스승님의 지인으로부터 책을 한 권 선물 받았다. 책을 출간하는 과정을 묻던 중 '자비출판 출판사가 아닌 책의 저자가 책의 제작에 관련된

모든 비용지불하는 출간 방법'에 대해서 알게 되어 그분의 소개로 출판사와 연결되었다. 내 원고는 두 달간의 편집 기간을 거쳐 책이 출간되었다.

첫 책을 손에 쥔 순간, 나는 날아갈 듯이 기뻤다. 대형서점에 갔을 때도 내 책이 있었다. 책이 많은 사람에게 읽혀 어쩌면 베스트셀러가 될지도 모른다는 혼자만의 착각에 빠졌다. 책은 초판으로 100권을 인쇄 했지만, 몇 달이 지나도 아무런 소식이 없었다. 아무도 무명 작가의 첫 책에는 관심을 가지지 않았다. 한마디로 나의 첫 번째 책은 망했다. 초판으로 발행된 100권 중 50권을 내가 사서 지인들에게 선물로 돌려 야만 했다. 첫 번째 책에서 쓰디쓴 실패의 아픔을 맛보았다. 그래서인지 당시에는 책을 쓰고 싶은 마음이 줄어들며 실패에 대한 두려움도 생겼다.

첫 책을 내고 몇 개월이 지났다. 다시 책에 대한 아이디어가 떠올랐다. 이번에는 '블로그 강의'를 바탕으로 책으로 써봐야겠다고 생각했다. 하지만 첫 책에 대한 실패의 아픔이 떠올라 희망보다 두려움이 더 컸다.

첫 책을 계속 넘기면서 '왜 실패했을까! 왜 이 책이 망했을까!'하며 중얼 거렸다. 하지만, 멈출 수는 없어 책을 쓰는 방법에 대한 책을 찾아 읽고 주변에 의견을 구했다. 나는 책을 쓰는 방법에 대해 계속 연구하던 중 실패의 원인을 알아냈다. 첫 번째 이유는 알고 있는 내용을 체계적으로 쓰지 않고 쓰고 싶은 대로 뒤죽박죽 썼다는 것이다. 목차는 쉽게 시작 해서 점점 어려워져야 하는데 내 책은 족집게처럼 중요한 부분만 집어 내려고만 했다. 내 책은 목차의 난이도를 고려하지 않았던 것이었다. 두 번째 이유는 컴퓨터 활용을 다루는 책은 일반적으로 초보자들의 구매율이 높고, 고수들의 구매율이 낮다는 것을 알았다. 내 책은 초보자보다 중급자 이상이 볼 수 있도록 구성되어 있었던 것이다. 책을 쓸 때 내가 생각하는 관점에서 글을 썼지, 독자의 입장에서 글을 쓰지 않았던 것이다. 세 번째 이유는 파워포인트라는 장르에 관한 책은 무수히 많아서 나처럼 무명 작가보다는 기존의 유명출판사나 유명작가들의 책이 더 많이 팔린다는 것이었다. 경쟁이 심한 주제를 선정했기 때문이었다.

나는 이렇게 첫 번째 책이 실패한 원인을 찾아내고, 다음 책으로 생각하는 '블로그'에 대한 주제를 잡을 때, 실패에서 배운 교훈을 참고해서 책을 구상했다. 책의 주제인 '블로그'는 당시에 책이 많이 없어 경쟁이 심하지 않았다. 여러 가지 종류의 블로그에 관해 적은 책은 있었지만, '네이버 블로그'에 대해서 집중적으로 다룬 책이 없었다. 그래서 책의 콘셉트를 사람들이 가장 많이 사용하는 네이버 블로그로 축소했다. 책은 초보자들이 사 본다는 깨달음을 바탕으로 네이버에 가입하는 아주 쉬운 단계부터 어려운 단계로 난이도를 구성해 목차를 만들었다. 초보자들이 따라 할 수 있게 아주 상세하고 쉽게 썼다. 이렇게 기획한 원고를 출판사에 투고했다. 두 번째 원고의 투고 또한 거절의 연속이었다. 그러던 중에 45번째로 제안한 출판사에서 연락이 왔다. 그렇게 두 번째 책을 출간하기로 계약을 했고, 블로그에 대한 글을 쓰기 시작했다. 2010년에 초안을 완성했지만, 네이버 블로그의 개편으로 다 쓴 원고를 다시 수정한 끝에 2011년 1월에 『나만의 블로그 만들기』가 출간되었다.

두 번째 책 또한 사람들의 집중조명 받지는 못했지만, 꾸준한 관심을 받았다. '쉽고 따라 하기 쉽다.'라며 여러 독자가 보내준 메일을 받기도 했다. 이 책은 꾸준한 판매량 덕분에 2013년, 2015년 개정증보판으로 두 번 재판 再版되었다.

첫 번째 책에서 '실패'라고 여기고 책 쓰는 일을 그만두었다면, 두 번째 책은 세상에 없었을 것이다. 그리고 지금 적고 있는 이 글 또한 없었을 것이다. 첫 번째 책 이후에 실패와 배움을 통해 10권의 책을 더 출간할 수 있었다. 지금도 나는 실패를 통해 많은 것을 깨닫고 배워가며 꿈을 향해서 한 걸음 더 나아가고 있는 중이다.

정호승 시인의 책 『내 인생에 힘이 되어준 한마디』 정호승 저/비채에서는 실패를 다음과 같이 말했다.

> "성공이라는 글자를 현미경으로 들여다보면,
>   그 속에는 수없이 작은 실패가 개미처럼 많이 기어 다닌다."

비전을 향해 갈 때 우리는 수많은 실패를 만나게 될 것이다. 스스로 멈추지 않는 이상 '실패'는 끝이 아니라 '과정'이다. 실패는 자신을 더 성장하게 하는 밑거름이 될 것이다.

행운은 넘어지지 않는 사람에게 찾아가는 것이 아니라, 넘어져도 계속 하는 사람에게 찾아간다.

행동을
습관으로 바꾸어라

"인생은 B와 D 사이의 C다."라는 말을 들어본 적이 있을 것이다. 이 말은 프랑스의 철학자 장 폴 사르트르 Jean Paul Sartre가 한 말이다. 여기에서 말하는 'B'는 탄생을 뜻하는 Birth이고 'D'는 죽음을 뜻하는 Death이며 'C'는 선택을 뜻하는 Choice이다. 이처럼 사람은 태어나서 죽기 전까지 무수히 많은 선택을 한다.

지금 이 글을 읽기 전까지 오늘 하루 몇 번의 선택을 했는가? 사람들에게 이 질문을 듣기 전까지 오늘 몇 번의 선택을 했는지 물어봤다. 대부분 5~10번 정도의 선택을 했다고 했지만, 실제로는 셀 수 없이 무수히 많은 선택을 한다.

로봇에게 사람처럼 선택할 수 있게 하려면 행동 하나하나를 프로그램으로 만들어 주어야 한다. 로봇이 아침에 일어나면서부터 눈을 뜰 때, 왼쪽 눈부터 뜰지 오른쪽부터 뜰지 선택해야 한다. 로봇이 일어날 때 왼손부터 짚고 일어날지, 오른손부터 짚고 일어날지 선택해야 한다. 심지어 손을 짚지 않고 벌떡 일어날 것인지를 선택할 수도 있다. 로봇이 걸을 때는 왼발부터 걸을지 오른발부터 걸을지도 선택해야 한다.

멈출 때도 왼발을 먼저 멈출지, 오른발을 먼저 멈출지도 선택해야 한다. 한마디로 로봇의 모든 행동을 하나하나 선택하도록 프로그래밍해야 로봇은 행동할 수 있다.

혹시 아침에 일어나서 눈을 뜨고, 걷고, 멈추고, 씻고, 밥을 먹을 때 이러한 선택을 했는가? 대부분은 아침에 일어나면서부터 이런 일상적인 선택을 하지는 않는다. 선택하지 않았다기보다 모두 자동으로 움직였다는 표현이 더 정확할 것이다. 평소에 사람이 하는 대부분의 행동과 반응은 90%이상 자동적으로 이루어지며 무의식적으로 선택하고 행동한다. 그래서 자신이 어느 눈부터 뜨는지, 어느 발부터 걷는지 등 자동으로 선택하고 행동한다.

세계적인 비즈니스 컨설턴트인 브라이언 트레이시 Brian Tracy는 "습관은 우리가 생각하고 느끼고 행동하는 모든 것의 95%를 결정하는 '자동 시스템'이다."라고 말하며, '습관'이 우리의 '운명을 쥐고 있는 핵심'이라고 말했다.

성공하는 사람은 '성공하는 습관', 실패하는 사람은 '실패하는 습관'이 있다. 비전을 이루기 위해서는 성공하기 위한 좋은 습관을 지녀야 한다.

살이 찌는 체질은 없고, 습관만 있을 뿐이다

나는 살이 잘 찌는 체질이다. 어렸을 때부터 '돼지'라는 별명을 달고 살았다. '원래부터 살이 찌는 체질인가 보다.'라고 생각했다. 학교에서 신체검사하면 '비만'이 나왔다. "난 물만 먹어도 살찌는 체질이야. 속상해!"라고 한탄하며 살아왔다.

물만 먹어도 살찌는 체질은 과연 사실일까? 나는 태어나면서부터 덩치가 있었으며 중학교 때는 절정을 이뤘다. 중학교 2학년 때는 맛있는 반찬이 있으면 밥 세 공기는 기본이었다. 나는 피자 한 판, 치킨 한 마리로는 성에 차지 않을 정도로 많이 먹었다. 어느 날은 지름이 18cm 되는 프라이팬에 김치볶음밥을 가득 채워 먹었다. 양으로 따지면 공깃밥 다섯 그릇이 넘는 양이었다. 그걸 먹고 있는 내 모습을 보던 할아버지는 한마디 하셨다.

"차라리 소를 키우지!"

지금 생각해도 왜 그렇게 심하게 먹었는지 모르겠다. 말 그대로 당시는 먹기 위해 살았던 것 같다. 사춘기가 끝나면 줄겠지 했던 먹성은 쉽게 사라지지 않았다. 대학교 때는 성인이 됐다는 자유로움에 술과 안주의 폭음과 폭식으로 살이 더 많이 쪘다. 심지어 먹다 지쳐 잠드는 때도 있었다.

체질 탓만 했던 내가 군대에 입대하게 되었다 군대에서는 먹고 싶어도 자유롭게 먹지 못했다. 특히 10시만 되면 잠을 자야 했다. 군에 입대하기 전에 그 시간은 야식이나 술을 먹었던 시간이었다. 계급이 낮을 때는 배고프면 물로 포만감을 채웠다. 그렇게 6개월 정도 군 생활을 하는 동안 몸무게가 8kg이 빠졌고, 제대할 때까지 몸무게를 유지할 수 있었지만, 제대한 뒤에 먹는 습관은 원래대로 다시 시작되었다. 밤이 되면 치킨과 맥주를 먹고, 매일 누워서 TV를 보는 것이 일상이 되어버렸다. 내 몸무게는 8kg이 다시 늘어 말짱 도루묵이 되어버렸다. 그로부터 3개월 뒤에 몸무게를 측정했을 때는 8kg 더 늘어있었다.

몸무게가 늘어나는 것이 싫어 곰곰이 생각해보니 나는 물만 먹지 않고, 물도 먹고 다른 음식도 먹었다는 것 같았다. 그래서 먹는 음식을 모두 메모하기 시작했다. 밤에 항상 야식이나 술을 먹고 자는 것이었다. 메모된 음식에는 치킨, 피자, 감자튀김, 햄버거 등 열량이 높은 음식이 많았다. 밤에 음주와 안주는 밥을 능가하는 열량을 지니고 있다는 것을 알았다. 메모를 통해 먹었던 음식의 열량을 계산해보니 평균 4,000Kcal는 것을 알았다. 성인 남자 평균 하루 권장 열량이 2,500Kcal인데, 거의 두 배 가까이를 먹었으니 살이 찔 수밖에 없다는 것을 알았다. '살이 찌는 체질'이 아니라 '많이 먹는 습관'이 있었다는 것을 깨달았다. 또한 '살이 찌는 체질'이 아니라 '운동을 안 하는 습관'이 있다는 것을 알았다.

내 살은 체질의 결과물이 아니라 습관의 결과물이었다. 물론 살이 찌는 체질이 있는 것은 사실이지만, 물은 0Kcal이다. 즉, 물만 먹어서는 일반적으로 살이 찌지 않는다는 것이다. 물도 먹고 다른 음식도 많이 먹는 습관을 모른 척하고 싶어서 체질을 핑계 삼는 것이다.

지금은 그렇게 좋아하던 야식은 될 수 있으면 안 먹는다. 밥은 그릇의 2/3 정도만 먹는 것을 습관으로 하고 있다. 배가 고프면 주로 물을 먹는 습관으로 대체했다. 일주일에 3회 이상 운동을 주기적으로 한다. 그 결과 내 몸은 다시 군대 시절로 돌아갔다. 물론, 태생적으로 약간 통통한 몸은 어쩔 수 없다. 지금은 예전에 '돼지'라고 놀렸던 형보다 날씬해졌다. 이젠 도리어 내가 형에게 '돼지'라고 놀리며 다이어트를 권유하고 있다.

사람들은 살이 찌는 체질을 탓한다. 이러한 사람은 자신이 하루에 먹는 것을 기록해보기를 바란다. 하루에 먹는 모든 것을 기록해보면 다른 사람보다 많이 먹는다는 것을 알 수 있고, 운동량이 적다는 것을 알 수 있을 것이다. 그리고 시간이 없어서 운동을 못 한다며 환경을 핑계 댄다. 이렇게 핑계를 대는 것은 한 마디로 운동하기 싫다는 뜻과 같다.

습관은 시간이 되면 만드는 것이 아니라 시간을 내어서 만들어야 한다. 할 수 없는 핑계를 대면 나쁜 습관이 만들어진다.

사람이 습관을 만들고, 습관은 비전을 현실로 만든다.

습관은 처음에는 거미줄 처럼 가늘고 약하지만, 반복하면 쇠줄처럼 단단해진다

'습관'은 어떤 상황에서 행동의 반복으로 인해 몸에 익숙해져 자동으로 하게 되는 행동이다. 습관의 한자 '習慣 익힐 습, 익숙할 관'을 풀어 해석하면 매일 반복해서 익힌 것들이 모여 익숙해지는 것을 말한다. 습관은 반복을 통해 몸에 익어 자동으로 하게 되는 행동을 말한다.

습관은 '좋은 습관 Good Habit'과 '나쁜 습관 Bad Habit'으로 나눌 수 있다. 좋은 습관은 자신의 성장을 돕고, 반대로 나쁜 습관은 성장을 느리게 하거나 정지시킨다. 좋은 습관의 예는 일찍 일어나는 습관, 운동하는 습관 등이 있고, 나쁜 습관에는 늦잠 자는 습관, 손톱을 물어뜯는 습관, 흡연, 과식 등이 있다. 지금부터 좋은 습관은 계속해서 유지하고 나쁜 습관은 줄여나가야 한다. 속담에 "세 살 버릇 여든까지 간다."라는 말처럼 습관을 사라지게 할 수는 없다. 나쁜 습관은 이미 몸에 흡수되어 있어서 완벽하게 사라지게 할 수는 없어, 나쁜 습관을 다른 습관으로 대체해야 한다.

어느 흡연자가 자신의 습관인 담배를 끊으려고 했다. 그러면 담배를 피우는 행동에 공백이 생긴다. 금연자들은 이러한 공백을 '입이 심심하다.'라는 표현을 한다. 그들은 담배 대신 껌을 씹거나 다른 음식을 먹는 것으로 담배로 인한 공백을 대체한다. 금연을 시작하면 살이 찐다는 이유도 담배를 대신해서 음식을 먹는 대체 행동 때문이다.

특히 스트레스를 많이 받는 경우 나쁜 습관이 나타날 가능성은 커진다. 한 번 익숙해진 습관은 완벽히 버릴 수는 없다. 그러므로 나쁜 습관은 좋은 습관으로 대체해야 한다.

나는 TV를 보다가 잠이 드는 습관을 지니고 있었다. 자주 TV를 켜 놓은 채 잠드는 것을 발견하고, 나쁜 습관이라고 생각해서 고쳐야겠다고 마음을 먹었다. 가장 먼저 방에서 TV를 치웠다. 잠을 자려고 누웠는데 잠은 오지 않고 공허한 마음이 들었다. 잠자기 30분 전, 책을 읽는 습관이 좋다는 것을 알게 되어 TV 대신 책을 읽기로 했다. 재미있는 책은 30분 이상 읽게 되고, 지루한 책을 보면 그렇게 잠이 잘 올 수 없었다. 잠자기 전에 책을 읽는 습관은 책을 쓰는 내게는 좋은 영향을 주었다. 이렇게 TV를 보며 자는 습관을 책을 보며 자는 습관으로 바꿨다.

습관은 어떻게 형성되는 것일까? 습관의 형성과정은 다음과 같다.

어떤 상황에서 일정한 크기의 자극이 있어야 행동이 이루어진다. 매일 반복되는 일상적인 상황에서 행동을 끌어내는 자극이 없다면, 이전의 행동을 계속하려고 하여 제자리에 안주하게 된다. 자신이 뚱뚱하다고 느끼지 않는 상태에서 운동이라는 행동은 이루어지지 않는다. 하지만, 자신이 좋아하는 누군가가 "너 뚱뚱해서 싫어!"라는 자극이 더해지면 운동을 하거나 다이어트를 해야겠다는 행동이 발생한다. 행동은 자극을 통해 가능하지만, 일정 크기의 같은 자극을 계속 받아도 느낌이 무뎌지고 무기력해진다. 행동을 계속 유지하기 위해서는 보상이 필요하다.

큰 자극은 우리를 움직이게 한다

습관의 시작점은 어떤 상황에 놓이느냐에 달렸다. 우리는 일상생활에서 무수히 많은 상황에 직면한다. '기상'은 하루를 시작하며 가장 먼저 부딪히는 상황이다. 특별한 경우를 제외하면 같은 잠자리에서 비슷한 시간에 일어난다. 학교에 가거나, 직장에 가기 위해서 자신만의 습관적으로 일어나는 시간이 있다.

흡연자들은 흡연이 몸에 나쁘다는 것을 알고 있다. 하지만 금연의 필요성을 느끼지 못하기 때문에 행동하지 않는다. 흡연자들에게 강력한 자극이 주어져야만 그제야 금연을 시작한다. 흡연자들에게 가장 큰 자극으로 몸에 이상이 생기면 그제야 담배를 끊어야겠다는 행동을 시작한다.

소설가 이외수 선생님도 하루에 많을 때는 5갑씩 담배 피우는 골초였다. 이외수 선생님께서 담배를 끊게 된 계기를 말씀해주셨다. 어느 날 병원에서 안 좋은 결과를 듣게 되었고, 그날 꿈에 담배가 찾아와서 이렇게 말했다고 했다.

"끊을래? 뒤질래?"

골초였던 이외수 선생님은 그날부터 담배를 끊었다고 했다. 흡연자들에게 주어지는 두 번째 자극은 담뱃값이 오를 때이다. 2015년 1월 1일부터 담뱃값이 거의 2배가 뛰었다. 흡연자들에게는 상당한 자극임이 틀림없었다. 주변에 많은 사람은 금연을 행동으로 옮기기 시작했다.

사람들은 지금까지 자신이 겪었던 상황에서 큰 자극을 받지 않으면 행동으로 옮기려고 하지 않는다. '항상성 Homeostasis' 때문에 계속 그렇게

세 번째

하려고 한다. 행동이 쉽게 옮겨지지 않고 생각이 많은 사람이 제자리에 머무르려고 한다. 그렇다면 지금부터 바꾸고 싶거나 그만두고 싶은 습관을 적어보기를 바란다. 그리고 어떤 습관을 얻게 되었을 때의 좋은 점을 적는다. 좋은 점을 많이 적으면 적을수록 자극이 강해진다.

보상으로 행동을 반복하라

평소에 가지고 있던 생각을 행동에 옮겼다면, 이제 남은 것은 행동을 반복해서 계속하는 것이다. '작심삼일 作心三日'이라는 말이 있듯, 사람은 자신이 한 행동하면 3일 정도 반복하면, 하겠다는 의지보다 행동 에너지가 작아져서 다시 원래대로 돌아간다. 행동을 중도에 포기하지 않기 위해서 보상을 사용한다.

보상은 '긍정적 보상'과 '부정적 보상'으로 나뉜다. 흔히 말하는 '당근과 채찍'이다. 긍정적 보상은 당근에 해당하며, 자신이 좋아하는 즐거운 무엇인가를 부여하여 스스로 상을 내린다. 반대로 부정적 보상은 채찍에 해당하며, 좋지 않은 습관의 행동을 했을 때 자신에게서 무엇인가를 뺏거나 자신에게 벌을 내린다.

오랜만에 대학교 친구를 만났다. 그녀는 예전보다 매우 날씬해진 모습이었다. 친구와 같이 저녁을 먹는데 식사량이 예전보다 많이 줄어있었다. 그녀에게 몸매 관리의 비결에 관해 물었다. 그녀의 비결은 자기 상사와의 내기였다고 말했다.

매일 아침 그녀와 상사는 출근하여 몸무게를 측정해서 두 사람 중 몸무게가 전날보다 조금이라도 더 많이 빠진 사람이 승리한다는 조건과 만약 둘 다 몸무게가 늘더라도 증가한 몸무게가 적은 사람이 승리한다는 조건으로 내기는 시작되었다. 내기에서 진 사람은 저금통에 2,000원을 넣기로 했다. 친구는 내기 때문에 직장까지 30분을 걸어서 출근했고, 식사할 때도 적게 먹었다. 그녀는 늦은 시간에는 물을 제외하고 먹지 않으려고 노력했으며 저녁에 운동장을 계속 뛰면서 상사와의 승부에서 이기려고 노력했다. 그렇게 매일 2,000원의 내기는 계속되었고, 친구는 내기에서 이길 때마다 짜릿한 성취감을 느꼈다고 했다.

친구는 내기에서 질 때도 몸무게가 줄어든 날은 돈을 내도 덜 아까웠지만, 몸무게가 전날보다 늘었을 때 내는 돈은 아깝다는 느낌이 컸다. 그러면서 '내일은 이겨야지!'라며 전의를 불태웠고 그렇게 한 달이 지났다. 친구와 친구의 상사 모두 다이어트에 성공할 수 있었다. 그리고 내기에서 모인 돈으로 두 사람은 한 달에 한 번 근사한 패밀리 레스토랑에서 외식했다.

친구는 그렇게 매일 한 행동이 습관이 되어서 이제는 많이 먹고 싶어도 많이 먹을 수 없다고 말했다. 매일 몸무게를 측정하고, 출근길에 걸어서 가는 것을 습관이 되었다. 몇 년이 지난 지금도 그녀는 요요현상 없이 계속 날씬한 몸을 유지하고 있다.

친구는 상사와의 내기에서 '긍정적 보상'과 '부정적 보상'을 적절하게 사용했다. 이겼을 때는 스스로에 대한 만족감과 돈을 내지 않아도 된다는 성취감을 통해 자신에게 긍정적인 보상을 했다. 두 사람은 그렇게 모은 돈으로 한 달 동안 고생한 서로를 위해 맛있는 음식을 먹으며 보상을 했다. 반대로 졌을 때는 2,000원이라는 적은 금액이지만 벌금을 저금통에 넣으며 아깝다는 느낌을 갖는 부정적 보상을 통해 다음 행동에 에너지를 더 했다.

긍정적 보상이든 부정적 보상이든 되도록 빨리 적용해야 한다. 빠르게 보상할수록 자신의 행동에 대한 피드백의 효과가 크며 스스로에 대한 만족감도 더 높게 나타난다. 부정적 보상도 빠를수록 의지력은 향상된다. 보상은 되도록 행동이 끝난 뒤에 곧장 하는 것이 좋다. 시간이 지난 뒤 보상하게 되면 효과가 작다.

보상은 행동으로의 순환 고리를 만들어 준다. 행동을 통해 보상을 얻으면 긍정적인 변화가 나타난다. 이러한 변화는 성취의 기쁨을 준다. 이러한 순환이 반복되면 행동은 계속해서 이어지게 된다. 순환을 끊지 않고 계속해서 이어가야 한다.

행동의 사슬을 만들어라

컴퓨터 프로그래머인 브래드 아이작 Brad Isaac은 어느 코미디 쇼를 보러 갔다. 코미디 쇼는 유명한 코미디언 제리 사인펠드 Jerry Seinfeld 의 쇼였다. 아이작은 사인펠드의 말솜씨 비밀이 궁금해서 사인펠드 주위를 어슬렁거렸다. 그러던 중 아이작에게 기회가 왔고, 기회를 놓치지 않고 아이작은 사인펠드에게 말솜씨 비결이 무엇이냐고 물었다. 사인펠드는 자신이 작성하는 '달력 시스템'이 말솜씨의 비결이라고 말했다. 사인펠드는 한 장의 종이에 한 해 전체가 담긴 큰 달력을 벽에 걸었다. 그리고 빨간 매직을 들고 매일 농담을 만드는 때는 달력에 커다랗게 'X'를 표시한다고 말하며 사인펠드는 말을 이어갔다.

"며칠이 지나면 커다란 'X' 표시로 이루어진 사슬이 만들어집니다. 계속하다 보면 사슬이 매일 점점 더 길어지게 됩니다. 그 사슬을 보는 게 즐거워질 겁니다. 그렇게 사슬이 몇 주씩 이어지다 보면 그 길이만큼 기분은 더 좋아집니다. 이제 해야 할 일은 그 사슬이 끊어지지 않게 하는 것뿐입니다."

그리고 잠시 뒤 사인펠드는 강조하며 다시 한번 더 말했다.

"사슬을 끊어지지 않게 하세요. Don't break the chain."

사인펠드는 '달력 시스템'을 통해 매일 조금씩 발전했고, '달력 시스템' 을 통해 성장했다고 말했다. 사슬이 끊이지 않게 계속한 것이 자신의 성공 비결이라고 말했다.

일	월	화	수	목	금	토
1 ✕	2 ✕	3 ✕	4 ✕	5 ✕	6 ✕	7 ✕
8 ✕	9 ✕	10 ✕	11 ✕	12 ✕	13 ✕	14 ✕
15 ✕	16 ✕	17 ✕	18 ✕	19 ✕	20 ✕	21 ✕
22 ✕	23 ✕	24 ✕	25 ✕	26	27	28
29	30	31				

아이작은 지난 몇 년 동안 자신의 기술에 사인펠드가 말한 '달력 시스템'을 적용하여 프로그래밍도 배우고 네트워크 관리도 배웠다. '달력 시스템'을 바탕으로 성공적인 웹 사이트를 만들 수 있었고 비즈니스에서도 성공할 수 있었다.

출처: http://lifehacker.com/281626/jerry-seinfelds-productivity-secret

기록은 매우 중요하다. 행동은 기록하지 않으면 시간과 함께 흘러가 우리 눈에 보이지 않는다. 하지만, 기록을 시작하면 행동이 눈으로 보이기 시작한다. 처음에는 행동 하나가 하나의 'X'로 보이기 시작한다. 이러한 'X'가 연속되어 사슬 chain이 만들어지면 지금까지 노력이 눈에 보인다. 기록을 통해 자신이 한 행동 전체를 볼 수 있으며, 이를 통해 스스로 뿌듯한 성취감을 느낄 수 있다. 성취감은 자부심을 높이고, 새로운 에너지를 만든다.

영국 런던대학교 심리학과의 제인 워들 교수 연구팀은 습관 형성에 걸리는 시간을 실험했다. 참가자를 대상으로 습관으로 만들고 싶은 행동 한 가지를 선택하게 하여 실험을 했다. '물 마시기'는 평균 20일, '아침 식사 후 10분 걷기'는 50일이 지났을 때 습관화되었다. '모닝커피를 마신 후에 윗몸 일으키기 50번 하기'는 84일이 지나도 습관이 되지 않았다. 대부분의 행동은 평균 66일이 지나야 생각이나 의지 없이 행동하는 습관화 되는 것을 확인했다.

행동의 사슬을 평균 66개는 이어야 그 행동이 습관이 된다. 비타민 먹기처럼 쉬운 행동이라면 30개의 사슬에 습관이 될 것이다. 운동이나 일찍 일어나기처럼 어려운 행동이라면 3개월 이상으로 100개 이상의 사슬이 필요할 것이다. 일정 기간이 지나 행동이 습관이 되더라도 사슬을 계속 그어나가기를 바란다. 1년 동안 모은 사슬을 보는 순간 1년의 목표를 이루었다는 더 큰 성취감을 가져다줄 것이다. 성취감은 다음 해에는 더 큰 목표에 도전하게 하는 동기를 유발한다. 습관이 될 때까지, 이 달력이 끝날 때까지 되뇌이고 기억하라.

"행동의 사슬을 끊지 마라. Don't break the chain."

Do It Now

19세기 초, 유럽에서 큰 성공을 거둔 로스차일드 은행이 미국 샌프란시스코에 진출을 앞두고 있었다. 어느 날, 은행장이 한 명의 부하 직원을 불러 물었다.

은행장: "미국에 지점을 낼 생각인데 나는 지금이 가장 적기라고 생각하네. 미국으로 떠날 준비를 하는 데 얼마나 걸리겠나?"

은행장의 질문에 그 직원은 심각한 얼굴로 한참 고민한 뒤 입을 열었다.

직원 1: "열흘 정도 걸릴 것 같습니다."

은행장은 또 다른 부하 직원을 불러 똑같이 물었고, 그는 대답했다.

직원 2: "삼 일이면 충분할 것 같습니다."

은행장은 세 번째 부하 직원을 불러 똑같은 질문을 했고, 세 번째 사람은 대답했다.

직원 3: "지금 당장 떠나겠습니다."
은행장: "그렇게 하게. 이 시간부터 자네는 샌프란시스코 지점장이네. 내일 당장 떠나도록 하게."

세 번째 사람은 훗날 세계적인 부자가 된다. 그의 이름은 '줄리어스 메이'이다.

'Do It Now'를 외쳐라

크라이슬러의 전 회장이자 CEO인 리 아이아코카 Lee Iacocca가 자동차 지붕을 여닫는 컨버터블 승용차인 오픈카를 개발 중이었다. 아이아코카는 자신이 생각한 자동차의 프로토타입을 만들 것을 엔지니어에게 제안했다. 표준 절차에 익숙한 수석 엔지니어가 대답했다.

> "표준 절차를 밟으면, 그 자동차의 프로토타입을 만드는 데 9개월 정도의 시간이 걸립니다."

아이아코카는 화난 목소리로 말했다.

> "자네, 내 말이 무슨 말인지 못 알아듣는군, 지금 당장 차로 가서 천장 잘라내!"

그렇게 아이아코카는 자신이 생각하는 자동차의 프로토타입을 만들었다. 이렇게 만들어진 크라이슬러의 컨버터블 승용차는 대성공을 거두었다.

이처럼 비전을 이루고 성공한 사람들은 '행동 지향적'이다. 행동 지향적인 사람들은 자신의 목표와 비전을 향해 항상 바쁘게 움직인다. 어떤 아이디어가 생각나면 그것을 기록하고, 빠르게 행동으로 옮긴다. 반대로 그렇지 못한 사람은 좋은 아이디어가 있어도 변명만 늘어놓고 행동으로 옮기지 않는다. 나중에 자신의 아이디어와 비슷한 제품이 나왔을 때 '저것은 내가 생각했고 하려고 했는데!'라며 후회를 늘어놓는다.

경영 컨설턴트이자 『부자가 되려면 부자에게 점심을 사라』 더난출판사의 저자, 혼다 켄 本田 健은 부자들의 생활 습관을 연구하고 부자가 되는 방법을 조사했다. 일본의 백만장자 1만2천 명을 대상으로 인터뷰와 설문조사를 했다. 이 조사에서 부자들의 독특한 습성을 찾았다. 고소득자일수록 설문조사에 대해 답하는 시간이 빨랐다는 것이다. 부자들은 한가해서 답장을 빨리 쓰는 것이 아니다. 그들은 어떤 일을 처리할 것이면 빨리 처리해버리고 자신 일에 집중하는 것이 더 좋은 방법인 것을 알고 있기 때문이다. 성공한 사람들은 편지나 이메일에도 답장이 빨랐고, 휴대전화 메시지에 대한 답변도 빠짐없이 신속하게 보내는 것으로 조사되었다.

세일즈맨의 원조로 불리며 신문팔이에서 20대에 전국 판매망을 갖춘 보험회사의 사장이 된 윌리엄 클레멘트 스톤 William Clement Stone은 세 살 무렵 아버지가 사망한 뒤 여섯 살 때부터 시카고에서 신문을 판매하기 시작했다. 13세 때 본인 소유의 신문 가판대를 갖게 되었고, 16세 무렵 디트로이트에서 어머니와 함께 보험사를 차린 후 보험을 판매하면서 부를 쌓기 시작했다. 스톤은 회사에서 아침마다 사원들과 함께 'Do It Now! 바로 지금 하자!'를 50번씩 제창함으로써 10억 달러 규모의 큰 회사를 이룩했다. 스톤은 무일푼에서 미국 50대 부자에 선정되는 큰 성공을 이뤘다. 한 강의에서 스톤은 다음과 같이 말했다.

"아침마다 침대에서 나오기 전에 'Do It Now'라고 50번 말하십시오. 하루를 마무리하고 잠자리에 들기 전에 마지막으로 할 일도 'Do It Now'라고 50번 말하는 겁니다."

스톤은 자신의 인생철학을 함축한 한 문장을 다음과 같이 말했다.

"Do It Now!"

시작의 장벽을 깨라

'시작이 반이다.'라는 속담에 '시작만 했을 뿐인데 어째서 반이냐!'라고 딴죽을 거는 사람도 있다. 사람들은 무슨 일을 하기 전에 생각하고 계획하느라 시작을 망설인다. 시작하지 못하고 망설임이 길어질수록 시작할 가능성은 작아진다. 이를 '의도성 체감의 법칙 The Law of Diminishing Intent'이라고 한다.

의도성 체감의 법칙은 지금 해야 할 일을 미룰수록 실천하지 못할 가능성이 커진다는 법칙이다. 오늘 할 일을 내일로 미루면 그 일은 그다음 날에서 또 그다음 날로 반복되어 미루어진다.

청소를 싫어하지만, 책상의 서랍이 너무 지저분해서 서랍을 정리하며, 책상의 다른 서랍도 지저분해서 정리하다가 보면 책상 위까지 모두 정리하게 된다. 이후 책상 아래의 바닥이 더러운 것을 발견하고 바닥을

세 번째

쓴다. 바닥에 얼룩이 묻어 걸레를 들었다. 걸레를 손에 든 김에 모든 방을 다 닦고 창문틀까지 닦는다. 청소를 시작할 때는 싫었지만 깨끗해진 방에 뿌듯함을 느낀다. 이처럼 자신도 모르게 대청소를 하게 된 경험 한 번쯤은 있을 것이다. 이처럼 시작의 장벽을 깨고 행동하면 다음 행동을 계속 불러온다.

일본의 카피라이터 히스이 고타로의 『3초 만에 행복해지는 명언 테라피』 서인행 역, 나무한그루에는 아메리카 대륙을 횡단한 할머니 이야기가 있다. 70대의 나이에 걸어서 아메리카 대륙을 횡단한 할머니에게 어느 기자가 어떻게 그런 일을 하게 되었는지 물었다. 기자의 질문에 할머니는 다음과 같이 답했다.

> "처음부터 대륙을 횡단할 생각은 전혀 없었어요. 생각해보면
> 그래서 그 일을 해낼 수 있었던 것 같아요."

어느 날 할머니는 손자로부터 운동화를 선물 받았다. 기쁜 마음으로 그 운동화를 신고, 다른 주에 사는 친구를 만나러 갔다. 손자에게 선물로 받은 운동화를 자랑하기 위해서였다. 그 친구를 만나보고 '이번에는 저쪽 주에도 가보자. 무릎이 아프면 택시를 타고 돌아오면 되겠지.'라며 생각한 것이 할머니가 아메리카 대륙 횡단에 나선 출발점이었다. 할머니는 다른 주에 있는 친구에게 운동화를 자랑하기 위해 걷기 시작했다. 가벼운 마음으로 시작하였다. 시작한 움직임이 계속되어 아메리카 대륙을 횡단할 수 있는 원동력이 되었다.

글을 쓸 때, 많은 생각을 하게 되면 '작가의 장벽 Writer's block'이 생겨 글을 쓸 수 없는 상황이 생긴다. 특히 글을 잘 써야 한다는 부담감과 다른 사람이 어떻게 평가할까 하는 두려움 때문에 발생한다. 장벽을 무너뜨릴 방법은 바로 무작정 글을 쓰기 시작하면 된다. 쓰기 시작하면 잘 쓰든 못 쓰든 자신의 글이 생긴다. 이렇게 쓴 글은 다듬고 또 다듬으면 읽을 만한 글이 된다.

소설가 앤 라모트 Anne Lamott는 "글을 쓰고 싶다면 무조건 컴퓨터 자판을 두드려라."라고 말했다. 일단 글을 쓰기 시작하면 실타래처럼 끊이지 않고 계속 글이 이어져 나온다.

작곡가 이고르 스트라빈스키 Igor Stravinsky는 "나는 '영감 Inspiration'이라는 것이 따로 있다고 생각하지 않는다. 일하다 보면 영감이 떠오르는 것이다. 물론 처음엔 잘 모를 수도 있다."라고 말했다.

'작가의 장벽'처럼 우리는 '시작의 장벽'에 막혀 일을 시작하지 않는다. 그리고 많은 핑계를 찾아낸다. '날씨가 흐려서', '마음이 우울해서', '오늘은 안 되는 날'이라며, 일을 내일로 미루거나 자신의 일을 다른 사람의 일로 미룬다. 그리고 완벽한 계획이 생기면 그 일을 시작하려고 한다.

'시작의 장벽'을 무너뜨리는 일은 한 가지 방법뿐이다. 일단, 시작하는 것이다. 시작할 때 너무 큰일을 시작하려면 지레 '할 수 있겠어?'라고 겁부터 먹는다. 쉽게 시작할 수 있는 작은 일부터 시작해야 한다. 그 일을 시작하면 신기하게도 집중이 되기 시작하며 나빴던 기분도 풀리기 시작한다. 막혔던 일도 시작하면 조금씩 풀려나가기 시작한다. 의욕이 없어서 시작하지 않는 것이 아니라 시작을 하지 않기 때문에 의욕이 생기지 않는다.

"시작하라! 시작하면 다음 행동이 따라온다."

하고 후회하는 것이 하지 않고 후회하는 것보다 낫다

한 설문조사에서 '내 인생에서 후회되는 일'을 다양한 계층에게 조사했다. 10대부터 70대까지 다양한 의견이 나왔다. 그중 가장 많이 나온 '후회 Best 5'이다.

'내 인생에서 후회되는 일 Best 5'
1. 공부 좀 더 할걸
2. 부모님께 좀 잘할걸
3. 더 화끈하게 놀걸
4. 건강 챙길걸
5. 그 사람에게 잘할걸

기타 의견으로는 '부모님 말씀 새겨들을걸', '아이들과 배우자에게 더 잘할걸', '돈 좀 모아 놓을걸', '회사를 그만둔 것', '결혼한 것' 등 다양한 의견들이 있었다.

이처럼 사람은 모두 후회하며 살아간다. 후회란 과거의 자신을 돌이켜

봤을 때, '했더라면…' 또는 '하지 말았었더라면…'하는 아쉬움이나 뉘우치는 감정이다. 후회라고 모두 나쁜 것만은 아니다. 후회는 심리적 건강과 긴장을 유지하기도 하지만, 스트레스나 무력감으로 전환되어 행동을 위축시키기도 한다.

후회는 크게 두 가지로 나눌 수 있다. 하나는 '행한 행동에 대한 후회'이고, 다른 하나는 '하지 않은 행동에 대한 후회'로 나뉜다.

'행한 행동에 대한 후회'는 '어떤 일을 하지 않았어야 했는데…'라며 하는 후회다. 무턱대고 아무 생각 없이 한 행동이거나 행동에 대한 결과가 좋지 않은 경우 이러한 후회를 한다. 예를 들면 '그 여자에게 고백하지 말아야 했는데…'와 같이 이미 한 행동에 대한 후회이다.

'하지 않은 행동에 대한 후회'는 '어떤 일을 해야 했는데…'라며 하는 후회이다. 생각만 깊이 하고 행동을 하고 난 다음에 생길 수 있는 두려움 때문에 생기는 후회이다. 즉, 행동으로 연결되지 않은 경우 나타난다. 예를 들면 '그 여자에게 고백 했어야 했는데…'와 같이 행하지 않은 행동에 대한 후회이다.

그렇다면 이 두 후회 중 어떤 후회가 더 오래 가슴에 응어리가 되고, 사람의 마음을 아프게 하는 후회일까? 인생의 후회 중 '한 행동에 대한 후회'와 '하지 않은 행동에 대한 후회'를 떠올려보라. 어느 쪽의 후회가 먼저 생각나고 가슴 한구석에 응어리로 남아 있는지 생각해보자. 앞선 '내 인생의 후회되는 일 Best 5'만 보더라도 모두 '하지 않은 행동에 대한 후회'가 차지하고 있다.

'행한 행동에 대한 후회'에 대한 미련은 오래가지 않는다. 사람은 자신이 한 행동에 대해서는 죄책감과 자책감에서 벗어나기 위해 그럴듯한 이유를 만들어 '스스로 합리화 Self-Rationalization' 한다. 사람은 이미 한 행동에 대한 후회는 합리화시키기 때문에 마음에서 더 빨리 사라진다. 반면 '하지 않은 행동에 대한 후회'는 경험하지 않았기 때문에 합리화할 이유를 찾기가 좀 더 어렵다. '내가 그때 그 행동을 했다면 이런 모습이 되었을 텐데…'하는 기대심리까지 더해져 시간이 지나도 오래가며 가슴의 응어리가 된다.

나 또한 많은 후회를 하고 살고 있다. 지금까지 가장 큰 후회는 고등학교 때 가수가 되고 싶다는 꿈을 포기한 것이다. 가수의 꿈을 포기한 것이 가장 후회로 남아 마음 한구석을 계속 찌르고 있다. 포기한 이유를 만들어 내기 위해 '할머니와 둘이서만 살아야 하기 때문이다.'라며 스스로 합리화했다. 하지만, 늘 마음 구석에 응어리로 남아있었다.

나는 '행한 행동에 대한 후회'와 '하지 않은 행동에 대한 후회'에 대해 알게 된 뒤에 꿈의 응어리를 풀기 위해 당시 27살의 나이로 가수에 도전하기 늦은 나이임에도 불구하고 무작정 대구에서 서울로 갔다. 밤에 잠잘 곳도 없어 찜질방을 전전하며 오디션도 여러 번 보았다. 서울에서 열리는 가요제도 참가해보았다. 가요제에서는 상도 몇 번 받았지만, 오디션은 모두 떨어졌다. 29살이 되던 해에는 TV에서 오디션 프로그램이 한창이었다. 그해의 목표 중 하나로 그 해 열리는 오디션을 모두 참가해보기로 마음먹었다. 그래서 「슈퍼스타K2」, 「위대한 탄생2」, 「코리아 갓 탤런트」까지 모두 출연했지만, 결과는 모두 예선 탈락이었다. 「코리아 갓 탤런트」에서는 실수하는 장면이 방송에 나가며 쥐구멍에라도 숨고 싶었고, 주변의 지인들에게 망신을 당했다.

하지만 시간이 지났을 때, 내 가슴에 남아 있던 '가수를 도전했어야 했는데…'라는 '하지 않은 행동에 대한 후회'는 모두 사라졌다. 후회되는 것에 대해 행동을 해버렸기 때문이다. 나는 내 꿈에 대해 최선을 다해서 도전했고, 내 노래 실력에 대해서 제대로 알게 되어 가수에 대한 후회는 사라졌다. 하지 못한 일의 후회에 대한 부정적 감정을 긍정적인 감정으로 전환하여 강의와 책을 쓰는데 더 많은 열정을 쏟고 있다.

'행한 행동에 대한 후회'는 '하지 않은 행동에 대한 후회'에 비해 훨씬 빨리 사라지고 더 쉽게 합리화된다. "해도 후회이고, 하지 않아도 후회"라는 말이 있듯이 사람으로 살아가는 동안은 누구나 후회하게 되어 있다. 후회할 것이면 될 수 있으면 짧고 부정적인 감정을 많이 불러오지 않는 후회를 하는 것이 좋다.

비전에 대해서는 일단은 행동하는 도전을 권장한다. 자신의 꿈은 늦으면 늦을수록 핑계가 많아져 가슴속에 부정적인 생각으로 남는 경우가 많다. 주사위를 던질 때 낮은 숫자가 나올까 봐 겁부터 먹을 필요는 없다. 주사위를 던지지 않고 아무런 행동을 하지 않는 것은 '0'에 해당하지만, 일단 주사위를 던지면 '0'보다는 반드시 큰 숫자가 나온다.

"하고 후회하는 것이 하지 않고 후회하는 것보다 낫다."

세 번째

시작한 일은 끝장을 내라

영국의 어떤 젊은 청년은 일 때문에 항상 바빠 제대로 먹지도 못하면서 불면증에 시달렸다. 일을 열심히 해도 성과도 나지 않아 폭발 직전까지 갔다. 청년은 유명한 소설가 월터 스콧 Walter Scott에게 조언을 구하기 위해 아침 댓바람부터 찾아가 정중히 물었다.

"당신의 조언을 구하고 싶습니다. 전 세계적으로 유명한 작가로서 당신은 매일 그렇게나 많은 업무를 어떻게 다 처리하고, 또 어떻게 그렇게 빨리 성공을 거둘 수 있었던 겁니까? 제게 명확한 답을 주실 수 있을까요?"

월터 스콧은 청년의 질문에 대답하지 않고 되물었다.

"젊은이, 오늘의 업무는 다 완수했는가?"

청년은 고개를 가로저으며 말했다.

"아직 이른 시간인걸요. 제 일과는 아직 시작되지 않았습니다."

월터 스콧이 웃으며 말했다.

"하지만 나는 이미 오늘의 할 일을 모두 끝냈다네."

청년이 아리송한 표정을 보이자 월터 스콧은 부연 설명을 했다.

"자네는 제때 업무를 완수하지 않는 습관을 경계해야 하네. 꾸물대며 일을 미루는 습관 말이네. 일을 해야 하면 즉시 가서 하고, 휴식은 업무를 끝낸 후에 하게. 절대로 업무를 끝내기 전에 먼저 휴식 시간을 즐기지 말고 말이야. 만약 나를 성공한 사람이라고 한다면, 이것이 내가 성공할 수 있었던 이유일 걸세."

『어떻게 인생을 살 것인가』 중에서;
쑤린 지음/원녕경 옮김/다연

일은 결단, 행동, 종결의 순서로 진행된다.

일을 시작하기 위해서는 무엇인가를 해야겠다는 마음을 굳히는 결단이 필요하다. 결단의 과정은 쉽게 시작하지 않게 된다. '시작의 장벽' 때문이다. 하지만, 행동을 시작했다면 그 행동에 대한 끝은 더욱 중요하다. 시작이 반이라면 일의 끝은 전부다. 어떤 일을 시작했다면 끝을 봐야 한다. 행동을 이어가고 있으면 많은 유혹이 있다. 그 중 '미룸'은 언제나 우리를 유혹한다. '오늘 할 일을 내일로 미루지 마라.', '오늘 걷지 않으면 내일 뛰어야 한다.'와 같이 미루면 안 되는 것을 잘 알고 있다. 하지만, 우리는 세상에서 가장 달콤한 유혹인 '미룸'에 넘어간다.

자신의 결단을 행동하여 어떤 일이 종결될 때, 뇌는 소량의 '엔도르핀 Endorphin'을 방출한다. 참고로 엔도르핀은 모르핀 아편의 주성분으로 진통역할과 행복감을 주는 성분의 200배 정도의 강한 작용을 일으키는 행복 호르몬이다. 엔도르핀으로 자극받으면, 사람은 창의력이 증가되고 만족감을 느끼게 된다. 종결하는 일이 중요한 것일수록 분비되는 엔도르핀의 양은 더욱 증가한다. 뇌에서 발생하는 호르몬뿐만 아니라 그 일을 100% 마무리하면 스스로가 기분도 좋아진다. 일을 끝내면 스스로 성취감을 느껴 승리자가 된 기분을 얻는다. 작은 일이라도 일을 종결을 짓는다면 성취감과 승자라는 느낌을 계속 얻을 수 있다.

반대로 '완료되지 않은 행동'은 스트레스와 불안정감을 느끼게 한다. 하던 일을 중간에 그만두면 다음에 계속해야 하므로 잔상으로 머리에 남는다. 완성하지 못한 일에 관한 생각은 잠을 잘 때, 기억 속에 남아 스트레스로 자리 잡는다. 이를 통해 쉽게 잠을 청하지 못해 불면증을 불러일으킬 수 있다. 잠이 들었다고 해도 잠재의식 속에서 이러한 생각들이 남아 숙면을 방해한다. 숙면에 들지 못하면 다음 날에 부정적인 영향을 주며 창의력과 주의력도 떨어진다. 종결하지 못한 일에 대한 스트레스는 다른 일을 방해하며 꼬리에 꼬리를 물어 미룸의 연속이 된다. 이러한 악순환은 정신적, 육체적인 스트레스로 인해 건강을 해칠 뿐만 아니라 목표를 향하는 발걸음을 무겁게 한다.

어떤 사람에게 전화해야겠다는 생각이 들었다가 시일을 미루면, 전화하기는 점점 어려워진다. 어떤 사람에게 명함을 받고 메일을 한 통 보내겠다는 생각을 한 뒤, 바쁜 일 때문에 시일이 미뤄지면 연락할 확률은 계속 낮아진다. 반대로 어떤 일을 신속하게 처리하면 큰 효과가 있다.

컴퓨터를 사용할 때 여러 가지 프로그램을 함께 사용하는 멀티태스킹 Multitasking; 다중작업을 하면 각각의 프로그램이 컴퓨터의 메모리와 CPU를 차지하고 있어 컴퓨터의 속도는 점차 느려진다. 사용하지 않는 프로그램을 종결하면 컴퓨터의 CPU와 메모리에는 사용할 수 있는 공간이 커지면서 컴퓨터 속도는 빨라진다.

사람도 컴퓨터와 마찬가지다. 한 가지 일을 끝내지 않고 여러 가지 일을 해야 한다고 생각하면 생각이 분산되어 속도도 느려질 뿐만 아니라 집중도도 낮아진다. 일을 미루면 머릿속에 생각하고 있어야 하므로 그에 대한 스트레스를 받는다. 하는 일을 최대한 빨리 끝낼수록 머릿속의 자유를 얻을 수 있다. 이렇게 비워진 생각에서는 더 창의적인 생각을 불러일으키고 일에 대한 집중도 또한 높일 수 있다.

일부 사람들은 컴퓨터처럼 한 번에 여러 가지 일을 할 수 있는 멀티태스킹 Multitasking 능력이 있다고 생각한다. 그래서 하나의 일을 끝내지 않고 다른 일을 번갈아 가면서 여러 가지 일을 동시에 한다. 한 번에 두 가지 이상의 일을 하려고 하면 그중 하나도 잘하지 못하는 경우가 자주 발생한다.

스탠퍼드 대학교 교수인 클리포트 나스 Clifford Nass는 멀티태스킹에 대한 실험을 했다. 실험의 결과로, "그들에게 비밀의 능력 같은 것이 있으리라 생각했습니다. 하지만, 멀티태스킹을 잘하는 사람들은 오히려 관련 없는 일에 푹 빠져 쓸데없는 시간을 보내는 것이 관찰되었습니다."라고 말했다.

『원씽 The one thing』 중에서;
게리 켈러, 제이 파파산 지음/구세희 역/비즈니스북스

미국의 영화배우 '스티브 우젤'은 "멀티태스킹은 한 번에 여러 가지 일을 망칠 기회"에 지나지 않는다고 말했다.

사람은 한 번에 한 가지 일만 몰입할 수 있다. 한 가지 일을 종결하지 않고 다른 일을 하는 것은 집중도가 분산된다. 일을 일찍 끝내면 자신에게 정신적, 육체적으로 좋을 뿐만 아니라 상사나 다른 사람들에게 인정과 신뢰를 받을 수 있다. 어떤 일을 맡길 때, 신뢰가 있는 사람에게 더 많은 지위와 보수를 주는 것은 당연하다. 어떤 일이 든 속도를 빠르게 처리하는 것은 유리한 입지에 올라설 수 있게 한다. 일의 속도는 다른 사람과 차별화할 수 있는 효과적인 방법이다.

지금 하는 일이 있다면 '시간'에 따른 계획이 아니라 '일'을 완료하는 시점을 중심으로 계획을 세우는 것이 더 효과적이다. 하는 일이 너무 커서 하루에 끝내지 못할 때는 일의 크기를 나누어 오늘 할 분량까지 계획을 세운다. 그리고 정한 분량이 끝날 때까지 하나의 일에 몰두한다. 피치 못하게 다른 일들이 끼어들 경우는 이 지금 하는 일이 끝나고 해야 할 일로 메모해두고 지금 하는 일을 계속해서 끝낸다. 어떻게 해서든 일을 완료하면 '자신이 해냈다.'라는 성취감을 맛보게 될 것이고, '나는 무엇이든 할 수 있다.'라는 자부심도 상승하게 된다.

칭기즈칸은 "행동의 가치는 그 행동을 끝까지 이루는 데 있다."라고 말했다. 우리는 어떤 일을 끝낼 때 성취감과 만족감을 얻게 된다. 먼저 하나의 일을 끝낸 뒤, 다른 일로 넘어가면 성과는 훨씬 높아진다.

"시작은 반이다. 하지만, 끝은 전부다."
"시작했다면 끝장을 내라."

시간의 우선순위

한 신부가 선교를 위해 아프리카에 갔다. 그 지역 원주민들은 아침에 눈을 뜨면 먼 길을 걸어가 물을 길어오는 것이 하루를 시작하는 일이었다. 신부는 원주민들이 매일 똑같이 물을 길어오는 일을 반복하는 것이 힘들어 보였다. 신부는 동네 주변을 뒤져 수맥이 흐르는 곳을 찾아 기쁜 마음으로 마을의 추장에게 제안했다.

> 신부: "내가 마을 한쪽에서 수맥을 발견했으니 우물을 팝시다.
> 우물을 파면 물을 길어오기 위해 먼 길을 가지 않아도
> 되니 얼마나 좋겠소!"
> 추장: "그 제안은 부족 회의를 열어 상의해보겠소! 결정되면 다시
> 알려주겠으니 오늘은 이만 돌아가시오!"

신부는 우물을 파자는 제안에 당연히 모두가 동의할 것으로 생각하며 숙소로 돌아갔다. 며칠 뒤, 추장은 신부에게 회의 결정을 통보했다. 주민들의 결정은 신부의 뜻과는 반대로 우물을 파지 않는다고 했다. 선교사는 왜 반대가 있는지 추장에게 물었고, 추장은 다음과 같이 말했다.

> 추장: "마을 사람들이 물을 길러 다니느라 바빠서, 우물을 팔
> 시간이 없다고 합니다."

시간의 4가지 얼굴: 시간 매트릭스

한 고등학교에서 강의했을 때의 일이다. 학생 중 군인이 되고 싶은 여학생이 있었다. 여학생은 자신이 어떻게 해야 군인이 되는지 궁금해하며 나와 이야기하게 되었다. 나는 이렇게 말했다.

나:　"군인이 되고 싶다면 어떤 군인이 되고 싶은지 정확한 모습을 그려야 해. 만약 장군이 되고 싶다면 사관학교에 가야 하겠지! 일반적인 장교가 된다면 지원을 통해 입대할 수 있어! 어떤 모습을 원하지?"

여학생: "이왕이면 장군이 되고 싶어요. 그래서 많은 군인에게 좋은 본보기가 되고 싶어요."

나:　"그렇다면 사관학교에 가는 것이 유리하겠지. 사관학교에 가기 위해서 지금 해야 하는 일을 무엇일까?"

여학생: "공부해야겠죠. 그것도 열심히 해야겠죠."

나:　"열심히도 좋지만, '하루에 수학 문제는 몇 개를 풀고, 영어 단어는 몇 개를 외운다.'처럼 구체적으로 하면 더 좋겠지. 그리고 체력 검증도 있으니 하루에 30분 운동을 하면 더 좋겠지."

여학생: "근데 운동할 시간이 없어요. 학교 수업이 끝나면 10시가 넘어요."

나:　"그럼 TV를 보거나 스마트 폰은 하루에 몇 시간 하지?"

여학생: "하루에 두 시간 정도 돼요."

나:　"그럼 그 시간에 하면 되겠네."

여학생: "그래도 TV는 봐야 친구들이랑 할 이야기가 있단 말이
에요. 그래서 운동할 시간을 내기가 쉽지 않아요. 나중에
시간이 되면 운동하겠어요"

나: "시간이 없다는 것은 하기 싫다는 것 말과 같은 말이야.
시간은 '되면'하는 것이 아니라 '내어'서 해야 꿈이 이루
어질 가능성이 커져."

학생들, 직장인들, 심지어 백수들도 많이 하는 말 중 하나는 "바빠서",
"시간이 없어서"라는 말을 많이 사용한다. 하루라는 시간은 모든 사람
에게 똑같이 24시간 주어진다. 그렇다면 왜 사람들은 시간이 없을까?
그것은 시간을 효율적으로 사용하지 못하기 때문이다. 어떤 사람은
똑같은 24시간을 이용해서 성공하고, 어떤 사람은 같은 시간을 낭비
하고 만다.

나의 멘토님께서 일과 관련하여 '시간과 일의 관계와 우선순위'에 대해
'시간의 네 가지 얼굴'로 구분하여 내게 설명해주었다.

	긴급한 일	긴급하지 않은 일
중요한 일	A	B
중요하지 않은 일	C	D

시간 매트릭스; Time Matrix

멘토: "시간과 일에 관계를 다음 네 가지로 나눌 수 있어. A는 긴급하고 중요한 일, B는 긴급하지 않지만 중요한 일, C는 긴급하지만 중요하지 않은 일, D는 긴급하지 않으며 중요하지도 않은 일 이렇게 네 가지로 나뉠 수 있어. 만약 네가 하루를 시작할 때 가장 먼저 해야 할 일은 무엇이지?"

나는 자신 있게 멘토님에게 말했다.

나: "저는 A를 가장 먼저 할 것입니다."

멘토: "왜 그렇게 생각하지?"

나: "말 그대로 급하고 중요한 일이니까요."

멘토: "맞아. 중요하고 급해서 많은 사람이 A를 먼저 하는 경향이 높지. A를 선택한 사람은 눈앞에 급한 불을 끄느라 현재만 봐. 자신의 미래나 비전처럼 멀리 있는 것은 보지 못하지."

나: "하지만, 급한 불부터 꺼야 다음이 보이지 않겠습니까?"

멘토: "사람들은 급한 불부터 끄고 나면, 나머지 시간을 대부분 소모해버리지. 시간뿐만 아니라 에너지도 함께 소모하지. 그렇다면 인생 전체를 놓고 보면 A가 중요할까? B가 중요할까?"

나: "B도 중요하지만, A가 더 중요한 것이 아닐까요?"

멘토: "지금 당장은 눈앞에 보이는 A가 더 크게 보일지 몰라도, 인생 전체로 보면 B가 더 크지. A는 오늘 결재를 받아야 할 일, B는 운동 및 다이어트라고 가정해보자. 미래에 나이가 들어 노인이 되었을 때 결재가 더 크게 느껴질까? 건강한 신체가 더 크게 느껴질까?"

나: "건강한 신체를 더 크게 느낄 것 같습니다."

멘토: "그렇지, 많은 사람이 눈앞에 불을 끄느라 건강을 뒷전으로 생각하지. 그리고 나중에 건강에 문제가 생기면 그때야 '운동할걸'이라며 후회하지. 하지만, 그렇게 알게 될 때는 늦지."

멘토님은 계속 말을 이어갔다.

멘토: "많은 사람이 결재받아야 할 일을 하느라 시간과 에너지를 소모해버리고 나면 운동은 나중에 해야지 하며 미루지. 그래서 운동이나 다이어트는 '내일부터'하는 거라잖아."

나: "네, 저도 운동을 그렇게 미뤄왔습니다. 갑자기 부끄러워지고 반성이 됩니다. 그렇게 되면 중요하거나 급한 일은 어떻게 해야 하나요? 그 일을 안 해도 되는 건 아니잖아요?"

멘토: "중요하거나 급한 일을 하지 말라는 것이 아니야. 운동부터 먼저하고 나서, 급한 일은 밤을 새우던 누군가의 도움을 빌리던 무슨 수를 써서라도 그 일을 해결하려고 할 거야. 잠도 이기며 하게 되지. 그러면 두 개의 일 모두 하게 되는 것이지."

나: "그렇구나. 그렇다면 B를 먼저 해야겠어요."

멘토: "그래 B부터 하면 스스로 성장하고, 자신의 꿈이나 목표에 대한 일을 매일 하게 되겠지."

나: "네, 지금까지 저도 중요하고 급한 일부터 했는데, 오늘부터는 가장 먼저 해야 할 일로 B인 글을 쓰고, 책을 읽고, SNS에 글을 쓰는 일로 바꿔야겠어요."

그렇게 나는 하루를 시작할 때, 중요하지만 급하지 않은 일인 책 읽기, 글 쓰기, SNS에 글 올리기를 시작했다. 이 방법을 통해 나는 내게 주어진 24시간을 성장의 시간으로 투자할 수 있었다.

알고 보니 멘토님이 알려주신 내용은 스티븐 코비 박사의 『성공하는 사람들의 7가지 습관』 스티븐 코비 지음/김경섭 역/김영사에 있었다. 일은 '시간'에 따라 '긴급성'으로 급한 일과 급하지 않은 일로 나눌 수 있다. 또한, 일은 '중요도'에 따라 중요한 일과 중요하지 않은 일로 나눌 수 있다. 시간과 일의 관계에 따라 시간을 네 개의 사분면으로 나타내고 이를 '시간 매트릭스 Time Matrix'라고 부른다.

다시 시간 매트릭스를 살펴보자.

	긴급한 일	긴급하지 않은 일
중요한 일	A	B
중요하지 않은 일	C	D

- A: 중요하지만 급한 일 내일 있는 시험공부, 오늘 해결할 업무 등
- B: 중요하지만 급하지 않은 일 운동, 독서 등
- C: 중요하지 않지만 급한 일 안부 전화, 친구와의 약속 등
- D: 중요하지도 급하지도 않은 일 스마트폰, 게임, TV 등

A는 '발등의 불'이다. A는 발등에 불이 떨어졌기 때문에 어떻게든 꺼야 한다. 해결하지 않으면 '문제' 또는 '위기'라는 매우 급한 상황을 만든다. 많은 사람이 A에 해당하는 일을 통해 인생을 살아가면서 많은 시간을 사용하고 많은 에너지를 소모하기 때문에 피로를 느낀다. A에 집중하게 되면, 반복적으로 계속 일이 늘어나 시간 대부분을 A가 지배하게 된다.

시간에 쫓겨 매번 "바쁘다.", "급하다."라는 말을 많이 하게 된다. 시간에 쫓겨 극심한 스트레스를 받게 되며, 스트레스가 계속 누적이 되면 건강에 적신호가 들어온다. 결국, A를 통해 돈을 벌고, 모은 돈은 건강이 나빠지면 건강을 회복하기 위해 쓸 수밖에 없는 기고한 운명의 쳇바퀴를 반복하게 된다.

C는 '새치기'다. 자신이 생각하지 않았던 일들이 갑자기 치고 들어오는 경우이다. 가장 흔한 일은 전화나 문자에 관련된 일이라 할 수 있다. 물론 때에 따라 전화나 문자 중에도 중요한 전화도 있을 수도 있다.

나는 글을 쓸 때 모든 정신을 집중한다. 집중하면 글은 끊이지 않고 계속 이어진다. 하지만, 그 순간 전화가 울린다. 그러면 어쩔 수 없이 전화를 받는다. "고객님~"으로 시작하는 '솔' 톤의 목소리가 들려온다. "이창현, 고객님 맞으시죠?"라고 말하며 내 이름을 부른다. 누군가가 자신의 이름을 불러주면 전화를 단방에 끊지는 못한다. 잠시 내용을 들어보다가 몇 분 통화가 이어진 뒤에 전화를 끊는다. 전화를 끊는 순간 술술 쓰이던 글도 같이 끊어진다. 이런 전화가 하루에 여러 통이니

미치고 환장할 노릇이다. 다시 글에 집중해서 글을 쓰려면 더 많은 시간과 에너지를 사용한다. 그래서 나는 모르는 번호의 전화는 받지 않기로 했다. 글 쓰는 중에는 휴대전화는 무음으로 전환해 두고 글 쓰는 것에 최대한 집중한다. 글에 대한 흐름이 자동으로 끊기면, 그제야 전화기에 남겨진 번호에 전화해서 업무를 본다.

스마트 폰 때문에 메신저, SNS, 이메일, 광고성 메시지와 같이 C가 늘어나고 있다. 원하지 않는 메시지는 차단한다. 인간 관계상 확인해야 할 메시지의 경우 소리만 알림을 끄고 휴대전화기를 켰을 때 확인할 수 있도록 미리 설정한다. C는 B와 A를 한 뒤, 나머지 시간을 활용하여 처리하면 유용하다.

D는 '시간 도둑'이다. D는 성장을 방해하며 시간을 갉아먹는다. D를 열심히 한다고 해서 성장을 할 가능성은 없다. D를 하는 사람은 시간이 난다고 하더라도 자신의 비전이나 목표를 위해 사용하지 않고, 시간을 때우기 위해 행동한다. D의 대표적인 행동은 TV 보기와 게임, 스마트 폰을 하는 일로 쉽고 재미있으면서 강력한 중독성까지 있어서 쉽게 끊지 못한다. 중독성 때문에 자신이 해야 할 중요한 일이 있음에도 불구하고 시간을 빼앗기는 최악의 경우도 있다. 특히 스마트 폰과 SNS 가 생긴 이후, D를 할 수 있는 시간이 늘어나고 있다. 예전에는 지하철에서 책을 읽는 사람을 자주 볼 수 있었지만, 지금은 모두 지하철에서 스마트 폰으로 게임을 하고, 문자메시지를 주고받으며 시간을 낭비한다. 물론 e-book을 읽고, 좋은 영상을 보는 사람도 있지만….

나 또한 사람들과 카톡을 비롯한 문자메시지를 주고받는 경우가 많다. 스마트 폰이 생긴 뒤에는 사람들은 더 많은 문자를 주고받고 있다. 물론 중요한 메시지를 주고받는 사람도 있지만, 대부분 의미 없는 시간을 보내고 있다. 시간을 아끼는 방법을 알아냈다. 바로 전화를 걸면 된다. 말로 하면 약 3분 안에 끝나지만, 문자메시지로 하는 경우는 훨씬 길어진다. 문자는 왔다, 갔다, 기다렸다 하다 보면 많은 시간을 보내게 된다. 확인 메시지인 '1'이 사라졌는데 안 오면 의심을 하기도 한다. 계속되는 메시지는 엄청난 시간과 에너지를 소모한다.

B는 '내 일 My Work'이라 부르고 시간 관리의 핵심에 해당한다. B는 자신의 비전과 관련된 일이다. 자신의 비전이 작가라면 글을 쓰는 일이고, 프로그래머라면 프로그램을 만드는 일이고, 영업사원이라면 계약을 따내는 일이고, 화가라면 그림을 그리는 일, 학생이라면 공부, 가수라면 노래를 부르는 일이 된다. 즉, B는 비전과 목표에 관련된 일이다. 만일 B가 무엇인지 모르겠다면, 아직 비전과 목표 설정이 제대로 되지 않았기 때문이다.

B는 인생 전체로 볼 때 가장 중요하다. 하지만, 현재 시점에서 볼 때는 B는 나머지 A, C, D보다는 급하지도 않고, 재미도 없고 중독성도 없다. B는 즉각적인 성과나 보상도 없다. B는 해도 티가 나지 않고, 하지 않아도 티가 나지 않는다. 그래서 B를 가장 쉽게 미루게 된다.

모든 사람에게 건강은 매우 중요하다. 건강을 유지하는 운동은 B에 해당한다. 하지만, B는 현재 시점에서 나머지 A, C, D에 비해 급하지 않고 재미도 없다.

A 내일이 시험이다. 운동은 밀린다.

C 친구와의 약속이다. 운동은 밀린다.

D 운동하러 나가려다가 나도 모르게 TV에 시선을 빼앗겼다. 운동은 밀린다.

많은 사람이 '운동은 내일부터!'라고 말하며 미룬다. 진짜 중요한 '내 일 My Work'인 운동을 '내일 Tomorrow'로 미루는 일은 계속 반복된다. 그래서 운동이나 다이어트는 항상 '내일부터!'라고 말하는 것이 되어버렸다. 미루는 것이 반복되면 운동을 할 수 없는 나이가 되거나, 건강은 악화하여 버린다. 그때 후회해봤자 시간은 다시 돌이킬 수는 없다. 운동하기로 마음먹었다면 아침에 하는 것이 가장 좋다. B를 하루 중 가장 먼저 해야하기 때문이다. 저녁에 운동한다면 친구들과의 약속, 회사의 회식, 중요한 회의 등 운동을 할 시간을 빼앗아 가게 될 것이다. 매일 아침에 운동할 수 있는 사람은 있지만, 매일 저녁 운동할 수 있는 사람이 거의 없는 이유도 이 때문이다.

비전을 이루고 싶다면 B를 하는 시간을 늘려야 한다. 그러기 위해서는 다른 시간에 방해받지 않는 아침 시간 또는 이른 시간을 이용하는 방법이다. '아침형 인간'이라는 이야기를 들어본 적이 있을 것이다. '아침형 인간'은 아침에 일찍 일어나는 것이 핵심이 아니라, 아침에 일찍 일어나서 자신을 성장시켜 줄 일을 가장 먼저 하는 것이 핵심이다. 아침에 B에 해당하는 일을 하는 사람은 시간을 지배하는 사람이자 비전을 향해가는 사람이다. 아침 또는 이른 시간을 지배하는 사람이 하루를 지배하는 사람이 된다. 아침에 아무리 빨리 일어나도 그 시간을 C와 D에 허투루 사용한다면 일찍 일어난 것은 말짱 도루묵이다. 아침에 일찍 일어나는 것이 어렵다거나, 아침 일찍 출근해야 해서 시간이 없는 사람은 C와 D에서 시간을 줄인다. 이렇게 줄인 시간을 확보해서 B에 투자하는 방법을 사용하면 된다.

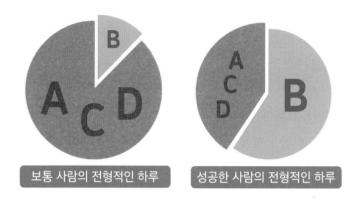

보통 사람의 전형적인 하루   성공한 사람의 전형적인 하루

네 가지 시간 중 어느 시간을 가장 많이 보내고 있는지 조사해보니, 보통 사람들은 A, C, D에 해당하는 일을 하느라 가장 중요한 B를 많이 하지 못하거나 하지 않았다. 그러나 꿈을 이루고 성공한 사람들은 B에 초점을 맞추어 더 많은 시간을 투자한다는 것을 알 수 있었다.

현대 경영학의 아버지라 불리는 피터 드러커 Peter Drucker는 "성공적인 사람은 눈앞의 문제 위주가 아니라 미래의 기회 위주로 생각한다."라고 말했다. '급한 불'인 A만 보는 사람보다는 멀리 보는 B에 시간을 많이 보낸 사람이 비전을 이룰 가능성이 크다. 비전과 관련된 B에 시간을 확보하는 것이 무엇보다도 중요하다.

누구나 하루 24시간은 똑같다. 탁월한 성과를 만드는 사람은 그저 남들보다 시간이 더 많은 것이 아니다. 그들은 어떤 일을 오랫동안 해서 그렇게 된 것은 아니다. 그들은 자신의 목표를 위해 중요하지만 급하지 않은 일을 했다. 멀리 보고 우선순위에 따라 행동했다.

오늘 하루 무엇을 먼저 할 것인가

앞서 원주민 이야기에서 원주민은 무엇을 더 먼저 해야 할지, 더 중요한지 모르고 있다. 나 또한 학창 시절에 원주민과 같은 행동을 했다.

내일이 시험인데 꼭 오늘 책상 정리 및 방 청소를 열심히 한다. 그리고 다음 날 시험을 치고는 이렇게 말한다. "시간이 없어서 시험공부를 제대로 못 했어!"라고 자기 합리화를 하면서 자신을 설득한다. 사실은 책상을 치우고 다른 행동을 하느라 시간이 없었던 것이었다. 나는 학창 시절에 공부를 잘하는 편은 아니었다. 공부를 미루고 컴퓨터 게임을 하고 노는 것을 먼저 한 뒤 공부를 했고, 형은 공부하고 놀았다. 나와 형은 반대로 일을 처리했다. 누가 더 공부를 잘했을까? 두말하면 잔소리다. 형이 훨씬 잘했다. 그래서 나는 항상 형의 비교 대상이었다. 공부 잘하는 학생은 공부한 다음에 논다. 공부 못하는 학생은 놀거나 다른 행동을 한 뒤에 공부한다. 다시 말해 공부를 잘하는 학생은 무엇이 중요한지 알고, 행동하는 '우선순위'를 알고 있다는 것이다.

한 유명한 시간 관리 전문 교수가 대학 강단에서 시간 관리에 대해서 강의를 했다. 교수는 테이블 밑에서 큰 항아리를 꺼내고는 거기에 주먹 크기의 큰 돌들을 집어넣었다. 항아리에 돌이 꽉 찼을 때 학생들에게 물었다.

교수: "이 항아리가 가득 찼습니까?"

학생들은 이구동성으로 대답했다.

학생: "예!"
교수: "정말입니까?"

교수는 되물으며 테이블 밑에서 작은 자갈들을 꺼내어 항아리에 집어 넣고 흔들었다. 작은 자갈들이 큰 돌들 사이로 가득 차자 그 전문가는 다시 물었다.

교수: "이 항아리가 다 찼습니까?"

눈이 동그라진 학생들은 대답했다.

학생: "글쎄요."
교수: "좋습니다."

교수는 다시 모래를 항아리에 붓고는 흔들었다. 자갈 사이로 가는 모래가 가득 차게 되자 그는 또 학생들에게 물었다.

교수: "이제 다 찼습니까?"

학생: "네!"

교수: "아닙니다. 아직 더 들어갈 수 있는 자리가 남았습니다."

교수는 준비한 물을 항아리 속의 빈틈이 가득 찰 때까지 붓고는 학생들에게 물었습니다.

교수: "이제 항아리 안은 가득 찼습니다. 그렇다면 이 실험이 의미하는 것이 무엇입니까?"

한 학생이 즉각 손을 들고 대답을 했다.

학생: "우리가 아무리 바빠 스케줄이 가득 찼더라도 정말 노력하면 그사이에 새로운 일을 추가할 수 있다는 것입니다."

교수: "물론 그럴 수 있겠네요. 일을 추가할 수 있기도 합니다. 하지만, 더 중요한 것이 있습니다."

교수는 계속 말을 이어나갔다.

교수: "이 실험의 요점은 만일 여러분이 큰 돌을 먼저 넣지 않는다면 절대로 큰 돌을 넣을 수 없다는 것입니다."

여기에서 제일 큰 돌은 자신에게 가장 소중한 것을 말한다. 그리고 큰 돌을 가장 먼저 집어넣어야 한다. 다시 말해 가장 중요한 일을 하루 중에서 가장 먼저 해야 한다.

100만 불짜리 시간 컨설팅

찰스 슈왑 Charles Schwab에 관한 이야기다. 슈왑은 강철왕 앤드류 카네기로부터 가장 신임을 받은 사람 중 한 사람이었다. 슈왑은 카네기로부터 세계 최초로 연봉 1백만 달러 이상을 받은 사람이다. 슈왑은 적자가 나던 베드레헴 철강회사를 인수한 뒤, 적자로 인한 회사 경영의 어려움에 대한 고민에 빠졌다. 슈왑은 경영 컨설턴트인 아이비 리 Ivy Lee에게 조언을 구했다.

> 슈왑: "현재 우리가 가지고 있는 시간으로 더 많은 일을 해서 성과를 올리는 방법을 가르쳐 주시오. 그러면 그에 상응한 보수를 얼마든지 지급하겠소."

리는 슈왑에게 백지 수표 한 장을 주면서, 다음과 같이 말했다.

> 아이비 리: "내일 할 일 중 가장 중요한 6가지 일을 적고 중요도에 따라서 순위를 매기십시오. 아침에 회사에 도착하면 1순위 업무를 시작하되, 그것을 마칠 때까지 그만두지 말고 계속해야 합니다. 다른 일은 생각도 하지 말고 쳐다보지 말고 오로지 1순위에만 전념하십시오.
> 그다음 우선순위를 적은 종이를 보고 2순위 업무를 시작하십시오. 마찬가지로 그것을 마칠 때까지 그만두지 말고 계속해야 합니다. 같은 방법으로 3순위, 4순위, 5순위, 6순위까지 업무를 합니다. 만약, 앞선 순위의 업무를 하다가 다음 순위의 업무들을 마치지

못했다면 다음 날로 넘기십시오. 이 과정을 90일 동안
매일 반복하십시오. 그 후에 내게 주고 싶은 만큼의
금액을 보내 주십시오."

90일이 지난 후, 슈왑은 리에게 이제껏 배웠던 어떤 것보다도 훌륭한
교훈을 얻었다는 편지와 함께 25,000달러를 보냈다. 그로부터 5년 뒤
슈왑의 베들레헴 철강회사는 세계에서 가장 큰 매출액을 올린다. 이를
계기로 찰스 슈왑은 1억 달러의 매출을 올릴 수 있었고, 세계에서 가장
영향력이 있는 '철강왕'이 되었다.

100만 불짜리 시간 컨설팅
1. 내일 하고자 하는 가장 중요한 일 6가지를 적는다.
2. 일의 중요도에 따라 번호를 매기고, 중요도가 높은 순서부터 순위를 정한다.
3. 먼저 중요도가 높은 1순위의 일만 한다. 1순위의 일을 완료한 뒤에 2순위의 일을 시작한다. 이를 반복한다.
4. 일과 후 5분 동안 다음 날 일의 목록을 만든다. 그날 끝내지 못한 일은 다음 날 일의 목록으로 넘긴다.
5. 1~4번까지의 사항을 90일 동안 지키고 결과를 체크한다.

누구나 '시간은 제한되어 있다.'라는 사실을 알고 있다. 하지만 대부분
사람은 시간이 무한할 것만 같은 착각에 빠진다. 그래서 시간을 물 쓰듯
이 그냥 흘려보내는 경우도 많다.

내게 가장 중요한 일을 찾아라.
그리고 중요한 순서대로 일을 완성시키자.
그렇게 하루하루가 꾸준히 모이면 비전은 현실로 찾아온다.

시간을
관리하라

한 사람의 인생은 시간으로 구성되어 있다. 시간은 꿈을 이루는 데 필수 자원이다. 하루를 시작할 때, 모두 똑같이 24시간을 부여받는다. 부자는 30시간을 받고 가난한 자는 20시간을 받는 경우는 없다. 같은 시간을 받았지만, 어떤 사람은 부자가 되고 어떤 사람은 더 가난해진다. 또 어떤 사람은 꿈에 다가가며 꿈을 이루고, 어떤 사람은 꿈에서 멀어진다. 시간을 잘 사용하는 사람은 주어진 시간에 행동을 차곡차곡 담는다.

시간을 낭비하는 사람들은 '매일 주어지는 게 시간인데 뭐!'라고 생각하며 시간을 소중하게 생각하지 않는다. '내일은 내일의 해가 떠오른다.' 라며 시간이 계속된다고 생각한다. 하지만, 내일의 시간과 지금의 시간은 다르다. 오늘 무엇인가를 하면 내일은 더 좋은 기회가 내일이라는 시간과 같이 찾아온다.

시간의 주인이 되기 위해서는 스스로 그 시간의 칼자루를 쥐어야 한다. 시간의 주인이 되기 위해서는 그 시간에 해야 할 일을 자신이 계획해야 한다. 계획한 시간이 되었을 때, 자신의 계획을 행동으로 했을 때가 바로 시간의 주인이 된다.

세 번째

사람은 자신의 삶을 통제하는 정도에 따라 스스로 행복감을 느끼게 된다. 이를 '통제의 법칙'이라 부른다. 자신이 시간에 대해 통제를 많이 하면 할수록 긍정적으로 느끼고, 반대로 시간의 통제받으면 받으면 받을 수록 부정적으로 느끼게 된다. 시간의 주인이 되는 것은 비전을 이룰 수도 있고, 행복을 느낄 수 있는 두 마리 토끼를 모두 잡을 수 있는 멋진 일이다.

소설가인 폴 부르제 Paul Bourget는 "생각하는 대로 살지 않으면, 사는 대로 생각하게 된다."라는 말을 했다. 내 시간을 내가 관리하지 않으면, 타인이나 외부요인에 의해서 내 시간이 관리된다.

의지력이 높은 시간을 활용하라

하루에 중요한 것을 먼저 해야 하는 또 한 가지 이유는 '의지력' 때문이다. '의지력'은 내적 갈등에 대한 반응을 버티는 힘을 말한다. 예를 들어 다이어트를 하는 여성이 점심을 먹으러 뷔페에 갔다. 그녀는 많이 먹기를 바라는 욕구와 그러면 안 된다는 희망 사이에서 고민한다. 이러한 내적인 갈등에 관여하는 것이 바로 의지력이다. 의지력이 높은 사람은 적절한 양을 먹을 것이고, 의지력이 낮은 사람은 과식하게 된다.

의지력은 늘 같은 힘을 발휘하지는 않는다. 의지력은 휴대전화 배터리처럼 충전되었을 때는 막대가 가득 차고, 사용하면 할수록 막대가 사라진다. 사람들의 의지력은 하루를 시작하는 아침에 가득 차 있다. 하루를 시작하면서 의지력은 자연스럽게 소모되기 시작한다. 학교나 직장에서 스트레스를 통해 의지력은 조금씩 줄어들고, 저녁이 될수록 바닥에 가까워진다. 심지어 스트레스를 너무 많이 받으면 의지력은 빨간색으로 바뀌기도 한다. 이처럼 의지력의 양은 정해져 있고, 행동을 통해 소모된다. 물론 의지력은 휴식을 통해 충전도 가능하다.

미네소타 대학교의 캐슬린 보스 교수는 의지력에 대해 다음과 같이 말했다.

> "의지력은 자동차에 채워둔 기름과 같다. 구미가 당기는 것에 저항할 때마다 일부를 사용하게 되어있다. 더 세게 저항할수록 기름통은 점점 비게 되고, 결국 기름이 완전히 떨어진다."

의지력을 통해 문제를 해결하고, 갈등에서 극복하면 의지력은 낮아진다. 그래서 밤이 될수록 유혹에 쉽게 넘어간다. 직장이나 학교에서 힘든 하루를 보내고 오면 밤늦은 야식의 유혹을 뿌리치기 힘들고, 등록해 놓은 헬스장을 빠지게 된다.

중요한 일을 먼저 처리해야 하는 것은 이 같은 의지력의 속성 때문이다. 중요한 일을 미루게 되면 의지력이 바닥난 상태에서는 다른 유혹에 빠지기에 십상이다. 그래서 의지력이 가장 높을 때 가장 중요한 일을 먼저 해야 한다. 새벽이나 아침에 운동하는 사람들은 매일 할 수 있지만, 저녁에 운동하는 사람들은 자꾸 빠뜨리는 것을 쉽게 볼 수 있다. 될 수 있으면 의지력이 높은 이른 시간을 이용해 우선순위에 따라 가장 중요한 일하는 것이 좋다.

마감 기한을 정하라

새해가 되면 많은 사람은 자신만의 목표를 세운다. 그리고 대다수는 목표를 작심삼일하고, 목표는 기억에서 사라지고 없다.

한 회사의 임직원 200명을 대상으로 작심삼일의 원인에 대해 설문조사를 했다. 조사 결과, 응답자의 43%가 '내일부터 하면 되겠지!' 하고 실천을 뒤로 미루는 것이라고 대답해 '미룸 신의 유혹'이 작심삼일의 원인 1위로 꼽혔다.

『실행이 답이다』 중에서;
이민규 지음/더난출판사

비전을 행동할 때 가장 많이 방해하는 '신'은 '미룸 신'이다. 미룸 신은 비전에 가장 강력한 적이다. "오늘 할 일을 내일로 미루지 마라."라는 말은 알고 있지만 미룸 신은 매일 매일 우리에게 강림한다.

학창 시절, 방학 숙제는 개학 며칠 전에 하고 시험공부도 시험 전날 벼락치기로 공부한다. 대학생이 되어도 마찬가지다. 과제 리포트도 미리 하지 않고 제출 전날 인터넷에서 긁어다 붙이고 친구들이 한 것을 짜깁기해서 아슬아슬하게 제출한다.

회사원이 되어도 미룸 신은 계속 따라다닌다. 프레젠테이션을 준비하는 직장인들도 전날이 되어야 겨우 준비를 완료하고, 연습해 볼 시간도 없이 실전이 곧 연습이 되어버린다. 은행에도 매월 말일에는 청구서나 보험 등을 내기 위한 대기 인원으로 북새통을 이룬다.

마감 기한이 있으면, 그 시간에 맞춰서 끝내려고 한다. 마감 기한을 영어로 '데드라인 Deadline'이라고 한다. 즉, 직역하면 그 시간의 선을 넘으면 죽는다는 '사선 死線'을 의미한다. 신문이나 책의 원고, 뉴스 등 다양한 곳에서 마감 기한이 많이 사용된다. 마감 기한을 넘으면 불이익이 생기기 때문에 사람들은 그 시간 안에 자기 일을 해야 한다. 뉴스나 잡지의 원고 같은 경우 마감 기한이 넘으면 효용이 없어지게 된다. 청구서나 고지서의 경우 마감 기한을 넘기면 연체금이라는 조금 더 첨부되는 금액을 내야 한다. 이처럼 마감 기한을 넘기게 되면 불이익이 생기기 때문에 그 시간 전에 끝내려고 사람들은 집중한다. 그에 대한 해결책을 찾으려고 모든 에너지를 쏟는다.

마감 기한에 대한 재미있는 실험이 있다. 심리학자 아모스 트버스키 Amos Tversky와 엘다 샤퍼 Eldar Shafir는 대학생들을 대상으로 실험을 진행했다. 대학생들이 설문지를 작성해오면 대가로 5달러를 준다고 했다. A 집단에는 5일이라는 기한 내에 오면 돈을 주겠다고 했고, B 집단에는 기한을 정해주지 않았다. 시간이 지난 뒤 실험 결과는 A 집단은 66% 학생들이 돈을 받으러 왔고, B 집단은 불과 25%가 돈을 받으러 왔다.

홈쇼핑에서도 더 많은 상품을 팔기 마감 기한을 정해 판매를 하고 있다. "원래 100만 원 하던 상품을 지금부터 딱 10분 동안만 100명에게만 파격가 79만 9천 원에 드리겠습니다."라고 마케팅을 한다. 화면 구석에 시간이 카운트다운 된다. 그것을 본 홈쇼핑 시청자는 시간에 초조함을 느끼고 전화기를 들고야 만다. 그뿐만 아니라 많은 상점에서는

세 번째 ●▬▬

"오늘 단 하루만, 50% 세일"이라며 지나가는 사람들의 눈길을 돌리게 한다. 시간이 제약되면 희소가치가 높아져 사람들의 지갑을 열게 하는 방법으로 마케팅에서도 마감 기한이 사용된다.

트럼프 사의 전 CEO 요시코시 고이치로는 경영 위기에 몰린 회사의 사장으로 부임하였다. 고이치로는 경영 위기의 회사를 일본 2위의 패션 업체로 재도약시켰다. 특이한 것은 야근을 늘리거나 직원을 늘려서가 아니라는 점이다. 고이치로는 오후 6시 20분이 되면 사무실의 전기를 모두 꺼버렸다. 시간이 되면 모든 회사 사람들을 퇴근하게 했다. 사람들 은 퇴근 전에 모든 일을 끝내기 위해 더 집중했고 일의 효율은 늘었다. 이러한 이유로 회사는 일본 2위의 패션업체로 재도약할 수 있었다. 고이치로는 이를 '야근 제로' 시스템이라 불렀다. 마감 기한의 특징을 잘 활용하여 직원들의 일에 대한 속도와 집중도를 높였다.

요시코시 고이치로의 책 『야근 제로 업무 기술』 황소연 역/프런티어에서는 "마감의 효과는 당신이 상상한 것보다 훨씬 강력하다. 문제를 분해 하는 즉시 빡빡한 마감 기한을 정해서 당장 죽기 살기로 매달려야 한다. 바로 이것이 '마감 발상'이다."라고 마감 기한의 효과에 대해 말했다.

사람들은 발등에 불이 떨어질 만큼 초조한 시간이 되어야 그것에 대한 강력한 동기를 유발하게 시킨다. 이것을 '데드라인 효과 Deadline Effect' 라고 한다. 광고음악을 작곡하는 스티브 카르멘 Steve Karmen은 "사람을 가장 고무시키는 것은 마감 기한이다."라고 말했다.

사람들은 시간이 있을 때 일을 시작하지 않는다. 사람들은 끝나는 시간에 맞춰 일을 시작하고 허겁지겁 겨우 일을 한다. 일이 끝난 다음에는 '시간이 조금만 더 있었으면 더 잘했을 텐데!'라고 말하며 후회를 한다. 이렇듯 대부분 사람은 마감 기한에 쫓겨 다닌다. 마감 기한에 쫓겨 다니는 이유는 다른 사람이 만든 마감 기한을 사용하기 때문이다. 마감 기한을 몰고 다니기 위해서는 내가 만든 마감 기한을 사용하면 된다.

청소할 때 평소 느긋하게 1시간 걸렸다면 30분 안에 청소를 끝내기로 한다. 시계를 이용하여 시간을 측정한다. 30분 안에 하는 방법을 고안해야 한다. 30분 안에 해야 한다면, TV나 다른 방해되는 일들은 눈앞에서 보이지 않게 된다. 청소 하나를 하더라도 전략이 생겨난다.

마감 기한을 느슨하게 잡아서는 안 된다. 일이 끝나는 예상 시간보다 조금 더 앞당겨 잡아야 집중하고 노력하게 된다. 그리고 다시 세부 일정표를 세운 뒤, 새로운 세부 일정표를 보고 다시 실행에 들어간다.

마감 기한이 없는 목표는 '총알 없는 총'이고 '연료 없는 자동차'일 뿐이다. 무엇인가 해야 하는 일이 있다면, 그 마감 기한을 누가 잡고 있는가? 다른 사람이 만들어 놓은 마감 기한을 자신만의 마감 기한으로 앞당기면 내가 주인이 될 것이다.

마감 기한에 쫓겨 다닐 것인가?
내가 마감 기한을 잡고 다닐 것인가?

자투리 시간을 쌓으면 꿈이 된다

1985년, 당시 소련 과학아카데미의 연구원으로 일하던 알렉세이 파지노프 Alexey Pajitnov는 연구를 하고 남는 자투리 시간에 퍼즐을 즐겼다. 어느 날 쉬는 시간, 파지노프는 로마에 기원을 둔 퍼즐을 즐겼다. 이 퍼즐 게임의 12개 블록이 많다고 생각하여 4개로 줄여야겠다고 생각하게 되었다. 파지노프는 열흘간 자투리 시간을 활용해 4개의 블록으로 하는 재미있는 게임을 만들었다. 게임의 이름으로 '4'를 뜻하는 그리스어 '테트라'에서 따서 '테트리스'라고 지었다. 테트리스는 2년이 되지 않아 전 세계인의 게임으로 사랑받게 되었다. 인터넷이 활성화되지 않았던 당시에 전 세계에 알려졌다는 것은 대단한 일이다. 그는 과학 연구를 하며 남는 시간을 흘려버리지 않고 자투리 시간을 활용해서 테트리스를 만들었다.

'자투리'란 일정 길이를 재단하고 남은 천의 조각을 말하며, 흔히 어떤 것인가를 하고 '남는 무엇인가'를 대표할 때 쓰는 말이다. 누군가에게는 버려지는 천이다. 하지만, 누군가는 새로운 옷에 덧대어 더 멋진 옷으로 만들기도 하고, 같은 자투리 천을 모아 새로운 천을 만들기도 한다. 이렇게 자투리 천은 활용하는 사람에 따라 쓰임새가 달라진다. 가장 흔히 자투리를 사용하는 방법은 중 하나는 버려지는 용지를 이면지로 사용하는 방법이다. 한 면에 프린트되고 난 종이를 버리는 것이 아니라 빈 뒷면을 사용하여 연습장 또는 메모지로 활용할 수 있다.

하루 24시간도 크게 사용하는 시간을 제외하면 자투리 시간이 많이 있다.

이러한 자투리 시간을 잘 활용하면 비전으로 가는 시간으로 재탄생할 수 있다. 언젠가 「인간의 조건」이라는 TV 프로그램을 보았다. 「인간의 조건」은 연예인들에게 임무를 함께 수행하도록 하는 숙박형 프로그램이었다. 출연자 중 개그맨 허경환의 행동을 유심히 보게 되었다. 허경환은 키는 작지만, 탄탄한 복근과 멋진 몸을 유지하는 몸짱 개그맨이다. 다른 출연자들은 자투리 시간에 편히 쉬지만, 허경환은 일상생활의 도구를 활용하여 운동하고 있었다. 거실에서 다른 사람들과 이야기할 때도 물건을 이용해 계속 움직이고 있었으며, 의자에 앉지 않고 팔로 자신의 몸을 지탱하면서 운동을 하고 있었다. 허경환의 몸이 좋은 이유는 자투리 시간에도 운동을 쉬지 않는 모습을 보며 알 수 있었다.

허경환은 자신만의 다이어트 비법을 소개하는 책으로 『허경환의 맛있는 다이어트』박수희, 박지호 감수/영진미디어를 출간하였다. 책에서는 자신이 자투리 시간을 활용해서 쉽게 따라 할 수 있는 여러 가지 운동 방법을 소개하고 있다. 주위에 있는 의자, 물병 등을 사용하여 운동하는 방법을 책에 담았다. 허경환이 멋진 몸매를 유지할 수 있었던 것도 이러한 자투리 시간을 활용했기 때문이다.

학창 시절에 배운 'Time is gold - 시간은 금이다.'라는 문장을 잘 알고 있을 것이다. 하지만, 시간은 금이 아니라 시간은 때우는 것으로 착각하고 살아가는 사람들이 많이 있다. 현대는 시간을 보내기 좋은 것들이 많이 있다. TV, 스마트 폰, 컴퓨터 게임, 웹 서핑 등 다양한 유혹들이 우리의 시간을 앗아간다. 이렇게 낭비되는 자투리 시간을 어떻게 알 수 있을까? 비슷한 예로 돈을 벌지만, 돈이 모이지 않는다고 투덜

대는 사람이 많다. 이런 사람들의 십중팔구는 자신의 소비를 적는 '가계부'를 적지 않는다. 돈이 새고 있는 것이 보이지 않으니 계속해서 그곳을 통해 돈이 새어 나감에도 불구하고 그 행동을 반복하며 돈이 모이지 않는다고 투덜거린다. 경제학자들은 이구동성으로 가계부를 쓰는 것이 부자가 되는 지름길이라고 말한다.

시간을 기록하라

소비를 관리하는 '가계부'와 같은 방법으로 '시계부'를 쓰면 새는 시간을 알 수 있다. 시계부를 통해 하루 24시간 중 자신이 어떤 일에 얼마만큼의 시간을 쏟고 있는지를 눈에 보이는 글로 적는 것이다.

내가 기록한 시계부의 일부이다.

시간	행동	시간	행동
7시 ~ 9시	기상, 식사, 출근 준비	~ 5시	강의 준비
~ 9시 30분	출근	~ 6시 30분	강의장 이동
~ 10시 30분	웹 서핑 및 SNS	~ 7시	강의 대기
~ 12시	책 읽기, 글쓰기	~ 9시	강의
~ 1시	식사	~ 9시 30분	강의 정리
~ 2시	웹 서핑 및 SNS	~ 11시	집으로 이동시간
~ 3시 30분	책 읽기, 글쓰기	~ 11시 30분	취침 준비
~ 4시 30분	스마트 폰 게임, 웹 서핑	~ 1시	인터넷 서핑 및 TV

아침 기상부터 취침까지 시간을 구체적으로 기록했다. 시계부를 썼더니 필요하지 않은 곳에 쓰는 시간이 있다는 것을 알았다. 출근하면 가장 중요한 일을 먼저 하는 것이 아니라 웹 서핑 및 SNS를 둘러보는 일로 평소에는 한번 시작하면 멈추기 힘들어 1시간 내외의 시간을 소비하고 있었다. 마찬가지로 컴퓨터 게임에도 쓸모없는 시간을 소비하고 있었다. 또한, 하루를 마감하는 시간인 오후 11시 20분부터 약 1시간 30분 동안 TV를 보는 데 시간을 쓰고 있었다. 이 시간을 어떻게 줄이며 쓸모 있게 사용할 수 있을지 고민했다.

첫 번째로 웹 서핑과 SNS는 내 업무 중 쉬는 시간에 10분 이상 하지 않기로 스스로 약속했다. 네이버 Naver와 다음 Daum같은 포털 사이트는 뉴스와 광고가 많아 검색하다가 다른 정보로 넘어가서 시간을 보내고 있어 인터넷을 이용할 때는 주위에 현혹되는 광고 및 정보가 없는 구글과 같은 검색엔진을 이용하기로 했다.

두 번째로 컴퓨터와 스마트 폰에서 게임을 모두 삭제했다. 나는 초등학교 3학년 때부터 고등학교 2학년 때까지 컴퓨터 게임에 빠져 있었다. 하루에 5시간은 기본이고, 방학 때는 10시간 이상 컴퓨터 게임을 했던 게임 중독자였다. 게임은 나에게 아무런 도움이 되지 않는다는 것을 깨달은 것이다. 프로게이머가 아니라면 게임은 자신의 비전에 아무런 도움이 되지 않는다. 만일 그래도 게임을 하고 싶다면 시간을 정해서 주어진 시간만 게임하는 것을 추천한다.

세 번째는 TV를 방에서 치워버렸다. 당시 집에는 할머니와 나 둘이

사는데, 안방과 내 방 그리고 거실 이렇게 3대의 TV가 있어 사람보다 TV가 많았다. 내가 집에 들어와서 가장 먼저 하는 일은 방의 TV를 켜는 일이였고, 심지어 컴퓨터 게임을 하면서도 TV를 보고 있었다. TV를 켜 놓다 보니 TV에 빠져 잠자는 시간은 늘어 졌다. 이렇게 늦게 잠을 잤기 때문에 아침에 늦게 일어나는 것은 당연지사였다. 방에서 TV를 치우니 처음에는 허전하고 TV가 그리워 거실에서 보기도 했고, 컴퓨터로 TV를 보기도 했다. TV를 보는 시간은 점차 줄었고 자는 시간도 빨라졌다. 이 시간을 통해 책을 보기도 하고, 운동을 하기도 했다. TV를 치우니 취침 시간도 빨라졌으며, 아침에도 일찍 일어나기 시작했다.

내가 기록한 시계부를 바탕으로 자투리 시간을 찾기 시작했다. 우선 출근 시간과 퇴근 시간에 무엇인가를 더 하는 방법을 찾아보았다. 게다가 차를 타고 강의 장소에 왕복하는 시간까지 합하면 자투리 시간이 평균 하루에 4시간이나 된다. 직접 운전을 해야 하므로 책을 읽을 수는 없었다. 대신 책을 읽어주거나 강의하는 콘텐츠를 구매해서 하루의 평균 4시간을 차에서 노래나 라디오 대신 유익한 강의를 듣고 다닌다.

그렇다고 TV를 전혀 안 볼 수도 없는 노릇이다. 강의하거나 사람들과 이야기하기 위해서는 TV 프로그램에 대해서도 알고 있어야 한다. 헬스장에서 1시간 정도 러닝머신을 이용할 때는 보고 싶은 TV 프로그램을 미리 태블릿 PC에 다운로드하여 이를 보며 운동한다. 운동하는 시간도 빨리 지나가고 TV를 볼 때 광고 등의 지겨운 부분은 뛰어넘을 수 있어 불필요한 시간 낭비도 막을 수 있는 일거양득의 효과를 얻을 수 있었다.

사람마다 남는 자투리 시간은 다를 수 있지만, 하루 중 가장 많은 시간이 소모되는 일은 출·퇴근이다. 출·퇴근 시간에 지하철이나 버스에는 모두 스마트 폰으로 게임, 문자, TV 등을 보는 활동이 잘못된 것은 아니지만, 꿈을 이루고 성공하고 싶다면 이 시간을 좀 더 활용할 수 있어야 한다. 자신의 비전에 관련된 책을 읽는 것을 추천한다. 버스를 타고 책을 읽기 힘들다면, 인터넷에서 책을 대신 읽어주는 등의 관련 영상을 듣는 것도 좋은 방법이다.

약속을 잡을 때 서점에서 만나는 것도 자투리 시간을 모으는 방법이다. 약속에 늦는 사람이 있을 때 책에 대한 정보를 수집하면 마냥 기다리는 시간이 아닌 효율적인 시간으로 활용할 수 있다. 또 다른 자투리 시간이 생기면 책을 가지고 다니며 책을 읽는 것을 추천한다. 책이 없다면 스마트 폰으로 e-book을 사용해 읽으면 된다. 영어를 잘하고 싶다면 스마트 폰에서 영어 영상을 보고 들을 수 있다. 이렇듯 자투리 시간을 활용할 방법을 계속 찾을 수 있다.

부자가 되고 싶다면 돈에 대한 가계부를 작성하고, 꿈을 이루고 싶다면 시간에 대한 시계부를 작성하라. 시계부를 작성하면 새는 시간이 조금씩 보일 것이고, 자투리 시간도 찾을 수 있다. 자투리 시간이 생기면 무엇을 넣을 것인지 미리 목록을 만들어 두고, 실제 자투리 시간이 발생하면 목록에 있는 일을 넣는다. 시간을 더 만들어 낼 수는 없지만, 자투리 시간을 활용함으로써 시간을 효율적으로 사용할 수는 있다.

돼지 저금통을 사용해 잔돈을 모아본 기억이 있을 것이다. 잔돈을 매일 매일 모으다 보면 큰 금액이 된다. 마찬가지로 하루에 자투리 시간 1시간을 모으면 1년에 365시간이 되고, 15일에 해당하는 시간이 된다.

남는 자투리 시간은 버리면 아무것도 아니지만,
그 시간을 찾아 행동하면 황금의 시간이 된다.

최적의
장소를 찾아라

얼마 전, 강의가 끝나니 오후 5시 경이었다. 이 시간은 무엇을 하기에는
모호한 시간이었다. 사무실로 가자니 퇴근길에 길이 막혀 도로에서
시간을 다 낭비할 것 같았다. 집은 상대적으로 가까워 좋지만, 집에
가면 글이 잘 안 써질 것 같아 고민했다. '도로에서 시간을 낭비
하는 것보다 시간이 좀 더 많이 생기니 집에 가서 글을 써야겠다.'는
생각을 하고 집으로 향했다. 집에 가서 씻고 밥을 먹으면서 TV를
켰다. 나도 모르게 TV에 빠졌다. '한 프로그램만 보고 글 써야지!'
하고 보던 TV 프로그램을 다 봤다. 다시 글 써야지 하며 컴퓨터를
켰다. 컴퓨터가 부팅되자마자 워드프로세서를 켜지 않고 인터넷을
열어버렸다. 연애 뉴스, 스포츠 소식, 블로그, 카페 등 인터넷 삼매경
에 빠져버렸다. 다시, '글 좀 써 볼까!'하니 시간은 벌써 12시가
되어버렸다. 글을 쓰기 시작하는데 졸음이 왔다. 결국, 그날 저녁은
글 쓰는 일이 아닌 다른 일로 시간을 허비했다.

나만의 최적의 장소

누구나 한 번쯤은 이런 일을 경험했을 것이다. 학창 시절에 '집에 가서 공부해야지!'하고는 집에서 TV나 다른 것에 마음을 빼앗긴다. 자신의 방에서 공부하다 보면 침대가 보인다. 피곤해서 누워서 책을 보며 '잠깐만 보고 일어나야지!'라고 생각하지만, 누우면 잠에 빠지고 만다. 이처럼 장소에 따라 마음가짐은 달라지고, 마음가짐이 달라지면 행동도 달라진다.

꾸준히 비전을 향해 행동할 수 있는 최적의 장소로 이동해야 한다. 공부를 잘하려면 학교나 도서관에 가는 것이 좋다. 운동하려면 헬스장이나 다른 사람들도 함께 운동하고 있는 공원이나 산책로에서 가면 더 잘된다. 운동하기 싫은 마음이 생겨도 헬스장에 들어가는 순간 운동해야겠다는 생각으로 바뀐다. 주변 장소에 있는 운동기구를 보면 괜스레 한 번 해야겠다는 생각이 든다. 그리고 주변에 함께 하는 사람들이 있으면 덩달아 운동해야겠다는 생각이 들기 마련이다.

목표와 비전을 정말 이루고 싶다면 자신만의 최적의 장소를 만들어야 한다. 최적의 장소는 내가 그것을 할 때 집중이 잘되고, 주변의 방해가 없는 곳이어야 한다.

정신과 의사이자 베스트셀러『굿바이 게으름』^{문요한 지음/더난출판사}의 작가인 문요한 작가를 만난 적이 있었다. 문요한 작가는 자신의 책을 쓰기 위해 자기 집이 아닌 집 앞에 작은 방을 하나 구해서 책을 쓸 수 있는 최적의 공간을 만들었다고 했다. 식사할 때는 집으로 가서 먹고, 책을 쓸 때는 환경의 방해와 사람의 방해를 받지 않기 위해 작은 작업실에서 글을 썼다. 글을 쓰기 위한 최적의 장소를 만들어 글을 쓰고 책을 출간했고, 베스트셀러가 되었다.

삼고초려로 찾은 최적의 장소

내 첫 번째 책인 『파워포인트 2007』을 쓸 때의 일이다. 당시에 나는 사용할 수 있는 별도의 사무실 공간이 없었다. 책을 쓰기 위한 최적의 공간을 찾기 위해 여러 번의 이동을 해야 했다.

첫 번째 장소는 내 방이었다. 방에 책상을 정리하고 종이에 목표를 써 벽면에 목표를 붙였다. 방에 있던 TV도 치우고 대청소도 했다. 그렇게 글을 쓰기 시작했다. 시간이 흘러 집중이 되었을 때쯤 할머니가 문을 열고 내게 심부름을 시켰다. 심부름 다녀오니 다시 집중하는 데 시간이 걸렸다. 다시 집중하고 있을 찰나에 할머니는 점심을 먹으라며 또 나를 불렀다.그렇게 밥을 먹고 나니 졸음이 쏟아져 낮잠을 자고 나면 글이 더 잘 쓰일듯해서 낮잠을 청했다. '30분만 자고 일어나야겠다.'라는 생각으로 잠을 청했다. 아뿔싸, 1시간 30분 동안 낮잠을 자 버렸다. 내 방이라는 편안함 때문이었다. 다시 저녁을 먹고 집중을 하려고 했으나 밖에서 나는 TV 소리에 2시간 동안 바보상자에 정신을 빼앗겨버렸다. TV가 바보상자인지 내가 바보인지 구분하기 어려웠지만, 그렇게 글을 몇 페이지 못 쓰고 하루는 저물어버렸다. 이렇게 며칠을 보내고 나니 집에서 글을 쓰는 것은 힘들다고 생각했다.

세 번째

두 번째 장소는 집에서 가까운 대학교 도서관을 선택했다. 마침 학생들의 여름방학이라 도서관은 한가했다. 도서관은 글을 쓰는 데 집중도 잘되고, 안성맞춤이었다. 글에 집중해 실타래처럼 글이 나오고 있었다. 그때 모자 쓴 사람이 내게 말을 건넸다.

경비원: "이 학교 학생이세요?"

나: "아니요. 전 이 주변에 사는 주민입니다."

경비원: "이 도서관은 우리 학교 학생을 제외한 사람은 사용할 수 없습니다."

나: "학생들 방학이라 학생들도 없고, 빈자리가 이렇게 많은데 공부를 하면 안 되겠습니까?"

경비원: "죄송합니다. 학교 규정이라 안 됩니다."

그렇게 자리가 남아도는 텅텅 비어 있는 도서관에서 쫓겨났다. 두 번째 장소마저 글을 쓰는 장소가 아니었다. 지금 생각해보면 참 우스운 일이다. 몇 년 후, 나는 우연한 기회로 이 학교의 외래교수가 되었다. 도서관에서 쫓겨난 학교에 교수가 되는 반전이 일어났다.

세 번째 장소를 생각했다. 내가 졸업한 대학교 도서관은 2시간을 이동해야만 했다. 주변에 있는 시립, 구립 도서관은 자리를 차지하기 위한 취업준비생과 고등학생들의 치열한 자리싸움이 있었다. 결국, 집에서 두 번째로 가까운 대학교 도서관으로 당시에 학교에 다니고 있던 친구의 학생증을 빌려 다녔다. 도서관은 조용할 뿐만 아니라 많은 학생이 공부하니 분위기가 만들어져서 더욱 열심히 글을 쓸 수 있었다.

도서관에서 낮잠을 자도 집보다는 자세가 불편해 20분 내외로 짧게 잤다. 그렇게 친구가 다니는 학교도서관에서 글을 썼다. 삼고초려 끝에 나만의 장소를 만들었다. 세 번째 장소에서 첫 책의 80%를 썼고, 책을 출간할 수 있었다.

어느 날, 멘토님이 내게 하나의 제안을 하셨다.

> 멘토: "이번에 내가 사무실을 얻을 예정인데, 거기에는 사무실 3개를 쓸 수 있어. 그중 하나를 같이 쓰지 않겠어?"
>
> 나: "임대료도 나가야 하고 전 아직 사무실을 가질 필요가 없는 것 같습니다."
>
> 멘토: "그래? 프리랜서가 성장을 잘 못 하는 이유 중 가장 큰 이유가 뭔지 알고 있는가?"
>
> 나: "(한참 동안 생각을 해도 떠오르지 않았다.) 잘 모르겠습니다."
>
> 멘토: "프리랜서는 시간이 많아서 우선 집에서 잘 나오지 않게 되지. 그러면 게을러지고 성과도 나지 않게 되지. 만약 집에서 나온다면 갈 데가 없다는 것이지. 가도 영업이나 친목도모를 위해 다른 사람들 사무실에 가지. 그러면 거기서 놀다가 보면 시간을 대부분 보내. 이렇듯 시간을 효율적으로 사용하지 못하기 때문에 성장이 느리게 된다네. 아침에 출근할 수 있는 내 사무실이 생긴다면 지금의 성장 속도보다 더 빨리 성장할 수 있을 것이야."
>
> 나: "네, 알겠습니다. 멘토님 말씀을 듣고 지금까지 올 수 있었습니다. 앞으로 같이 지내겠습니다."

나는 멘토님의 제안을 받아들이면서 멘토님의 옆 사무실을 쓰기 시작하며, 아침에 정해진 시간에 출근하기 시작했다. 사무실에 책장을 두고 필요한 책을 빠르게 찾아볼 수 있는 나만의 환경을 만들 수 있어 더 많은 책을 읽고 쓸 수 있었다. 그리고 바로 옆에 멘토님과 함께 지냈기 때문에 강의와 책을 쓰는 도움도 매일매일 받을 수 있었다. 이렇게 얻은 공간 덕분에 10권의 책을 더 쓸 수 있었다.

최적의 장소를 가지기 위해서는 투자를 해야 한다. 만일 장소에 대한 금전적인 사정이 여의찮으면, 지금 사용하는 공간을 깨끗하게 하고 방해물을 치워야 한다. 가장 간단한 방법은 자신의 책상을 깨끗이 치우는 것이다. 쓸데없는 것들은 눈에 보이지 않게 하고 불필요한 것들은 버린다. 집중에 가장 방해가 되는 스마트 폰은 꺼두거나 무음으로 해둔다. 스마트 폰의 소리나 진동으로 인해 한 곳에 집중하는 흐름이 깨진다. 이렇게 흐름을 놓치게 되면 다시 마음을 다잡고 시작할 때 많은 시간과 노력이 든다.

집에서 운동해야겠다는 마음을 먹었을 때는 운동기구를 방구석이 아닌 눈에 잘 띄는 곳에 두어야 한다. 방구석에 있는 자전거는 빨래건조대가 되기에 십상이다. 자전거를 TV 앞쪽에 두면, 자전거가 눈에 아른거리니 탈 수밖에 없다. 자신의 비전에 관한 것은 눈에 띄는 장소에 두고 비전을 가로막는 장애물은 눈에 보이지 않는 곳이나 치워 방해하지 않게 하는 것도 좋은 실천 방법이다.

너무 편안한 곳보다는 조금의 긴장을 통해 집중할 수 있는 곳이 좋다. 커피 한 잔을 시켜놓고 마음 편하게 집중할 수 있는 카페도 좋은 장소가 될 수 있다. 집중하는 것을 방해하는 사람이 없으면 좋다. 헬스장이나 도서관처럼 자신이 하려는 일과 같은 일을 많이 하는 사람이 있는 곳은 분위기도 좋다. 같은 일을 하는 사람이 많으면 하고 싶은 의욕도 높아지고, 시너지 효과도 얻을 수 있다.

비전을 이루기를 원한다면, 자신만의 최적의 장소를 만들어야 한다. 장소라는 환경을 바꾸면 행동이 바뀌고 인생이 바뀐다.

　비전을 이룰 수 있는 최적의 장소로 가자.

#자기_신념 #믿음 #자아_이미지 #상응의_법칙
#에퍼메이션 #단_하나 #점적천석 #공개선언효과
#배수진 #FlyWithEgles #긍정 #인정 #감사
#부메랑의_원칙 #경청 #멘토 #계속하는_힘

네 번째

비전을 이루어라

내가 나를 믿지 않으면
아무도 나를 믿지 않는다

멘사 Mensa 협회장이었던 빅터 세리브리아코 Victor Seribriakoff가 열다섯 살 되던 해, 학교에서 IQ 테스트를 했다. 빅터는 말더듬증이 있고 성적도 좋지 않았는데 IQ가 73으로 나왔다. 선생님은 빅터를 바보 취급하며 빅터에게 "공부와 인연이 없는 것 같으니 학교를 그만두고 장사를 배워야 한다."라고 말했다. 결국, 빅터는 학교를 그만두고 허드렛일을 하며 진짜 바보처럼 살아간다. 그는 17년 동안 여러 직장을 다니며 '바보 빅터'라는 소리를 들었다.

어느 날 그는 군 입대를 위해 IQ 테스트를 했는데, IQ 173으로 천재라는 결과가 나온다. 그때부터 빅터는 '바보'처럼이 아니라 '천재'처럼 행동하며, 책을 쓰고, 특허권을 등록하는 등 자신의 능력을 마음껏 펼친다. 그는 성공적인 기업가로 활동했고, 멘사 Mensa 협회장으로 당선되었다. '바보 빅터'에서 '천재 빅터'로 변신한 계기는 엄청난 교육도, 엄청난 행운도 아니었다. 그저 자기 신념 때문이었다. 신념은 빅터를 새로운 사람으로 바꾸었다.

네 번째 ■━━

스스로 바보라고 믿으면 바보가 되고, 스스로 천재라고 믿으면 천재가 된다. 마찬가지로 누구나 꿈을 이룰 수 있다. 꿈을 이룰 수 없다고 믿으면 영원히 꿈을 이룰 수 없고, 꿈을 이룰 수 있다고 믿으면 당연히 꿈을 이룰 수 있다.

내 믿음이 나를 결정한다

스스로가 자신을 바라보는 관점을 '자아 이미지 Self-image'라고 한다. 내가 나를 어떻게 바라보느냐에 달린 자아 이미지는 비전 달성을 위한 출발점이며 중요한 단계이다.

비전을 이루기 위해서 극복해야 할 장애물은 '자기 제약적 믿음 Self-Limiting Belief'이다. '자기 제약적 믿음'은 자아 이미지를 낮다고 믿어 자신의 능력을 제대로 발휘하지 못하도록 스스로 제약하는 것을 뜻한다. 부정적인 자아 이미지는 새로운 시도를 하지 못하도록 두려움을 가지게 한다. 진실이 아닌 것을 진실로 믿어버리고 그렇게 여기게 된다.

어떤 사람은 학교 성적이 낮아 스스로 머리가 좋지 않다고 생각한다. 그래서 좋은 기회가 왔을 때 시도조차도 하지 않는다. 비만인은 "나는 물만 먹어도 살쪄!"라며 자신의 이미지를 살찌는 체질로 고정해버린다. 그래서 다이어트를 시도하다가도 다시 뚱뚱해질 것이라는 제약적 믿음에 빠져 다이어트에 실패하게 되는 경우가 많다.

어린 시절 부정적인 경험을 많이 하고 비판을 많이 들으면 자아 이미지는 낮아진다. 반대로 칭찬이나 격려를 많이 듣고 긍정적 경험을 많이 하면 자아 이미지는 높아진다.

온대지방에 사는 호박벌은 약 2.5cm 정도 크기의 몸이 노란색 털로 덮인 배불뚝이 벌이다. 호박벌은 꿀을 모으기 위해 아침부터 저녁까지 하루에 200km 이상, 1주일에 약 1,600km를 쉬지 않고 날아다니는 세상에서 가장 부지런한 벌이다. 호박벌은 사실상 날 수 없는 구조를 갖고 태어났다고 한다. 과학자들은 호박벌이 날개는 작고 가벼운 데 비해 몸은 너무 크고 뚱뚱해서 몸을 띄우기란 이론상으로 불가능하다고 말한다. 호박벌이 공중에 떠 있는 것 자체가 기적이라는 것이다.

호박벌은 어떻게 그 엄청난 거리를 날아다닐 수 있는 걸까? 호박벌은 자신이 날 수 없다는 과학적 구조를 전혀 모른다. 호박벌은 오로지 꿀을 모으는 데만 관심이 있다. 자신의 목적을 달성하기 위해 결국 날 수 있게 된 것이다. 즉, 호박벌은 자신이 날 수 있다는 자아 이미지 때문에 태연하게 날아다니는 것이다.

자신이 부정적인 자아 이미지를 가진 것 같아 걱정인가? 걱정할 필요 없다. 자아 이미지는 선천적인 것이 아니고 후천적으로 스스로 만들어 가는 것이다. 자아 이미지는 대체로 주관적이기에 자신의 믿음에 따라서 변화할 수 있다.

헨리 포드 Henry Ford는 "자신이 할 수 있다고 믿는 것도, 할 수 없다고 믿는 것도 다 맞다."라고 말했다. 중요한 것은 내가 무엇을 믿느냐이다. 만일 자신에게 한계가 있다고 믿으면 한계가 있는 것이 진실이 된다. 반대로 자신에게 한계가 없다고 생각하면 그 능력이 발휘되어 진실이 된다. '자아 이미지'는 계속해서 변한다. 주위로부터 긍정적인 칭찬과 격려를 계속해서 받으면 긍정적인 자아 이미지로의 개선이 가능하다. 스스로의 믿음이 가장 중요하다. 자신은 할 수 있으며 무한한 잠재력이 있다고 믿어야 한다.

당신은 사업가

『정상에서 만납시다』 지그 지글러 저/이은정 역/산수야 등의 베스트셀러 작가이자 성공 철학자인 지그 지글러 Zig Ziglar는 뉴욕의 어느 지하도 입구에서 한 거지가 연필을 1달러에 팔고 있는 것을 보았다. 몇몇 사람은 거지에게 돈을 주고 연필도 받지 않고 그냥 가버렸다. 지글러도 1달러를 주고는 그냥 지나쳐갔다. 한참을 지나가다 그는 다시 거지에게 돌아갔다.

"내가 준 1달러의 대가로 연필을 주시오."

거지가 주는 연필을 받으며 지글러가 말했다.

"당신은 거지가 아닙니다. 이제 당신도 나와 같은 사업가요.
연필을 팔아 이익을 얻는 사업가 말이오."

거지는 순간 머리를 얻어맞은 느낌이었다.

"그래, 나는 거지가 아니라 사업가이다. 길거리에서 물건을 팔아
돈을 버는 사업가!"

거지는 계속 '나는 사업가다.'라는 말을 되뇌었다. 거지는 훗날 큰 사업가
가 되었고, 지글러 박사를 찾아가 이렇게 말했다.

"'당신도 사업가다.'라는 박사님의 말씀 덕분에 내 인생이
바뀌었습니다."

미국의 철학자이자 시인인 랠프 에머슨 Ralph Emerson은 이렇게 단언했다.

"성공의 첫 번째 비결은 자기 신뢰 Self-trust이다."

영화배우 찰리 채플린 Charles Chaplin도 다음과 같이 말했다.

"나 자신을 믿어야 한다. 나는 고아원에 있을 때도, 음식을 구걸
하러 거리에 나섰을 때도 '나는 세상에서 가장 위대한 배우다.'
라고 믿었다."

스스로 할 수 있다고 믿고, 자신의 비전을 믿어야 한다.

"내가 나를 믿지 않으면, 아무도 나를 믿지 않는다."

긍정적으로 자신을 믿어라

비전으로 나아가는 과정에서 큰 장애물 중 하나가 부정적인 생각들이다. 부정적인 생각들은 자신의 잠재력을 억누르고 앞으로 나아가지 못하게 한다. 부정적인 생각을 많이 할수록 자신을 무기력하고 스스로 한계가 있는 사람이라고 여기게 된다. 부정적인 생각은 비전의 걸림돌이 된다.

옆에 멋진 검정 최고급 자동차가 있다고 가정해 보자. 자동차 외부는 최고급으로 도장 되어 있고, 내부는 최고의 내장재로 구성되어 있다. 이 자동차는 모든 것이 완벽하다. 하지만, 아무리 가속 페달을 밟아도 차는 엔진 소리만 날 뿐 앞으로 나아가지 않는다. 그 이유는 고장난 브레이크가 잠겨 있기 때문이다. 완벽한 이 자동차는 무용지물이다. 브레이크 고장에 해당하는 것이 바로 부정적 생각이다. 부정적 생각은 아무리 멀쩡한 사람도 움직이지 않게 한다.

반면, 긍정적인 생각은 원하는 행동을 하게 만들고, 비전을 꿈꾸고 실천하게 만드는 원동력이다. 비전을 실행하다 보면 실패를 만나게 마련이다. 긍정적인 사람들은 실패를 그저 성공으로 나아가기 위한 과정으로 간주하며, 실패를 통해 무언가를 배우고 같은 실수를 반복하지 않기 위해서 노력한다.

제2차 세계대전의 영웅이자 영국의 총리였던 윈스턴 처칠 Winston Churchill은 "비관론자는 수많은 기회 중에서도 어려움을 찾고, 긍정적인 이는 수많은 어려움 중에서 기회를 찾는다."라는 말을 남겼다.

세상에 영향을 미치는 이들은 대부분 긍정적인 사람이었다. 부정적인 생각을 가지면 능력이 낮아지고, 긍정적인 생각을 가지면 능력은 배가 되어 높아지게 마련이다.

생각은 현실로 이어진다

파블로 피카소 Pablo Picasso와 빈센트 반 고흐 Vincent van Gogh는 비슷한 시대, 비슷한 재능을 가진 화가였다. 하지만 두 사람의 인생은 반대 방향으로 펼쳐졌다.

피카소와 고흐의 자화상
https://www.reproduction-gallery.com/oil-painting/1045617068/self-portrait-1907-by-pablo-picasso/
https://www.vangoghmuseum.nl/ja/collection/s0022V1962

피카소는 30대 초반에 이미 백만장자 반열에 올라섰다. 피카소의 성공은 나이가 들수록 더욱 빨라졌고 부유함뿐만 아니라 화가로서의 명성도 세계적으로 인정받았다.

반면에 고흐는 평생 돈과 인연이 없었다. 고흐에게 가난은 그림자와도 같았다. 20대부터 죽을 때까지 빈민 생활을 면하지 못했다. 살아생전 화가로서의 명성도 거의 없었다. 누구 하나 고흐의 그림을 제대로 인정해주지 않았고, 철저히 외면받았다. 고흐는 세상을 떠나기 전 자신의 귀를 자르는 부정적인 행동을 했고, 결국 스스로 목숨을 거두었다. 무명으로 살다가 무명으로 세상을 떠난 것이다.

알고 보면, 피카소에게도 10년이 넘는 오랜 무명 시절이 있었다. 당시 피카소의 그림은 사람들에게 인정받지 못해 팔리지 않았다. 반 고흐처럼 피카소 역시 도시의 슬럼가에 살았다. 피카소는 부정적인 환경에도 불구하고 자신의 그림이 인정받아 세계적인 화가가 되는 날을 꿈꾸었다. 피카소는 입만 열면 이렇게 말하곤 했다.

"나는 그림으로 억만장자가 될 것이다."
"나는 미술사에 한 획을 긋는 화가가 될 것이다."
"나는 부자로 살다가 부자로 죽을 것이다."

반면 반 고흐는 세상에 대해 부정적 생각을 하고 있었으며, 자신의 모습도 부정적으로 느꼈다. 가난과 고통받으며 살다가 비참하게 죽는 그림을 그리기 일쑤였다. 반 고흐 역시 자신에 관한 예언적인 말을 하곤 했다.

"나는 이렇게 평생 비참하게 살다가 죽을 것 같다."

"나는 돈과 인연이 없어."

"불행은 나를 절대로 떠날 것 같지 않아."

고흐의 부정적인 말들은 동생 테오에게 보낸 편지에서도 종종 발견되었다.

이력서를 480군데나 넣은 작가 지망생이 있었다. 국문학과를 졸업했지만, 만화가가 되고 싶었다. 취업을 위해 잡지 판매대에서 잡지사 전화번호와 이메일을 모두 메모했고 480군데 회사에 이력서를 보냈다. 그중 답장이 온 곳은 3곳에 불과했다. 우여곡절 끝에 겨우 잡지사에 들어가긴 했지만, 자신이 원하는 일이 아니었다. 고민 끝에 결국 사표를 내고 그만두었다. 보통의 사람들은 '이 길이 내 길이 아닌가?', '내 실력이 많이 부족한가?', '이러다가 밥도 못먹고 살겠다.' 등 심각한 고민에 빠져 자신의 꿈을 접는다.

하지만, 그는 포기하지 않았다. 자신을 기꺼이 받아줄 회사도 없거니와 그곳에서는 자신이 원하는 일을 할 수 없다는 것을 깨닫고, 직접 온라인 출판사를 차리기로 하여 2002년 6월 홈페이지를 오픈했다. 얼마 후 그는 만화를 그려 출판사 홈페이지에 올렸다. 만화는 인터넷에서 사람들의 스크랩을 통해 알려지기 시작했다. 당시에 만화는 대부분 종이책으로 출간했지만, 그는 인터넷을 통해 작품을 발표했다. 이러한 사고의 전환이 '웹 Web'과 '카툰 Cartoon'의 합성어인 '웹툰 Webtoon'이라는 용어를 탄생시켰다.

그가 바로 『일쌍다반사』, 『순정만화』, 『바보』, 『그대를 사랑합니다』, 『얼음 땡』 등의 웹툰 작가 강풀이다. 강풀은 수많은 회사의 무반응에도 회사를 그만두었을 때도 자신의 능력과 비전을 굳게 믿고 있었다.

안에 있는 것은 밖으로 나타난다

'안에 있는 것은 밖으로 나타난다.'라는 '상응의 법칙'이 있다. 즉, 세상의 모든 것은 안에서 밖을 향해 표출된다는 법칙이다.

내면에 부정적 생각이 가득한 사람은 웃음이 없고 무뚝뚝한 경우가 많다. 이런 부류는 타인을 향해 공격적이고 부정적인 단어를 많이 사용한다. 반대로, 내면에 긍정적인 믿음이 들어 있는 사람은 웃음이 많고, 에너지가 높은 경우가 많다. 이들은 긍정적 단어와 칭찬을 많이 사용하며 늘 격려의 말을 아끼지 않는다.

자신의 환경을 바꾸고 싶거나 행동을 바꾸고 싶다면 먼저 생각을 바꾸면 된다. 내면의 부인 생각이 바뀌면 행동이 바뀌고, 외면의 결과가 바뀐다. 자신의 외면을 누군가에게 보여주기 위해 억지로 꾸미는 것은 얼마간은 가능할지라도 지속하기 힘들다. 외면을 지속해서 바꾸는 좋은 방법은 내면을 바꾸는 것이다.

"부유하든, 가난하든, 행복하든, 불행하든, 뚱뚱하든, 말랐든, 성공했든, 실패했든, 이 모든 것은 바로 우리의 믿음이 만들었다."라는 말이 있다. 내면의 믿음을 바꾸면 그 영역에서는 즉시 변화가 나타난다.

'난 안 돼!', '나는 왜 이럴까?'와 같은 부정적인 언어를 '난 할 수 있어!', '나에게는 좋은 일이 생긴다.'라는 긍정적인 언어로 바꾸어보자. 비판적인 말들을 긍정적인 말들로 바꾸어보자. 이렇게 자신에게 긍정적 자기 확신을 심어주는 행동을 '에퍼메이션 Affirmation'이라고 한다. 에퍼메이션을 반복할수록 내 안의 잠재력을 불러일으킬 뿐만 아니라 내면의 자아 이미지에 긍정적 영향을 미친다.

에퍼메이션 중 내가 가장 추천하는 말은 "나는 내가 좋다."이다. 이 말을 아침에 일곱 번 반복하면 긍정적 자존감 및 자아 이미지에 큰 영향을 준다. 아침마다 일곱 번, "나는 내가 좋다."라고 큰소리로 반복하며 스스로를 믿는 마음과 할 수 있다는 자신감을 불어넣자.

프랑스 소설가 베르나르 베르베르의 소설 『뇌 L'Ultime Secret』 이세욱 역, 열린책들의 한 대목이다.

> "'된다, 된다.'는 믿음과 자신감을 가지고 덤벼야 합니다. 그래도 일이 될까 말까 한데, 스스로 '난 안 돼, 난 안 돼.'하면 해보나 마나입니다. 그래서 끊임없는 긍정적 자기 암시가 필요합니다. 더 좋은 것은 칭찬입니다. 사람은 컴퓨터와 달리, 타인의 칭찬과 자기 암시를 먹고 자랍니다."

스스로가 자신의 미래를 믿지 않으면 이룰 수 없다. 꿈을 이루기 위한 어떤 일을 할 수 있으며 자신은 그렇게 될 것이라고 믿어야 한다. 자신의 믿음에 따라 인생의 운명을 달라질 수 있다. 비전과 성공은 자기에 대한 긍정적이고 확고한 믿음이 있는 사람에게 찾아온다.

생각의 전환이 내 인생을 바꾸었다

내가 다섯 살 때 부모님이 이혼했다. 충격으로 아버지는 술만 드셨고, 그런 상황을 보다 못한 할머니와 할아버지가 형과 나를 거두셨다. 어린 시절 머릿속에 가장 큰 충격은 '엄마 없는 아이'라는 것이었다. 유치원 때 제일 부러웠던 아이는 과자 먹는 아이도 아니요, 좋은 장난감을 가진 아이도 아니었다. "엄마"를 부르며 우는 아이가 제일 부러웠다. 나는 "엄마"를 부르며 울면 엄마가 더 보고 싶어서 그냥 "엉엉"하며 흐느꼈다. 학교 다닐 때 제일 싫었던 말은 "엄마 모시고 와!"였다. 그러면서 스스로 움츠러들기 시작하고 자존감도 떨어졌다.

중학교 때부터 얼굴에 나기 시작한 여드름이 고등학교 1학년 때 절정에 달했다. 당시 내 얼굴은 마치 활화산처럼 여기저기서 여드름이 끓어 올랐고, 친구들은 내 얼굴을 보며 별명을 짓기 시작했다. 일단, 두꺼비, 악어 등의 파충류부터 귤껍질 등 심지어 삼엽충이라는 별명까지 얻었다. 삼엽충이라는 별명을 지은 친구는 내 얼굴을 화석으로 찍으면 딱 삼엽충이라고 말했다. 그 때문에 "엽충이"라는 별명으로 아이들에게 놀림을 받고는 했다. 그 후로도 여드름 자국과 못생긴 얼굴은 수많은 별명을 만들어 냈다. 주변 사람들의 놀림에 내 마음과 태도는 움츠러들었다. 어떤 일을 하더라도 쭈뼛쭈뼛 망설여지게 되었고 사람들의 눈치를 살피는 것이 버릇되었다. 게다가, 이성에게도 모두 퇴짜를 맞았다. 그게 다 못생긴 얼굴과 작은 키 때문이라고 생각되었다. 부정적인 생각으로 움츠러든 나는 또 퇴짜를 맞을까 싶어 좋아하는 사람이 생겨도 마음을 고백하지 못하게 되었다. '난 왜 이렇게 못생겼지. 난 왜 이렇게 재수가 없지'라는 부정적 생각은 쌓여만 갔다.

그러던 중 우연히 무대에 올라갈 일이 생겼다. 반에서 한 명은 장기자랑을 나가야 했다. 친구 녀석이 나를 떠밀어 장기자랑을 나가게 되었다. 대중 앞에 선다는 것도 무섭고 떨렸지만, 장기자랑이 끝난 후의 친구들의 놀림도 걱정되었다. 당시, 나는 노래도 못하고, 춤도 잘 추지 못했다. 그나마 잘하는 것이라고는 랩밖에 없었다. 그냥 빠르게 말하면 된다고 생각하고 일주일 동안 랩을 준비해서 무대에 올랐다. 조명 때문에 관객이 보이지 않았고, 심장 소리가 귀에 울렸으며, 손발은 사시나무 떨리듯 했다. '에라 모르겠다!'라는 심정으로 노래에 몸을 맡겼다. 노래 중간에 "세이 호오 Say ho"라고 관객의 호응을 유도했는데, 관객들이 아주 큰 소리로 "호오"라며 반응해주었다. 그렇게 무대를 마치고 내려오자 친구들은 나를 보며 즐거워하고 재미있어했다. 무대에서는 못생긴 얼굴이 일종의 무기가 되고, 사람들을 즐겁게 할 수 있는 도구가 된다는 것을 알게 되었다. 그 후 친구들은 나를 "영남고 래퍼"라는 별명으로 불러주었다. 내 인생에서 처음으로 긍정적인 별명으로 불린 것이다.

"나도 잘할 수 있는 것이 있구나. 나도 좋은 별명을 가졌어. 사람들에게 즐거움을 주고 싶다."라는 생각을 했다. 그때부터 부정적인 생각들이 긍정적인 생각으로 바뀌기 시작했다. 쉬는 시간이면 귀에 이어폰을 꽂고 매번 랩을 연습했다. 대학교 MT 장기자랑에서는 1등을 했다. 내 인생에서 처음 해보는 1등이었다. 점점 무대를 좋아하게 되었고, 사람들의 박수와 함성이 좋아 계속해서 무대에 오르게 되어 지금은 강의 무대와 행사 무대를 오르는 강사 및 이벤트 MC가 되었다.

나는 무대에 오르기 전, 항상 나 자신에게 말한다.

"무대에서는 내가 최고다. 오늘도 관객들은 즐거워한다.
오늘 분위기는 최고다."

예전에 나는 스스로가 싫었다. 상황도 싫었고, 생긴 것도 싫었고, 놀림도 싫었다. 스스로를 싫어할수록 부정적인 상황의 연속이었다. 그러던 중에 '나도 할 수 있구나!'라는 생각의 전환이 나를 바꾸었다. 이제 나는 최고의 재능을 가진 강사이며, 멋진 글을 쓸 수 있는 작가임을 스스로 믿는다. 그렇게 스스로를 믿고, 긍정적인 미래를 믿었다. 꿈이었던 전국구 강사가 되었고, 책을 출간하는 작가가 되었다. 그 시작은 스스로에 대한 믿음이었다. 지금도 나는 '최고의 작가', '긍정을 전달하는 작가'라는 생각을 가지고 글을 쓰고 있다.

다음은 어느 인디언 우화이다.

추장: 애야, 사람의 마음속에는 두 마리의 늑대가 살고 있단다.

손자: 어떤 두 마리 늑대요?

추장: 한 마리는 거짓, 부정, 부패, 불행, 주저함, 걱정의 '부정'
 이라는 늑대고 다른 한 마리는 정직, 정의, 행복, 칭찬, 열정의
 '긍정'이라는 늑대란다.

손자: 두 마리가 싸우면 누가 이기나요?

추장: 당연히 네가 먹이를 많이 주는 늑대란다.

당신은 어느 쪽의 늑대에게 먹이를 주겠는가?

간절히 원하는 '단 하나'

비전을 이룬 사람의 특징 중 하나는 자신의 '단 하나'를 정해서 그것을 계속하는 것이다. 힘든 일이 있고, 시련과 역경이 있을 때도 그 뜻을 꺾이지 않고 자신만의 '단 하나'를 했다는 것이다.

라이트 형제의 단 하나는 '비행'이었고, 오프라 윈프리의 단 하나는 '토크 쇼'였고, 스티브 잡스의 단 하나는 '더 편리한 기계'였다. 허준의 단 하나는 '생명'이었고, 장보고의 단 하나는 '해상무역'이었다. 김연아의 단 하나는 '피겨스케이팅'이었고, 유재석의 단 하나는 '웃음'이었다. 이들은 자신의 '단 하나'에 대부분 시간과 에너지를 쏟아부었다. 그래서 그들은 자신이 선택한 '단 하나'에 관해서는 최고의 경지에 도달할 수 있었다.

자신의 꿈이 많다면 '더하기'가 아닌 '빼기'를 선택해야 한다. 자신이 진정으로 원하는 비전을 찾기 위해 많은 꿈 중 하나씩 줄여서 절실한 '단 하나'에 꾸준히 집중해야 한다.

옛이야기 중 별똥별에 관한 이야기가 있다. 별똥별이 떨어지는 찰나의 순간에 소원을 빌면 이루어진다는 말이 있다. 별똥별이 떨어지며 빛을 발하는 시간은 1/수십 초에서 수 초 사이이다. 다시 말해 별똥별이 떨어지는 시간은 눈 깜짝할 사이다. 그 순간에 신이 한 가지 소원을 들어준다고 상상해보자. 물건이나 돈이 아닌 원하는 일을 이루어 준다면 어떤 일을 이루어달라고 하겠는가? 단, 여기에는 조건이 있다. 별똥별이 떨어지기 전에 소원을 빌어야 한다. 언제 어디서 별똥별이 떨어질지 모른다. 그 순간 소원을 말하기 위해서는 지금부터라도 미리 자신의 '단 하나'를 머릿속에 가지고 있어야 한다. 매일 '단 하나'에 대해 생각하고 설계하는 사람에게는 조금씩 현실로 나타나기 시작한다.

박지성의 '단 하나'

영국 프리미어리그 EPL의 선수였으며, 대한민국 최고의 축구선수인 박지성 선수도 '단 하나'의 일만을 생각했다. 박지성 선수의 인터뷰 중에 한 기자가 이런 질문을 했다.

> 기자: "어린 시절 만약 축구로 성공하지 못했다면 어떤 일을 하고 있었을까요?"
> 박지성: "아주 평범하게 살았을 것입니다. 아마 통닭집을 차렸을 것 같습니다."

기자는 뜬금없는 대답에 의아해했다. 박지성 선수의 어린 시절, 이웃에 있는 통닭집이 오후 서너 시에 문을 여는 것을 보고 축구선수를 할 수 없게 되면 통닭집을 하겠다고 했다. 통닭집 사장이 되면 오전에는 축구를 하고 오후에는 통닭집을 운영할 수 있기 때문이다. 박지성 선수는 통닭집 사장이 되어서도 축구를 하겠다는 간절함이 있었다. 그에게 '단 하나'은 바로 축구였으며, 그는 자신에게서 축구가 없는 삶은 생각하지 않았다. 박지성 선수에게 축구는 '단 하나'이자 자신의 '모든 것'이었다.

오승환의 '단 하나'

야구선수인 오승환 선수는 고등학교 시절, 빠른 공을 던지는 투수로 이름이나 메이저리그 스카우트의 관심을 얻었다. 하지만, 팔꿈치 인대를 다쳐 그의 투수 생활은 막을 내리는 듯했다. 부상 이후 그는 타자로 전환했고, 팀에서 1번 타자와 외야수로 활동했었다. 당시 오승환은 타자로서 활약은 드러나지 않았다. 부상이 있고 좋은 성적을 내지 못한 그에게 프로야구에서는 관심을 보이지 않았다.

오승환 선수는 야구를 계속하기 위해 프로가 아닌 단국대학교에 입학했다. 대학 야구팀의 감독이 투수로 다시 전향할 것을 권유하여 그는 다시 투수로 포지션을 변경했다. 하지만, 대학교 1학년 때 그는 다시 팔꿈치 부상을 입었다. 재활은 쉽게 되지 않아 대학교 2학년 때까지 야구공조차 만지지 못한 채 하루 10시간씩 힘든 재활치료를 해야 했다. 하지만, 포기하지 않고 불굴의 의지로 마운드에 서겠다는 일념으로 버텼다. 오승환 선수가 3학년이 되었을 때, 겨우 2이닝 정도 공을 던질 수 있게 되었다. 2이닝만 던질 수밖에 없었지만, 포기하지 않고 '2이닝만 던질 수 있다면, 최고의 마무리 투수가 되어야겠다.'라는 다짐을 했다. 재활훈련을 계속한 결과 공의 속도를 올릴 수 있었고, 좋은 성적도 거둘 수 있었다.

2005년 프로야구 신인 드래프트에서 오승환 선수는 5번째의 지명권을 지닌 삼성 라이온즈의 지명을 받았다. 라이온즈팀의 입장에서 두 번의 수술 경력이 있는 투수를 지명한다는 것은 무리수였다. 입단하던 해에 오승환은 투수로 중간계투의 역할을 맡았다. 시즌 중 마무리 투수가 부상으로 빠지자 자신이 하고 싶었던 마무리 투수로 투입될 수 있었다. 데뷔 첫해 61경기에 출장해서 10승 1패 11홀드 16세이브 평균 자책점 1.18을 기록했다. 오승환 선수는 신인으로는 아주 좋은 기록을 세웠고, 그해 신인상을 받았다. 게다가 그해 한국시리즈에서 오승환 선수는 3경기에 등판하여 1승 1세이브와 탈삼진 11개를 기록했고, 방어율은 제로였다. 방어율이 '0'이라는 것은 상대에게 단 1점도 내주지 않았다는 뜻이다. 이로 인해 오승환은 한국시리즈 MVP를 수상하며 신인상과 한국시리즈 MVP를 동시 석권하는 최초의 인물이 되었다. 2006년부터 2008년까지 오승환은 구원투수로써 세이브 부문 1위를 차지하며 명실상부 대한민국 최고의 마무리 투수가 되었다.

하지만, 2009년 오승환은 어깨부상으로 가장 부진한 성적을 기록했다. 다음 해도 어깨부상의 악몽에서 벗어나지 못했다. 대학 시절 극복한 부상을 생각하며 다시 재활에 매진하기 시작했다. 2011년 시즌에 '삼성의 끝판왕'으로 오승환은 돌아왔다. 최고의 무패 구원왕이라는 기록을 세우며 부활했다. 그 후 오승환 선수는 우리나라 프로야구의 최대 세이브 기록을 갈아치웠다. 그해 한국시리즈에서 최대 세이브인 3세이브를 기록하며 두 번째 한국시리즈 MVP를 수상했다. 그는 2011년, 2012년 연속으로 구원왕을 차지했다. 2014년, 오승환 선수는 일본으로 경기장을 옮겨 한신 타이거즈에 입단하여 한일 개인 통산 300세이브를 돌파했다. 한신 타이거즈 팬들은 처음에 오승환 선수를 탐탁해 하지 않았지만, 그의 투구를 보고 팬들은 '한신의 수호신'이라는 별명을 붙여주었다. 일본에서 첫 시즌 그의 성적은 39세이브를 올리며 일본 야구에서도 구원왕이 되었다.

오승환 선수는 부상으로 인해 2이닝만을 던져야 했기에 마무리 투수는 선택할 수 있는 마지막 '단 하나'였다. 그는 마지막 '단 하나'에 총력을 다 했고 명실상부 대한민국 최고의 구원투수가 되었다. 한 인터뷰에서 기자의 물음에 자신을 단 한마디로 말했다.

"오승환 선수는 사람들에게 어떤 선수로 기억되고 싶으세요?"
"'세이브'라는 단어가 떠오르는 선수가 되고 싶어요."

헨리 포드의 '단 하나'

자동차의 왕으로 불리는 헨리 포드 Henry Ford도 '단 하나'의 목표를 위해 집중했다. 많은 사람이 자동차를 만든 사람을 헨리 포드로 착각하고 있다. 자동차가 처음 발명된 것은 1769년이었고, 그 당시 자동차의 엔진은 증기 기관을 사용한 엔진이었다. 1885년 석유를 엔진의 연료로 사용한 내연기관 자동차를 처음 만든 사람은 독일의 카를 벤츠 Karl Benz였고, 지금의 메르세데스벤츠 자동차의 시초가 되었다. 그로부터 18년이 지난 1903년 헨리 포드는 포드자동차를 설립하였다.

포드는 자동차회사를 만들고 자신의 목표를 명확하게 한 문장으로 정의를 내렸다. "미국 모든 가정에서 누구나 자동차를 몰고 다니게 한다."라는 것이었다. 1908년 포드가 'T형' 자동차를 생산하면서 내세운 광고에서도 알 수 있다.

> "우리는 대중을 위한 자동차를 만들겠습니다. 가족 또는 개인이 운전이든 정비든 손쉽게 할 수 있는 자동차입니다. 현대 기술을 총동원하여 가장 단순하면서도 최고의 성능과 재질을 가진 차를 만들겠습니다. 그 가격은 어지간한 봉급생활자라면 누구나 살 수 있을 만큼 쌉니다."

경쟁업체 관계자들은 "포드가 망하려고 작정했군!"이라며 불가능한 목표를 세웠다고 비웃었다. 당시 자동차란 사치품에 해당했고, 소수의 부유층만이 가질 수 있는 특권의 물건이었기 때문이었다. 주변의 비웃음에도 포드의 목표는 '단 하나', '대중을 위한 자동차'였다. 헨리 포드는 자동차의 옵션이 전혀 없이 색깔부터 성능까지 오직 하나의 모델로 경쟁하기로 했다. 동업자로 함께 포드 자동차회사를 창립했던 알렉스 맬컴슨도 불가능할 것이라고 생각하고 포드와 자주 의견 충돌했다. 결국, 잦은 의견 충돌에 동업자 맬컴슨은 주식을 팔고 회사를 떠났다.

주변의 반대 의견에도 불구하고 헨리 포드는 '자동차의 대중화'를 간절히 원했으며 계속 시도했다. 1908년 만든 'T형' 자동차는 자동차 역사상 최초로 연간 1만 대 판매를 돌파했다. 포드가 생각했던 "대중을 위한 자동차"는 맞아떨어졌다. 기세를 몰아 1911년에는 3만 대, 1913년에는 10만 대를 넘어섰다. 얼마 후, 유럽과 오스트레일리아에서도 'T형' 자동차가 판매되면서 당시 지구에 있는 자동차 100대 중 68대가 포드의 T형이 차지하게 되었다.

헨리캡셔니 헨리포드와 T형 자동차
http://www.costinciora.com/what-can-we-learn-from-henry-ford-about-productivity/

포드는 항상 "5%가 아니라 95%를 위한 물건을 만들어야 한다."라며 자신이 가장 간절하게 원하는 '단 하나'의 목표인 자동차의 대중화에 끊임없이 도전했다. 오직 T형만을 생산하였으며 자동차 생산에 컨베이어 벨트까지 도입했다. 포드의 목표로 인해 인류는 '마이 카 My Car' 시대로 접어들 수 있었다.

성공한 사람의 '단 하나'

사람들은 살면서 다양하고 많은 꿈을 꾼다. 매년 목표도 달라지고, 꿈도 달라진다. 초등학교 때는 대통령이 되고 싶었다가 경찰로 다시 소방관, 선생님 등 계속해서 꿈이 변하기도 한다. 많은 꿈을 꾸는 이 시기를 '다몽기 多夢期'라고 한다. 다몽기에는 다른 사람에게 피해를 주지 않는 꿈이라면 어떤 꿈을 꾸더라도 상관없다. 하지만 너무 지나치게 많은 꿈을 꾸면 스스로 혼란이 올 수 있다. 다양한 꿈을 꾸는 것은 좋지만, 꿈을 꾸기에만 멈춰서는 안 된다.

다몽기의 여러 가지 꿈 중 줄여 나가면서 꿈을 좁혀야 한다. 그리고 자신이 원하는 '단 하나'의 꿈을 선택해야 한다. 이 시기를 '선몽기 選夢期'라고 한다. 꿈꾼 많은 것을 포기하고, '단 하나'를 선택해야 한다. 선몽기에 해야 할 것은 '선택'이다. 선택할 때는 자신이 평생을 바쳐도 아깝지 않은 꿈을 선택해야 한다. 자신이 진정으로 원하는 '단 하나'의 비전을 찾기만 해도 큰 행운이다. 꿈을 선택할 때는 앞서 알아본 강점을 바탕으로 선택하는 것이 좋다.

선몽기를 지나면 선택한 꿈을 계속해서 단련해 나가야 한다. 이 시기를 '연마기 鍊磨期'라고 한다. 순수한 철은 강도가 그리 높지 않다. 하지만, 뜨거운 철을 계속해서 두드리고 차가운 물에 급속히 온도 낮추기를 반복하면 철은 높은 강도로 변한다. 꿈도 철과 마찬가지로 연마해야 단단해진다. 이 시기에는 자신의 꿈을 '담금질'하며 실력을 쌓아 꿈을 단단하게 만든다.

높은 내공이 되도록 비전이 연마되면, 이 연마된 비전으로 자신을 펼칠 수 있는 '용비기 龍飛期'가 된다. 이 시기는 이무기가 용이 되어 하늘로 오르는 기상을 얻는다. 이 시기는 자신의 능력을 다른 사람이 알아주기 시작하며 본격적으로 꿈을 세상에 펼치는 시기가 된다.

다음 단계는 '풍류기 風流期'로 비전을 이룬 사람은 평안한 마음으로 노년을 보낼 수 있다. 내 꿈이 다른 사람들에게 희망이 되기도 한다. 자신만을 위하지 않고 다른 사람들에게 꿈을 나눌 수 있다.

비전의 5단계를 알아보았다. 우리는 자신이 선택한 꿈이 이뤄질 때까지 연마해야 한다. "점적천석 點滴穿石"이라는 사자성어가 있다. 한 방울씩 떨어지는 낙숫물이 바위를 뚫는다는 뜻을 담고 있다. 처마 끝에서 떨어지는 낙숫물은 퍼지지 않고 계속 한자리에 떨어진다. 처음에 굳건하던 바위는 몇 년 동안은 변화가 없다. 계속해서 한자리에 낙숫물이 떨어지면, 결국 단단한 바위도 움푹 파인다. 중요한 것은 여러 곳에 분산하지 않고 같은 한 자리에 계속 물방울을 떨어뜨려야 한다는 점이다.

한자리에 계속 떨어지는 낙숫물이 바위를 뚫듯이 자신이 원하는 '단 하나'의 비전에 계속 땀방울을 떨어뜨려야 한다.

네 번째

내 비전을
공개하라

캐시어스 클레이 Cassius Clay는 어린 시절에 자전거를 훔치다 경찰에 붙잡혔다. 좋은 체격과 2m나 되는 긴 팔 길이를 알아본 경찰관이 나쁜 일이 아닌 권투를 해보기를 권유해 크레이는 권투선수가 되었다. 아마추어에서 108승 8패를 기록한 크레이는 프로로 전향해 1960년 세계 헤비급 챔피언이 되었다. 1962년 11월, 라이트 헤비급 챔피언 아치 무어와 대결, 클레이는 경기 전 대기실 칠판에 "무어를 4회에 KO 시킨다."라고 쓴 뒤 링 위에 올라갔다. 클레이는 예언대로 4회 KO 승을 거둔다. 그 뒤 KO 라운드를 예고하는 '떠벌이 클레이'의 전설이 시작되었다. 1964년 2월 25일 소니 리스턴과 대결에 앞서 "나비처럼 날아서 벌처럼 쏘겠다."는 호언장담하며 TV에서 공개선언을 했다. 클레이는 결국 7회에 TKO 승을 했다. 경기 뒤에도 그는 계속 외쳤다.

"나는 위대하다. 나는 왕이다. 세상의 왕이다."

결국, 클레이는 나이 22세에 권투계의 왕이 되었고, 그후 자신의 이름을 무하마드 알리 Muhammad Ali로 개명했다. 알리는 은퇴하기 전까지 통산전적 61전 56승 5패의 대기록을 남겼다.

챔피언 알리도 마주치고 싶지 않은 상대와 싸워야 할 때가 있었다. 자서전에서 이를 극복하는 비법은 다음과 같이 말했다.

> "그럴 때 나는 상대를 반드시 때려눕히겠다고 공개적으로 선언한다. 그리고 약속을 지키기 위해 막강한 연습경기 상대를 구해 미친 듯이 연습했다. 나의 승리의 절반은 주먹이었고, 절반은 승리를 확신한 나의 말이었다."

알리는 '떠벌이'라는 별명을 얻었지만, 그가 한 말을 모두 현실로 만들어냈다. 말을 한 뒤 자신과의 약속을 지키기 위해 더욱 노력했고, 다른 사람에게 부정적인 평가를 받지 않기 위해 자신의 간절함을 굳건히 했다.

알릴수록 효과는 커진다

'병은 알려야 낫는다.'라는 속담이 있다. 이 속담은 병을 고치고 싶다면 숨기지 말고 많은 사람에게 알려야 한다는 뜻이다. '나는 언제까지 병을 낫겠다.'라고 스스로 말하면 먼저 자신 스스로 약을 빠뜨리지 않을 뿐만 아니라 병을 이겨야겠다는 의지가 생긴다. 병을 완치하겠다는 것을 주변 사람들에게 말하고 다니면, 소식을 들은 사람들은 그 사람을 만날 때마다 병의 경과를 묻는다. 그럴 때 자신의 경과를 다시 스스로 체크할 수 있으며 완치하려는 의지를 이어나가게 된다. 또한, 소식을 들은 사람들 중에는 어떤 형태로든 돕고 싶은 사람들이 생긴다. 병을 고치는 데 도움 되는 정보를 제공하는 사람도 나타나고, 심지어 자신이 그 병에서 나았다고 하며 병원도 소개해준다. 헌혈증을 모아 돕기도 하고 최소한 마음으로 기도하기도 한다.

이 속담을 빌리면 '비전도 알려야 이루어진다.' 거절에 대한 두려움과 실패에 대한 두려움으로 혼자서만 비전을 간직하면 비전이 이루어지는 속도는 늦어질 뿐이다. 자신의 비전인 '나는 이렇게 하겠다.'라고 말하면 말할수록 이루겠다는 의지가 강해진다. 여러 사람에게 말하면서 스스로 반복적으로 담금질이 되어 비전에 대해 간절함으로 단단해진다. 그리고 꿈을 알리면 알릴수록 더 많은 사람이 자신의 비전에 관한 소식과 비전을 이루는 방법을 추천을받을 수 있다. 이렇게 되면 꿈을 이루기 위해 조금 더 도움 받을 수 있으며, 조금 더 빨리 꿈을 이룰 수도 있다.

세계적으로 영향력 있는 심리학자이자 행동 및 인지치료 학회장으로 활동하는 스티븐 헤이스 Steven Hayes 박사는 사람들이 자신의 목표나 꿈을 다른 사람에게 말하는 것에 대해 재미있는 실험을 했다. 헤이스 박사는 학생들을 A, B, C 세 그룹으로 나누었다.

A 그룹 자신이 받고 싶은 목표 점수를 다른 학생들 앞에서 공개
B 그룹 자신이 받고 싶은 목표 점수를 마음속으로만 생각
C 그룹 목표 점수에 대해 아무런 요구 없음

어떤 그룹이 가장 점수를 잘 받았을까? 예상대로 A 그룹이 현저하게 높은 점수를 받았다. 그렇다면 다음으로 점수가 잘 받은 그룹을 살펴보았을 때, B 그룹과 C 그룹은 통계적인 차이가 없었다. 결과적으로 마음속으로 하는 은밀한 결심은 아무것도 하지 않은 것과 같았다.

사람은 자신의 생각을 공개하면 그 생각을 이루려고 하고, 그 생각을 굳건히 고수하려는 경향이 있다는 것을 알 수 있다. 이를 '공개선언 효과 Public Commitment Effect'라고 한다.

공개선언 효과를 활용하라

KBS 개그콘서트의 한 프로그램이었던 「헬스걸」은 공개선언을 이용해 다이어트를 하는 프로그램이다. 이희경, 권미진 두 개그우먼은 자신의 몸무게를 당당히 공개했다. 그것도 많은 사람이 있는 무대에서 체중계에 올라섰다. 권미진은 102.5kg, 이희경은 86.5kg으로 여자로서 부끄러운 몸무게임에도 불구하고 만천하에 자신들의 몸무게를 공개했다. 개그맨 이승윤과 이종훈은 그녀들의 헬스 트레이너로 그녀들이 몸무게가 줄어들지 않았을 경우 벌칙을 받는 것으로 진행되었다. 헬스 트레이너로 자청한 이승윤은 "그녀들이 30kg 이상 감량하지 못하면, 개그콘서트 프로그램을 하차하겠다."라고 프로그램에서 공개선언을 했다. 2011년 7월 10일부터 11월 27일까지 20주 동안 그녀들의 몸무게에 대한 공개선언은 계속되었다. 권미진은 102.5kg에서 58.1kg으로 약 44kg을 감량했고, 이희경은 86.5kg에서 54.7kg으로 32kg을 감량했다. 이로 인해 권미진은 책으로 『성형보다 예뻐지는 다이어트』권미진 지음/조선앤북를 출간하며 많은 사람에게 희망을 주었다.

168kg의 초고도 비만인 개그맨 김수영은 어렸을 때부터 우량아였다. 초등학교 때 이미 128kg이었다. 앉은 자리에서 공깃밥 6개는 기본이었고,

야식으로 라면 10개를 먹는 식성을 가지고 있었다. 김수영은 '당장 살을 빼지 않으면 위험하다.'라는 의사의 진단과 168kg의 몸무게라면 기대 수명은 45세라는 판정을 받았다. 의사로부터 진단과 판정을 이야기 듣고 충격을 받아 몸무게를 줄이기로 결심했다.

김수영은 2015년 「KBS 개그콘서트 - 라스트 헬스보이」를 통해 다이어트를 하겠다고 방송을 통해 국민 모두에게 공개선언을 했다. 첫 방송 때의 몸무게는 168kg이었다. 매주 몸무게를 공개하는 방식으로 16주간 진행되었다. 결국, 16주가 지났을 때의 몸무게는 98kg이었다. 16주 만에 70kg을 감량에 성공했다. 김수영은 한 인터뷰에서 다이어트 당시 자신의 심정을 다음과 같이 말했다.

> "혼자 다이어트할 때와 달리, 온 국민이 지켜보고 있다고 생각하니까 매사 조심스러웠어요. 한번은 고속도로 휴게소에서 간식을 사려다가 혹시 누가 저를 알아보고 '역시 안 되네!'라고 생각할까 봐 차마 계산을 못 하겠더라고요. 그래도 힘든 시간은 그리 길지 않았어요. '힘들수록 건강해지는 거다!'라고 생각하니까 마음이 편해졌어요."

이뿐만 아니라 「SBS 스타킹 - 다이어트 킹」, 「MBC 기분 좋은 날 - 제2의 헬스걸을 찾아라」에서도 몸무게가 많은 사람을 모아 공개선언을 했다. 그 결과 참가자 모두 자신이 원하는 체중으로 변모했다. 참가자들은 공개선언을 통해 평소에는 실패하던 다이어트에 성공할 수 있었다.

사람들은 '공개선언'을 하면 지키려고 하는 이유는 무엇일까? 먼저, 사람들은 말과 행동을 일치하려고 하는 경향이 있기 때문이다. 가령, 다른 사람 앞에서 '한 해 동안 100권의 책을 읽는다.'라고 계속 말하고 다니다 보면 자신도 모르게 '책을 읽어야지!'하는 마음을 품게 되고, 주변에 있는 책들이 자신의 눈에 띄게 된다. 도서관을 찾아 책을 빌리게 되고, 서점에 들러 책을 구매하게 되며, 매번 책을 들고 다니게 되어 계속해서 독서를 하게 된다. 이렇게 사람들은 말과 행동을 일치하려고 노력하게 된다. 금연이나 금주를 하려는 사람들도, 다이어트를 하려는 사람들도 주변에 계속 이야기하고 다니는 이유가 말과 행동을 일치시켜 굳은 의지를 만들어 주기 때문이다.

두 번째 이유는 주변 사람으로부터 부정적인 평가를 받고 싶지 않기 때문이다. '책을 100권 읽는다.'라는 말을 들은 사람은 그 사람을 만날 때 '요즘 어떤 책을 읽습니까?', '8월인데 100권 중 책 몇 권을 읽으셨어요?'라는 질문을 하게 된다. 이때 자신의 목표가 터무니없었다고 이야기하게 되면, 다른 사람들에게 '거짓말쟁이', '게으른 사람'이라는 부정적인 평가를 받을 수 있다. 반대로 '언행일치 되는 사람', '책임감 있는 사람'이라는 긍정적인 평가를 받게 되면 주변으로부터 신뢰를 쌓을 수 있는 장점도 있다.

또 다른 이유는 주변 사람으로부터 도움을 받을 수 있기 때문이다. '책을 100권 읽는다.'라고 말하고 다닌 사람에게는 주변에서 선물할 일이 생기면 책을 선물한다. 그리고 자신이 읽은 책을 빌려주거나 좋은 책을 소개해주기도 한다. 금연하는 사람들은 이렇게 말하고 다니면 자신을 누군가가 보고 있는 것처럼 느껴 금연 결심을 굳건하게 한다. 이렇듯 공개선언을 하면 주변 사람으로부터 도움을 받을 수 있다.

많은 사람에게 내 비전을 공개선언 하라

자신의 비전을 실행할 수 있도록 공개선언 효과를 극대화하기 위한 몇 가지 방법이 있다.

첫째, 가능한 많은 사람에게 자신의 결심과 약속을 공개한다. 설득 및 동기부여 분야의 세계적 권위자인 커트 모텐슨 Kurt Mortensen은 "자신의 의견이 많은 사람에게 공개되면 될수록 그것을 변경하기는 점점 더 어려워진다."라고 말했다.

금연을 생각하는 아버지가 있다. 아버지가 가족들에게만 공개선언한 경우는 작심삼일이 되기 쉽다. 가족뿐만 아니라 회사 상사와 동료, 친구 등 만나는 모든 사람에게 말할수록 결심이 실현될 확률은 높아진다. 「헬스걸」에서 보았던 것처럼 TV에서 공개선언을 하면 주변의 지인뿐만 아니라 식당 아주머니 그리고 그 식당을 찾은 많은 사람도 알기 때문에 식당에서 많이 먹을 수 없다.

비전을 디자인했다면 열린 마음으로 많은 사람과 대화를 나누자. 간혹 자신의 아이디어를 다른 사람에게 뺏기기 싫다는 이유로 아무에게도 이야기하지 않는 사람이 있다. 되도록 많은 사람에게 자신의 비전을 이야기하고 그에 대해 다양한 의견을 들어보는 것이 자신의 비전을 더욱 좋은 아이디어로 발전시키는 데 도움이 된다. 많은 사람에게 꿈을 말한 만큼 꿈을 실현해야 한다는 책임감도 커진다. 꿈이나 목표는 다른 사람들에게 이야기하면 할수록 실현 가능성도 커진다.

둘째, 기회가 있을 때마다 자신의 비전을 반복해서 공개한다. 사람은 아주 똑똑한 것 같지만, 자기 합리화의 달인이다. 자꾸 반복하지 않으면 자신의 목표를 잊어버리고, 좀 더 편하고 쉬운 것을 찾으려고 한다. 자신의 비전을 글로 적어서 벽에 붙여 놓거나 어떤 일을 시작하기 전에 읽는 방법을 사용해도 좋다. 나는 강의할 때마다 내 버킷리스트를 대중에게 공개한다. 버킷리스트를 내가 가장 많이 보게 되면서 다시 상기하게 된다. 그리고 강의를 들은 많은 사람의 응원 메시지를 받을 때마다 다시 열정이 솟아난다. 이처럼 반복하게 되면 스스로에게 목표를 다시 상기시킬 수 있다.

셋째, 비전을 공개하는 방법과 수단을 더 다양하게 한다. 다른 사람과 대화 중에 일부러 자신의 비전과 목표에 관해서 이야기한다. 다이어트를 결심했다면 "요즘 다이어트 때문에 커피 대신 녹차를 마십니다."라는 식으로 말할 수 있다. 요즘은 SNS를 이용해서 자신의 꿈을 공개하는 경우도 많다. 블로그를 통해 만난 김종오 씨 '책쟁이'라는 닉네임으로 더 유명는 꿈과 목표를 자신의 블로그에 모두 올려놓았다. 자신이 목표를 이루어야 하는 구체적인 이유와 포부를 하나하나 모두 적어 놓다. 60개의 꿈을 영상으로 만들어 많은 사람에게 자신의 꿈을 이야기하고 있다. 나 또한 '책쟁이'의 꿈에 영감을 받아 내 꿈과 비전을 영상으로 만들었다.

한 학생에게 공개선언 방법을 알려주었더니 학생은 스마트 폰 커버에 자신의 비전을 적어 다니는 경우를 보았다. 이런 경우에는 다른 사람들에게 일일이 말하고 다니지 않아도 자신의 스마트 폰을 꺼내두면 자동으로 공개선언이 된다. 자동차를 판매하는 세일즈맨인 한 지인은 자신의 비전과 목표를 공개선언하기 위해 자신의 양복 뒤에 '△△자동차 강병용'이라고 회사와 자신의 이름을 새겼다. 게다가 자신의 차에 자신의 모습을 한 캐리커처와 '자동차 판매 1등을 꿈꾸는 남자'라며 차 전체에 스티커를 붙이고 세일즈를 한다.

그뿐만 아니라 메신저의 알림 말로 자신의 목표를 써 놓는 방법, 페이스북이나 SNS 프로필에 자신의 꿈을 적는 방법 등 다양한 방법으로 자신의 목표를 공개 선언할 수 있다.

넷째, 비전을 공개하는 마지막 방법으로 약속을 지키지 않은 경우 치러야 할 대가를 미리 공개 선언한다. 다이어트를 하는 사람은 "이번 달 마지막 날 4kg을 감량하지 못할 경우, 100만 원을 드리겠습니다."라며 약속을 지키지 못했을 때 대가를 말할 수 있다. 작은 대가보다는 큰 대가를 밝히는 것이 더 좋다. 100만 원이 아니라 1만 원이라고 말했을 경우 도전을 하다가 '그래 만 원 주고 말지!'라며 의지가 쉽게 꺾이게 된다. 그래서 큰 대가를 감수하겠다고 알리는 것이 더 좋다.

대가를 미리 선언하는 것은 '배수진 背水陣'을 치는 전법이다. 배수진은 『사기』에 나오는 말로 등 뒤에 강 물을 두고 싸우는 전법이다. 도망갈 수 있는 곳을 스스로 없앤 뒤 전쟁에 임하는 것으로 '죽기 아니면 까무러치기'로 모든 힘을 쏟을 수밖에 없도록 자신을 벼랑 끝에 세우는 것이다. 간절히 다이어트에 성공하고 싶다면, 비싼 드레스를 사놓는 것이다. 그리고 다이어트에 성공하면 그 옷을 입는다는 각오로 다이어트를 한다. 만일 비싼 드레스를 입지 못한다면 입을 때까지 다이어트를 계속하겠다는 각오로 시작하는 것도 좋은 방법이다.

캘리포니아 도미니칸 대학의 심리학과 게일 매튜스 교수가 다양한 직업군에 속한 267명을 5개 집단으로 나눠 조사했다. 조사 결과에 따르면 목표를 글로 쓴 집단의 경우, 그렇지 않은 집단보다 목표를 달성한 확률이 평균 33% 더 높았다. 특히 목표를 글로 적고, 실천 과정을 지속해서 주변 사람들과 공유한 집단의 목표 달성률은 76%에 달했다. 매튜스 교수는 "목표를 글로 쓰고, 친구들과 공유하는 것이 목표 달성을 위해 가장 중요하다."라고 강조했다.

심리학 박사이자 임상 심리 전문가 이민규 박사는 다음과 같이 말하고 있다.

> "결심을 번복하고 싶다면 아무도 눈치채지 못하게 은밀하게 하라. 하지만 결심을 실천하고 싶다면 널리 선포하라. 번복할 가능성이 큰 결심은 더 널리 공개하라."

꿈을 알린다는 것은 자랑하는 것이 아니다. 많은 사람에게 앞으로 이러한 길을 걸어가겠다는 의지의 출사표와 같다. 비전을 알리고 공유하는 사람들이 많으면 많을수록 시너지 효과도 커진다. 처음에는 가까운 주변 사람부터 시작해 비전을 공유할 사람들에게 자신의 비전을 알린다. 점점 더 많은 사람에게 자신의 비전을 알려보자.

독수리와
함께 날아라

기러기들은 본능적으로 V자 모양으로 날아간다. 그 이유는 V자 모양으로 날아감으로써 저항을 적게 받으며, 더 멀리 날아갈 수 있기 때문이다.

https://www.geograph.org.uk/photo/4707579

기러기 한 마리가 날 수 있는 거리와 V자 대형을 갖추고 나는 거리에 차이가 있는지에 대한 실험이 있다. 실험에서는 기리기가 V자 대형을 이루면 72% 더 멀리 난다는 것을 알아냈다. 이유는 V자 대형을 이루며 날아가는 기러기들은 앞쪽에 있는 기러기의 날개 움직임이 바로 다음에 따라오는 기러기를 들어 올려 주는 힘을 제공하기 때문이었다.

맨 앞에 날아가는 기러기가 지치면 뒤쪽으로 위치를 바꾸어 비행하고, 다른 기러기가 맨 앞으로 나아가 계속 V자 대형을 이루며 비행한다. 모든 기러기는 소리를 내어 맨 앞에 있는 대형의 선두와 자신의 앞에 있는 기러기들을 격려해준다. 이런 방법으로 계속해 비행하면 기러기들은 더 큰 능력을 발휘하게 되어 더 쉽게 더 멀리 갈 수 있는 것이다. 어떤 기러기가 V자 대형에서 낙오하면, 다른 두 마리의 기러기가 뒤로 쳐지면서 낙오된 기러기에게 도움을 주고 보호해 주며 낙오된 기러기가 회복할 때까지 기다려준다. 혹여나, 그 기러기가 죽음에 다다랐을 때도 끝까지 함께 머문다. 죽음에 다다른 기러기가 생사를 달리하고 나면 그제야 함께하던 두 기러기는 자기 그룹을 뒤쫓아간다. 기러기들도 혼자인 것보다 함께 하는 것이 더 멀리 갈 수 있다는 것을 알고 있다.

사람도 비전을 이루어가는 과정에서도 혼자 하는 것보다 함께 하는 것이 더욱 즐겁고 서로를 도울 수 있다. 서로서로 비전을 응원하기도 하고 좋은 정보를 함께 나눌 수도 있다. 비전을 함께 공유하고 도우면 서로에게 시너지 효과가 나타난다.

빨리 가려면 혼자 가고, 멀리 가려면 함께 가라

하버드 의과대학 니컬러스 크리스태키스 박사는 32년간 1만 2,067명을 대상으로 '사회적 영향이 비만에 비치는 영향'에 대해 연구했다. 만약, 배우자가 비만이라면 상대 배우자 또한 비만이 될 확률이 37%로 증가한다는 사실이다. 형제 중 비만이 있으면 형제 모두가 비만이 될 확률이

네 번째

40%로 증가한다. 친한 친구 중 한 명이 비만이 되면 자신도 비만이 될 확률이 57%로 증가했다. 더 놀라운 것은 친구의 친구가 비만이 되어도 자신 역시 비만이 될 확률이 25%로 증가한다는 것이다. 설령 그 친구가 다른 도시에 살고 있어도 같은 확률이었다. 연구를 통해 비만은 혼자만의 병이 아니라 다른 사람에게도 전염된다는 사실을 밝혀냈다.

크리스태키스 박사는 자신의 저서 『행복은 전염된다 Connected』 니콜라스 크리스태키스, 제임스 파울러 지음/이충호 역/김영사에서 사람들이 서로 영향을 주고 또 서로를 따라 하게 되는 현상을 다루었다. 예를 들어 단정한 잔디밭을 소유한 이웃이 많은 사람은 잔디밭을 흠잡을 데 없이 깔끔하게 유지하는 경향이 높다고 한다. 공부를 열심히 하는 룸메이트가 있는 학생은 책을 열심히 읽고, 식당에서 폭식하는 손님 옆에 앉은 사람들은 더 많이 먹는다. 항상 즐겁고 많이 웃는 친구가 많은 사람은 더 행복하다. 반대로 우울증, 자살과 폭력, 외로움도 마찬가지다. 이 모든 것들은 전염성이 매우 강한 것으로 조사되었다.

『천 개의 성공을 만든 작은 행동의 힘』 중에서;
존 크럼볼츠, 라이언 바비노 지음/이현정 역/프롬북스

어울리는 사람에 따라 비만도 전염되고, 행복도 전염된다. 자신이 맺고 있는 관계가 있는 모든 사람으로부터 어떤 영향을 받는다.

하버드 대학교의 데이비드 맥클러랜드 David MaClelland 박사도 25년 동안 "부정적인 집단의 사람과 어울리는 것만으로도 사람은 이미 절반은 실패한 것이나 마찬가지다."라는 사실을 발견했다.

어울리는 집단을 '준거집단'이라고 한다. 준거집단은 함께 어울리며 사회적인 활동을 하는 회사, 취미를 공유하는 사적인 모임 등 일하고 사귀며 어울리는 모임을 말한다. 사람은 무의식적으로 가장 가깝게 지내는 사람들의 태도와 행동 그리고 의견을 받아들이며, 그것이 자신의 내부에 쌓여 다시 행동으로 나타나기 때문에 특히 과거 지향적이며 부정적인 사람들과는 멀어져야 한다. 이런 사람들이야말로 나의 행복을 조금씩 갉아먹는 가장 큰 원인이다. 자신이 칠면조와 함께 어울리면 칠면조처럼 하려고 할 것이고, 독수리와 어울리면 독수리가 된다.

> 자신이 하늘을 날기를 원한다면,
> 칠면조와 함께 땅바닥을 뒤지는 대신
> 독수리와 함께 날아야 한다 Fly with eagles.

함께 하면 배가 된다

내가 초등학교 5학년 때 800m 장거리 달리기 기록은 3분 50초 정도였다. 반에서 중간 정도의 성적이었다. 달리기 기록을 측정하던 날 반에서 달리기를 상당히 잘하는 친구가 몸이 좋지 않아 결석했다. 친구는 한 주 지나서 혼자 800m 달리기를 해야 했다. 친구가 결승점에 도달했을 때 기록은 4분 30초였다. 나는 체력장 모든 종목에서 한 번도 그 친구를 이겨 보지 못했는데, 당시 친구에게 장거리를 이겼다고 생각했었다. 사실은 내가 이겼다기보다 그 친구가 못한 것이었다. 친구를 이겼다는 느낌 때문인지 30여 년이 넘는 지금까지도 그날의 기억이 생생하게 떠오른다.

심리학자 노먼 트리플렛 Norman Triplett은 자전거 경주 선수들이 혼자 연습할 때보다 다른 선수들과 함께 연습할 때 기록이 훨씬 향상된다는 사실을 발견했다.

트리플렛은 무슨 일을 할 때 옆에 다른 사람이 있으면 왜 더 열심히 하고 성과가 잘 나는지 알아보기 위한 사회 심리학 실험을 했다. 아이들에게 낚시 릴을 주고서 낚싯줄을 최대한 빨리 감게 하는 실험이었다. 첫 번째 그룹의 아이에게는 낚싯줄을 혼자서 감게 했고, 두 번째 그룹은 두 명씩 함께 감게 했다. 감는 속도를 비교해보니 결과는 놀라웠다. 두 명이 함께했던 아이들이 혼자 했던 아이보다 훨씬 낚싯줄을 빨리 감는 것이었다. 이처럼 여러 사람이 함께했을 때, 혼자서 했을 때보다 수행 능력이 더 높게 나타나는 것을 알아냈다. 트리플렛은 이것을 '사회 촉진 현상 Social Facilitation'이라고 했다.

'사회 촉진 현상'은 사람들 간의 관계 속에서만 일어나는 것이 아니었다. 개미들도 다른 개미들과 함께 있을 때 더 많이 굴을 팠고, 닭들도 혼자 있을 때보다 여럿이 있을 때 더 많이 먹는다고 한다. 심지어 바퀴벌레도 혼자서 뛸 때보다 함께 뛸 때 더 빨리 달린다고 한다. 같은 영화라도 사람들이 모여 있는 극장에서 보면 자신도 모르게 소리를 지르거나 크게 웃는다. 하지만 집에서 혼자 볼 때는 반응도 작으며 재미가 떨어지는 이유도 사회 촉진 현상에 해당한다.

나는 삼성 라이온즈 팬이며, 프로야구를 즐겨본다. 집에서 TV를 통해 자주 관람을 한다. 야구장 가는 것도 귀찮고, 야구장에서 보면 TV보다 잘 안 보이고, TV는 시점도 여러 곳에서 촬영하면서 해설과 리플레이까지 함께 상황을 들려주고 보여주기 때문에 굳이 야구장에 갈 생각이 없었다. 지인으로부터 야구장 입장권을 선물 받아 처음으로 야구장에 간 날의 경기는 역전에 역전을 거듭한 흥미진진한 게임이었다. 역전 안타가 나올 때마다 자리에서 벌떡 일어나 소리 질렀고, 선수들이 타석에 들어설 때마다 경기장에 있는 사람들과 응원에 맞춰 율동을 하며 소리 질렀다. 아마 집에서 TV를 통해 경기를 보았다면 역전 홈런이 나와도 벌떡 일어나거나 소리 지르지는 않았을 것이다.

이렇듯 스포츠 경기를 관람할 때도 많은 사람이 모여서 응원하면 훨씬 즐겁다. 월드컵 경기를 볼 때 친구들과 모여서 보거나 길거리 응원을 하면 더 재미있는 이유도 '사회 촉진 현상' 때문이다.

사람을 끌어당기는 매력적인 사람

비전을 이루기 위해서 중요한 요소 중 하나는 다른 사람과 좋은 관계를 맺는 것이다. 브라이언 트레이시는 "성공의 85%는 인간관계에 달렸다."라고 말했다. 인생의 즐거움은 행복한 인간관계가 가장 큰 영향을 준다. 반대로 대부분 불행의 문제도 나쁜 인간관계에서 시작된다. 직장을 이직하는 사람들의 가장 큰 원인도 인간관계 때문이다. 인생 문제는 '사람 문제'라 해도 과언은 아니라 할 수 있을 만큼 인간관계는 중요하다.

비전을 이루기 위해서도 인간관계는 매우 중요하다. 혼자 비전을 이룰 수 있는 사람은 없다. 나 또한 글은 혼자 쓰지만, 글을 쓴 뒤 친구들이나 스승님의 조언을 구하기도 한다. 출판사와 협의를 통해 수정, 편집, 디자인 등 다양한 작업을 도움을 받는다. 강의할 때도 주변의 소개를 통해 강의할 수 있는 기회를 넓힐 수도 있다.

이렇듯 현재 시대에 혼자 일하는 사람은 없다. 자신의 꿈을 실현하고 싶다면, 거기에 맞는 사람들이 필요하다는 것을 염두에 두어야 한다. 사람에 따라 비전의 운명이 달렸다. 좋은 사람들이 있다면 내 비전은 날개를 달아 쉽고 빠르게 이룰 수 있다. 사람이 없다면 비전을 이루기가 매우 힘들 수 있다.

- 비전은 있지만, 사람이 없는 경우
  >>> 비전을 이루는데 매우 많은 시간과 노력이 필요하다.

- 비전은 있지만, 나쁜 그룹이 있는 경우
  >>> 이 경우는 최악의 경우로 비전은 희미해진다.

- 비전이 있고, 좋은 그룹을 모집하고 있는 경우
  >>> 이 비전은 잠재력을 가지게 된다.

- 비전이 있고, 훌륭한 그룹이 있는 경우 -
  >>> 비전에 날개를 달아 비전은 곧 현실로 나타난다.

대부분 사람은 '매력적인 사람'을 만나 관계를 맺고 싶어 한다. "유유상종 類類相從"이라는 사자성어처럼 사물도 사람도 비슷한 성질이나 생각을 하는 것들끼리 서로 무리를 짓는다는 뜻이다. 사람도 마찬가지다. 좋은 사람들은 좋은 사람들끼리 만나게 되어 있다. 이러한 이유로 내가 좋은 사람을 만나고 싶다면, 먼저 스스로 매력적인 사람이 되어야 한다. 매력적인 사람이 되는 구체적인 방법에 대해 알아보자.

긍정적인 사람은 사람을 끌어당긴다

사람을 끌어당기는 매력적인 사람은 주변 사람에게서 의도적으로 좋은 점만 찾는 긍정적인 사람이다. 자신이 먼저 부정적인 것을 찾지 않고 상대방이나 주변 상황에서 긍정적인 면을 보는 사람이 되어야 한다. 대부분 사람은 부정적인 비판을 받는 것은 싫어하고, 긍정적인 칭찬과 격려 그리고 응원을 받는 것을 좋아한다.

부정적인 성격을 벗어나는 가장 빠른 방법은 다른 사람에 대해 비난하거나 비판하는 것을 중지하면 된다. 사람은 누구나 본능적으로 틀리거나, 자신에 대해 부정적인 이야기를 하는 것을 싫어한다. 모순 중 하나는 자신은 부정적인 비난을 받는 것을 매우 싫어하지만, 자신은 아무렇지 않게 남을 부정적으로 비난하고 비판하는 것이 일반적이다. 부정적인 비난은 다른 사람의 마음에 상처를 입히며 행동을 위축시키게 된다. 이렇게 받은 상처는 마음속에서 곪아 더 심하게 자신에게 돌아온다. 다른 사람들을 비판하는 행동 하는 것은 자신을 비판하게 하는 것이나 다름없다. 부정적인 비판을 중지하고 다른 사람을 긍정적으로 지지해야 한다. 만일, 부정적인 생각이 들 때는 차라리 침묵으로 입을 다물고 중립을 지키는 것이 좋다. 이렇게 하면 자신은 다른 사람으로부터 긍정적이고 좋은 사람으로 평가받는다.

다른 사람의 긍정적인 면을 보는 좋은 방법은 '칭찬'이다. 사람은 칭찬받을 때마다 자신이 더 유능하다고 생각하며 칭찬받은 행동을 반복하려고 한다. 칭찬받으면 자신을 칭찬해 준 사람을 더 좋은 사람이라 느낀다. 칭찬받으면 열정과 의욕이 증가하고 자부심도 상승한다.

칭찬은 될 수 있는 대로 빨리해야 한다. 시간이 많이 지난 뒤 칭찬을 하면 효과가 작아진다. 칭찬은 구체적으로 해야 한다. "예쁩니다."라고 하기보다는 "웃을 때 보조개가 예쁩니다."처럼 구체적으로 칭찬해야 한다. 막연한 칭찬은 효과가 떨어진다. 구체적으로 칭찬하기 위해서는 상대에 대해 관찰이 필요하며, 관찰을 잘하면 상세한 칭찬을 할 수 있다.

다른 사람을 칭찬할 때 될 수 있으면 많은 사람 앞에서 칭찬하는 것이 좋다. 칭찬을 듣는 사람은 많은 사람 앞에서 칭찬 들을수록 자부심은 더 높아지고 칭찬받은 행동을 계속하려고 한다. 학교에 다닐 때, 조회 시간을 이용해 전교생 앞에서 상을 주는 것도 이러한 효과가 있다.

나는 초등학교 3학년 때 담임선생님의 칭찬을 아직 기억하고 있다.

> "창현이는 우유 배달을 정확한 시간에 잘 가져오고, 뒷정리도 잘하네! 우유 당번은 창현이가 제일 잘해!"

그때부터 하루도 빠지지 않고 2교시가 끝나면 우유 배급소로 달려가 우리 반 우유를 찾아왔고, 점심시간이 되면 먹고 난 빈 우유 팩에서 냄새가 나기 전에 우유 배급소로 치웠다. 다른 친구들이 꺼리던 우유 당번은 초등학교 3학년 때 시작해서 고등학교 3학년 때까지 10년 동안 자발적으로 지원했다. 초등학교 3학년 때 담임선생님의 칭찬은 내가 즐겁게 우유 당번을 하게 만들었다.

브라이언 트레이시는 "사람은 돈을 더 많이 벌려고 일을 열심히 하지만, 칭찬과 인정을 받을 수 있다면 깨진 유리 조각 위라도 기어갈 것이다."

라고 말했다. 나폴레옹은 "나는 놀라운 사실을 발견했다. 사람은 훈장을 받을 수 있다면 목숨까지도 건다."라고 말했다. 이 두 가지 말에서 보듯이 칭찬의 힘은 크다는 것을 알 수 있다. 칭찬은 칭찬받는 사람에게 동기부여가 되는 동시에 칭찬하는 사람을 매력적인 사람으로 생각하게 되는 마법과 같은 힘을 지니고 있다.

인정하면 인정받는다

사람을 끌어당기는 매력적인 사람은 자신의 잘못을 인정하기를 주저하지 않는다. 대부분 사람이 자신의 잘못을 인정하기는 쉽지 않다. 잘못에 대해 아무런 말도 안 하고 가만히 있는 사람도 있다. 심지어 가만히 있기는커녕, 다른 사람이나 주위 환경을 핑계를 대거나 고함을 치면서 부정하는 사람도 있다. 이러한 사람은 자신의 잘못을 숨기거나 핑계를 대는데 에너지와 시간을 허비한다. 주변 사람들은 잘못을 인정하지 않는 이런 사람들을 떠나게 되어 있다.

자신의 실수를 인정하는 사람들이 자주 쓰는 말은 "내가 실수했습니다.", "내 잘못입니다."라는 말을 잘 쓴다. 실수를 인정하는 말을 하는 사람은 일어난 일에 대한 핑계보다는 해결이나 목표를 향하는 데 더 집중할 수 있다.

작곡가이자 명피아니스트로 알려진 프란츠 리스트 Franz Liszt는 어느 조그마한 마을에 여행을 갔다. 호텔 로비에 연주회를 알리는 포스터가 붙어 있는 것을 보니 연주자의 약력에 '리스트의 문하생'이라고 소개되어 있었다. 리스트는 아무리 생각해봐도 그런 이름의 제자는 기억나지 않았다. 리스트는 자신의 기억력이 나빠져서 잊은 줄 알았다. 한편, 무명의 연주자는 리스트가 마을에 머물고 있다는 소식을 접하고, 리스트가 머무른 곳을 찾아가 눈물을 흘리며 무릎을 꿇고 용서를 빌었다.

"죄송합니다. 저는 연주를 하며 어렵게 생계를 유지하며 살아가고 있습니다. 그리고 이름도 알려지지 않은 무명의 연주자입니다. 무명 피아니스트 연주회에 아무도 오지 않으리라고 생각하여 약력에 선생님의 제자라고 적었습니다. 그렇게 적으면 사람들이 많이 올 거라 생각되었습니다. 선생님 이름을 함부로 도용했습니다. 한 번만 용서해주십시오. 연주회를 취소하라고 하면 그렇게 하겠습니다."

이 말을 들은 리스트는 잠시 생각에 잠겼다. 잠시 뒤, 리스트는 피아노가 있는 방으로 그를 데리고 가 말했다.

"피아노를 쳐보게. 겁내지 말고. 그냥 연주가 듣고 싶어서 그러네. 긴장하지 말고 자신 있는 곡을 쳐보게나."

무명의 연주자는 대가 앞에서 긴장하며 피아노를 연주했다. 연주를 다 들은 리스트는 그에게 연주할 때 잘한 부분을 칭찬하고 잘못된 부분을 고쳐주었다. 그렇게 몇 번 더 리스트는 무명의 연주자에게 조언을 주며 말했다.

"당신은 지금 나에게 피아노를 배웠소. 그러니까 이제 당신은 내 제자예요. 그러니 아무 걱정하지 말고 연주회를 준비하시오. 사람들에게 가서 스승도 찬조 출연을 할 것이라고도 말하세요."

리스트 덕분에 무명의 연주자는 연주회를 성황리에 끝낼 수 있었다. 리스트는 자신의 제자라고 거짓말을 했던 무명의 연주자를 용서했다. 그 이유는 먼저 자신의 잘못을 인정했기 때문이다. 잘못을 인정했기 때문에 무명의 연주자는 리스트에게 더 많은 것을 얻을 수 있었다.

나는 동경의 대상인 가수 싸이를 좋아한다. 지금은 월드 스타이지만, 싸이는 1집 활동 막바지에 '대마초 사건' 때문에 자신의 잘못을 인정하고 자숙기간을 보내야 했고, 3집 '챔피언'이라는 곡으로 다시 재기했다. 3집 활동 뒤, 병역의 의무를 피할 수 없었던 싸이가 선택한 것은 '병역특례-산업기능요원'으로 3년 동안 병역을 대신했다. 하지만, 싸이는 그가 이행한 병역특례에 법적인 문제가 발생하여 법정에 서게 되었다. 하지만, 자신에 대한 문제를 부정하지 않으며 잘못을 인정하고 다시 군대를 다녀왔다. 2012년, 그는 '강남스타일'을 통해 전 세계에 자신을 알린 싸이는 미국 CNN과의 인터뷰에서 다음과 같이 말하며 자신의 잘못을 용서를 해준 국민에 대해 고마움을 잊지 않았다.

"내가 지금 이런 시간과 기회를 가지고 있는 것은 한국 국민이 날 여러 차례 용서해줬기 때문입니다. 내가 이런 것을 할 수 있게끔 이해해준 대한민국 국민에게 감사의 마음을 전합니다."

반면 싸이와 비슷한 병역에 대한 문제를 일으킨 연예인들이 있었다. 이들은 자신의 잘못을 인정하지 않고 계속 자신만의 주장을 내세웠다. 만약 그들도 자신의 잘못을 인정하고 뉘우치는 모습을 보여주었더라면 그 시기는 힘들었지만, 재기할 수 있었을 것이라는 아쉬움이 있다.

매력적인 사람은 자신에게 잘못된 상황이 벌어졌을 때, 사용하는 말이 있다. 그 말은 다음 두 가지 말이다.

"내가 잘못했습니다."
"내가 틀렸습니다."

이 두 가지 말은 자신의 입에서 쉽사리 하기 힘든 말이다. 이 말은 자신의 잘못을 인정하는 말에 해당한다. 이렇게 잘못을 인정하기 시작하면, 사람들은 잘못을 인정한 사람을 다시는 비판하지 않게 된다. 주위 사람들은 잘잘못을 따지는 것이 아니라 개선의 상황을 생각하게 되고, 자신은 빨리 다음 단계로 넘어가 진취적인 일을 할 수 있다.

사람은 신이 아니므로 누구나 잘못할 수 있다. 하지만 잘못을 인정하지 않고 자신의 주장을 계속 고집하면 주위의 사람들은 그 사람을 더 부정적으로 여기게 된다. 잘못된 행동에 대해 잘못을 인정하면 그 순간은 힘들지만, 사람들은 떠나지 않고 오히려 더 끈끈한 관계를 맺고 신뢰가 생긴다.

스스로 먼저 잘못을 認定 인정하면 다른 사람에게 人情 인정받을 수 있다.

감사하면 좋은 일과 좋은 사람이 온다

사람을 끌어당기는 매력적인 사람은 먼저 '감사'의 표현을 한다. '감사'는 무엇인가에 대해 고마워하는 마음이나 표현이다. 사람은 감사를 받는 욕구가 숨겨져 있다. 어떤 사람이 일한 뒤 누군가에게 감사의 표현을 받을 때마다 자신을 더 가치 있고 소중하게 느낀다. 감사의 표현은 어렵지 않다. "감사합니다.", "고맙습니다."라고 말하며 고마움의 표정을 지으면 된다.

세계 어느 나라를 갈 때도 인사 다음으로 필요한 말, 두 가지면 된다. 첫 번째가 감사의 표현으로 "Thank you."이고, 두 번째는 미안함의 표현으로 "I'm sorry."이다. 이 두 가지 표현은 전 세계 모두 공통으로 강력한 힘을 가지고 있다.

부모니까 당연히 도와준 것이지. 가족이니까 당연히 이해하겠지. 친구니까 당연히 도와주는 거야. 선배니까, 후배니까, 스승이니까, 제자니까 당연하다고 생각할 수 있다. 하지만, 세상에 당연한 것은 없다. 먼저 가장 가까운 가족부터 친구들까지 항상 감사의 마음을 표현하는 습관을 기르자. 감사의 표현을 하면 상대방은 그 행동을 반복할 가능성이 커진다. 작은 일에도 '고맙습니다.'라고 말하면 상대방은 나를 위해 더 큰 일을 해준다.

감사의 표현은 긍정적인 면을 보아야 할 수 있다. 그래서 감사의 표현을 자주 할수록 스스로 긍정적인 사람이 될 수 있다. 긍정적인 사람은

네 번째

다른 사람에게 매력적으로 보여 사람들이 모여들기 마련이다. 영어에서 'Thank you!'는 'Think'에서 시작되었다고 한다. '생각 Think'하면 할수록 '감사 Thank'할 것들이 보인다는 의미이다. 주변에 감사 할 수 있는 사람에게 감사의 표현을 하면 할수록 호감은 상승하게 된다.

자기 계발 작가인 나카타니 아키히로는 자신의 책 『행복어 사전』에서 인생을 신과의 탁구 게임에 비유했다.

> "신의 공은 '좋은 일'이고, 당신의 공은 '감사'이다. 신이 먼저 당신에게 '좋은 일'의 공을 보내주면, 당신은 신에게 '감사'의 공을 보내준다. 그러면 신은 다시 '좋은 일'이라는 공을 보내주고, 당신은 다시 '감사'의 공을 보내주어야만 한다. 당신이 '감사'라는 공을 보내주는 이상, 신은 '좋은 일'의 공을 보내줄 것이다. 하지만 당신이 '감사'의 공을 보내주지 않으면, 신도 더는 '좋은 일'의 공을 보내지 않는다. 지금 공을 가지고 있는 사람은 신이 아니라 당신이다. 자신이 할 일은 지금까지 신이 보내준 '좋은 일'에 대해 '감사'의 공을 보낼 차례이다.
>
> 『행복어 사전』 중에서;
> 나카타니 아키히로 저/이선희 역/바움

선행은 부메랑이다

사람을 끌어당기는 매력적인 사람은 자신이 먼저 준다. 먼저 주는 사람은 '부메랑의 원칙'을 사용한다. 부메랑의 원칙은 '내가 진심으로 상대방을 대하면, 그들도 나를 진심으로 대한다.'는 것이다. 성경에서는 '황금률'이라고 말한다. 황금률의 의미는 "너희는 남에게서 바라는 대로 남에게 해주어라!"라는 것이다. 다른 사람에게 좋은 의도를 가지고 표현하면 그것은 부메랑이 되어서 좋은 일로 돌아온다.

나는 강의할 때 이러한 질문을 한다.

> "만약, 당신이 회사에서 일해주고 100만 원의 월급을 받는다면,
> 당신은 한 달에 얼마의 일을 하면 당신에게 이득이겠습니까?"

질문에 대한 대답은 크게 3가지 그룹으로 나뉜다.

    A 그룹 100만 원보다 적게 일한다.
    B 그룹 100만 원 비슷하게 일을 한다.
    C 그룹 100만 원보다 더 일한다.

내가 이 질문을 처음 받았을 때는 A 그룹처럼 100만 원보다 적게 일하는 것이 이득이라고 생각했다. 100만 원보다 적게 일해주고 더 많이 받는다면 남는 장사라고 생각했기 때문이다. B 그룹을 선택한 사람들은 양심에 가책을 느끼기 때문에 최소한 받는 월급 정도는 일해야 한다는 이유를 말했다. C 그룹은 회사에서 월급과 시간까지 많은 것을 투자해 주었기 때문에 더 많은 이익을 주어야 한다는 이유를 말했다.

여기서 다시 하나의 질문을 해보자.

"당신이 사장이라면 A, B, C 그룹 중 어느 그룹을 승진시킬 것인가?"

모두 한결같이 입을 모아 "C 그룹"이라고 이구동성으로 이야기한다. 눈앞에 이득은 있지만, A 그룹은 정리해고 대상자 1순위가 되고 만다. B 그룹은 그나마 제 밥값만 하지 회사에 큰 이득은 없다. 왜냐하면, 회사에서는 시간을 투자할 뿐만 아니라 장소 대여비, 전기료, 수도료, 식비 등 더 많은 투자를 한다. 사장의 입장으로 보면 B 그룹도 회사에 크게 이바지하지 못하는 것이다. 반면, C 그룹은 자신이 받는 급여보다 더 많은 일을 한다. 다음 해 연봉협상을 할 때, 말하지 않아도 알아서 승진과 함께 연봉은 올라가게 되어있다. 만약 C 그룹의 사람이 회사를 떠나려고 하면 회사에서 보내지 않으려고 안간힘을 쓸 수밖에 없다.

'부메랑의 원칙'처럼 더 많은 것을 해주면 그것은 시간이 걸릴 뿐, 언젠가는 더 큰 것이 되어서 돌아오게 되어 있다. 성공한 사람들은 받는 것보다 더 먼저, 더 많이 주는 특징이 있다.

먼저 주는 사람들은 'Give & Take'를 잘한다. 'Give & Take'를 해석하면 먼저 Give 해야 ^{주어야} Take할 ^{받을} 수 있다는 것이다. '상대에게 해주었는데 받지 못하면 어떻게 하나!'라고 상대를 믿지 못해서 주는 것을 꺼리는 경우가 많다. 이것을 '먹튀 ^{먹고 튄다}'라고 할 만큼 두려움이 크다. 요즘 세상이 각박하다고 하나 사람이 사람을 떠나서 살 수 없듯이, 사람은 서로에게 도움을 주고받는 것은 세상의 이치이다. 사람은 다른

사람을 도울 때, 자신이 예전에 도움을 받았던 사람에게로 도움을 주게
되어있다.

남에게 받고 싶은 대로 남에게 주어야 한다. 모든 사람을 대할 때,
'황금률'을 생각해야 한다. 그 사람을 대통령처럼 모시면 언젠가는
내가 대통령처럼 대접받는 날이 오고, 거지처럼 하찮게 보면 나도 거지
처럼 하찮게 취급받는다. 사람을 만나면 이 세상에서 가장 중요한 사람인
것처럼 대하면 나도 가장 중요한 사람의 대우를 받기 마련이다.

경청은 입이 아닌 귀로 하는 설득이다

사람을 끌어당기는 매력적인 사람은 상대의 말을 경청한다. 잘 어울리기
위해서는 자신이 말을 많이 하기보다 다른 사람의 말을 적극적으로 듣는
것이 좋다. '적극적 경청'이란 그냥 무작정 듣는 것이 아니다. 상대의
말에 반응하고 질문하며 적극적으로 들으면 상대가 더욱 신나게
이야기한다.

적극적 경청의 세 가지 방법이 있다. 먼저, 주의 깊게 듣고 맞장구치는
방법이다. 말하는 사람의 앞에 앉아 있을 경우 몸을 약간 앞으로 기울
인다. 시선은 말하는 사람의 눈과 입을 번갈아 보면 된다. 말하는 사람은
자신이 말하는 것에 듣는 이가 주의를 기울이고 있음을 느끼고 적극적
으로 맞장구친다. "대화의 1, 2, 3 법칙"이 있다. "한 번 말하고, 두 번
듣고, 세 번 맞장구쳐라."라는 것이다. 이렇게 행동하면 말하는 사람은
신이 나서 자신의 이야기보따리를 풀어 놓는다.

적극적 경청의 두 번째 방법은 끼어들지 않는 것이다. 말하는 사람의 말이 다 끝나기 전에 말을 끊고 끼어들지 말아야 한다. 말을 하고 있을 때 끼어들면, 말하는 사람은 화가 나거나 모욕감을 느낄 수 있다. 말하는 사람의 말이 끝나면 그때 자신의 말을 이어간다. 말하는 사람의 말이 끝났다는 것은 아는 방법이 있다. 상대의 말이 끝나고 2~3초간 침묵이 흐를 때 자신의 이야기를 하면 된다.

적극적 경청의 세 번째는 방법은 질문하는 것이다. 대부분 사람은 말하는 것을 더 좋아하고 재미있다고 느낀다. 그래서 말하는 사람을 즐겁게 하는 방법으로 말을 많이 하게 만들면 된다. 말을 많이 하게 하려면 가장 좋은 수단은 '질문'이다. 질문할 때, 닫힌 질문보다는 열린 질문을 해야 한다. 닫힌 질문은 '예', '아니오.'로 답하는 질문이고, 열린 질문은 말로 풀어서 답해야 하는 질문이다. 열린 질문을 할 때는 '누가 Who', '언제 When', '어디서 Where', '무엇을 What', '어떻게 How', '왜 Why'의 육하원칙 5W1H을 이용한다. "언제 그 일을 시작했습니까?", "어떤 계기로 그 꿈을 꾸게 되었습니까?" 등으로 열린 질문을 할 수 있다. 열린 질문은 말하는 사람이 무엇을 생각하고 느끼는지 더 많이 알 수 있다. 상대말하는 사람으로부터 신뢰를 높일 수 있는 장점도 있다.

적극적 경청은 상대방의 이야기에 맞장구치고, 끼어들지 않고, 열린 질문을 하는 방법이다. 적극적 경청을 잘하는 사람은 다양한 부류와 잘 어울릴 수 있고 상대에게 호감을 살 수 있다. 경청은 입이 아닌 귀로 하는 설득이다.

내 비전의
멘토를 구하라

세상을 살아가다 보면 많은 사람을 만나고, 그 사람들에게서 많은 영향을 받는다. 특히 인생을 바꿔놓을 만큼 커다란 영향을 주는 사람을 만나기도 한다. 이러한 사람을 만나는 것을 '귀인을 만난다.'라고 한다. 이러한 귀인을 영어로 '멘토 Mento'라고 부른다.

멘토는 그리스 신화 『오디세이아 Odysseia』에서 나오는 인물에서 유래한 단어이다. 오디세우스 왕은 트로이아 전쟁에 참여하면서 친구인 멘토르에게 집안일과 아들 텔레마코스의 교육을 부탁하고 떠났다. 오디세우스가 고향을 떠나 있는 동안 멘토르는 텔레마코스의 선생이자 친구이자 그리고 아버지로서의 역할을 도맡아 하며 텔레마코스가 훌륭하게 자랄 수 있도록 도움을 주었다. 20년이 지나도 오디세우스 왕이 돌아오지 않자 텔레마코스는 아버지를 찾아 나섰다. 오디세우스의 수호신 아테나는 멘토르의 모습으로 텔레마코스에게 조언하며 도와주어 텔레마코스는 위기 때마다 지혜롭게 극복해 날 갈 수 있었다.

'멘토'는 '멘토르'에서 유래된 말로 지혜와 신뢰로 한 사람의 인생을 이끌어 주는 스승이나 조언자를 일컫는 말이 되었다. 멘토는 우연히 만날 수도 있지만, 무작정 가만히 있다고 멘토가 나타나는 것은 아니다.

비전의 내비게이션, 멘토를 찾아라

2009년 어느 여름날, 강의하기 위해 대구에서 경기도에 있는 대부도로 가게 되었다. 그날따라 햇볕은 뜨겁게 내리쬐었다. 대부도 근방에 진입하려고 하는데 내비게이션이 작동을 멈췄다. 장시간 운전에 따른 높은 온도 때문에 내비게이션도 탈진해버렸기에 이정표에 의지해 강의장을 찾기 시작했다. 하지만, 이정표는 구체적인 장소까지는 알려주지 못했다. 중간마다 지나는 사람들을 붙잡고 묻기 시작했다. 행인 다섯 명에게 물어물어 강의 장소로 찾아갔다. 묻는 사람마다 알려주는 방향은 조금씩 달랐고, 심지어 다른 방향으로 알려주기도 했다. 그러던 중 지역 주민 한 분이 행선지를 자주 가본 듯이 정확히 길을 알려주셨다. 덕분에 시간에 늦지 않고 땀을 뻘뻘 흘려가며 겨우 도착할 수 있었다.

자동차를 타고 목적지에 도착하기 위해서는 지도와 나침반도 있어야 한다. 현대는 지도와 나침반보다 더 좋은 내비게이션이 있다. 내비게이션은 길 전체를 알고 있으며 다음에 나오는 갈림길에서도 헷갈리지 않게 도와준다. 인생에서도 내비게이션처럼 조언을 구하거나 방향을 제시해줄 수 있는 사람이 있으면 더욱 빠르고 쉽게 목표에 도달할 수 있다. 인생의 내비게이션인 사람을 '멘토 Mento'라고 부른다.

생선을 잘 팔고 싶다면 생선 판매의 달인에게 배우면 되고, 글을 잘 쓰고 싶다면 글을 잘 쓰는 사람에게 배우면 되고, 강의를 잘하고 싶다면 강의를 잘하는 사람에게 배우면 된다. 어떤 한 분야에서 잘하고 싶다면, 그 분야에서 성공한 멘토를 찾아가서 배워야 한다. 배움을 요청했는데 '만약 가르쳐주지 않으면 어떻게 하지!'하는 두려움이 있어 묻기를 주저하는 사람들이 많다. 이상하게도 성공한 사람들은 대체로 자신이 이룬 성공에 대해 이야기하는 것을 좋아한다. 그리고 물어보는 사람에게 호감을 느낄 확률이 높다. 만일 가르쳐주지 않으면 이렇게 생각하면 된다. '지금 많이 바쁘니까! 답이 없는 걸 거야. 다음에 다시 물어야지!' 하며 다음을 기약하면 된다.

무술영화 또는 드라마에서 스승님에게 가르침을 요청하며 제자로 받아 달라고 하면, 그 스승들은 어떻게 나오는지 기억해 보자. 스승들은 바로 가르쳐 주지 않는다. 대부분 매일 찾아오거나 집 앞에서 무릎을 꿇고 계속 배움을 갈구하는 사람들을 제자로 받아들인다. 그렇다고 성공한 사람의 집 앞에 무릎을 꿇고 있으라는 이야기는 아니다. 그처럼 간절하게 갈구하고 계속해서 멘토의 문을 두드려야 한다.

20세기 말, 프랑스 파리의 고등사범학교에 다니던 학생의 이야기이다. 프랑스 중부 고원에서 자란 학생은 어린 시절부터 탁월한 음악 재능을 발휘했으며 문학에 대한 열정도 남달랐다. 학생은 베토벤과 미켈란젤로 그리고 톨스토이 같은 예술가처럼 되기를 소망하고, 그들을 매일 떠올리며 동경했다. 학생은 20대 초에 기막힌 생각을 했다.

> "베토벤과 미켈란젤로는 이 세상에 없지만, 톨스토이는 살아
> 있어. 톨스토이에게 편지를 써서 내 뜻을 전해야겠다."

학생이 톨스토이에게 보내는 편지에는 자신의 문학적 고민과 평소 알고

싶었던 것 그리고 작가의 길에 대한 장문의 질문을 적어 보냈다. 톨스토이는 당시 예순의 나이로 당대 최고의 작가로 매우 유명했기 때문에 학생은 하찮은 자신에게 일일이 답장을 하리라고는 생각하지 않았다. 하지만, 학생의 예상을 깨고 톨스토이에게서 38페이지에 이르는 두툼한 장문의 답장이 왔다. 톨스토이의 답장에는 학생의 질문에 친절하게 답변해 주었을 뿐만 아니라, 문학 창작을 권유하는 내용도 다음과 같이 포함되어 있었다.

"당신은 음악보다 문학을 해야 할 것 같군. 직접 창작을 해보게나. 내 눈이 틀리지 않았다면 당신은 훌륭한 작가가 될 것일세. 그리고 명심하게. 참다운 작가의 조건은 예술과 인류를 사랑하는 것이라는 것을…"

톨스토이와 로맹 롤랑

학생은 톨스토이의 답장에 감명을 받아 문학의 길을 선택했고, 20여 년 후 동경하던 베토벤을 모델로 한 『장크리스토프』, 『미켈란젤로의 생애』, 『베토벤의 생애』, 『생애』 등 많은 작품을 발표하여 1915년 노벨문학상 탄 로맹 롤랑 Romain Rolland이다.

로맹 롤랑은 톨스토이에게서 받은 한 통의 편지를 다음과 같이 말했다.

"그 편지는 광활한 우주 세계로 들어가는 문처럼 느껴졌고,
마치 작가로 사는 삶을 예언하는 예언서로 느껴졌다."

로맹 롤랑은 편지 한 통이 자신의 갈림길에서 결정적인 계기가 되었다고
말했다.

나만의 멘토 만들기

나는 강의 중 청중들에게 멘토에 대해서 질문한다.

나: "내 인생을 가장 크게 변화를 시킨 멘토는 누구입니까?"
청중들: "스티브 잡스, 이순신 장군, 반기문 전 UN사무총장,
        MC 유재석, 박지성 선수 …"

청중들은 다양한 사람들을 말한다. 흔히들 유명인을 뽑는다. 하지만,
청중들이 말하는 대부분의 대상은 '멘토'라기보다 '롤 모델'이라 할 수
있다. 멘토와 롤 모델의 차이는 한마디로 '소통의 차이'이다. 이순신 장군
이나 스티브 잡스는 롤 모델은 될 수 있으나 멘토는 될 수 없다. 이순신
장군이나 스티브 잡스는 현시대를 함께 사는 인물이 아니며 소통이
불가능하기 때문이다. MC 유재석이나 이외수 작가는 현시대를 함께
살아가는 인물이기는 하지만, 소통할 수 없다면 멘토라기보다 롤 모델에
가깝다. 롤 모델은 일방적으로 받아들일 수밖에 없지만, 멘토는 서로가
소통할 수 있어야 한다.

나만의 멘토 만들기 위해서는 여러 가지 고려해야 할 점이 있다.

첫째, 멀리서 찾지 말고 주변에서 찾아봐야 한다. '파랑새' 이야기처럼 보물은 멀리 있는 것이 아니라 가까이에 있다. 멘토로 가장 좋은 사람은 지금 주위에서 자주 마주치는 사람이면 좋다. 주변에는 많은 멘토가 존재한다. 하지만, 찾지 않는 사람에게는 그들이 보물로 보이지 않고, 찾는 사람에게는 보물로 보인다.

주변에서 찾을 수 있는 멘토로는 '부모님'이 있다. 항상 가까이 있어 보물인 줄 모르는 경우가 많다. 멘토가 누구냐는 물음에 사람들은 부모님을 가장 많이 뽑았다. 나도 어렸을 때부터 할아버지로부터 많은 좋은 습관을 배웠다. 부모님 외에도, '학창 시절의 은사님', '자신의 상사', '자신의 회사 CEO' 등 주위에 많은 보물이 있다.

둘째, 멘토와 친분을 형성해야 한다. 앞으로 자신이 닮고 싶은 사람을 찾았다면, 그 사람 주위에 있어야 서로 관계를 형성할 수 있다. 멘토와 간단한 인사를 하더라도 만나는 횟수가 자주 있어야 한다. 처음부터 무작정 "저의 멘토가 되어 주십시오."라고 부탁하면, 멘토는 부담을 느끼고 거절하는 경우가 많다. 멘토가 참여하는 모임이 있다면 함께 참여하며 멘토와 함께하는 시간을 가지는 것도 좋은 방법이다. 친분을 쌓기 위해 이메일, 문자, 전화 통화 등 다양한 방법으로 계속 끊임없이 멘토와 소통을 나누어야 한다. 멘토가 바쁘다면 최소한 이메일이라도 서로 보내는 사이가 될 수 있도록 관계를 형성해야 한다. 속담에 '가랑비에 옷 젖는 줄 모른다.'라는 말처럼 조금씩 관계를 형성하고 소통을 할 수 있도록 한다.

셋째, 멘토와 꾸준히 소통해야 한다. 주위에는 평소에는 연락이 없다가 필요할 때만 연락하는 사람이 있다. 특히 결혼한다거나, 돌잔치 소식을 알려온다. 이러한 연락을 받으면 기분이 좋을 리가 없다. 멘토도 마찬가지다. 친분을 형성했다고 해서 자신이 필요할 때만 연락을 하는 것은 멘토에 대한 예의가 아니다.

마지막으로 멘토를 닮기 위해 최선을 다해 노력해야 한다. 멘토로부터 조언을 얻었다면, 그렇게 할 수 있도록 최선을 다해서 노력해야 한다. 성공한 사람을 복제하는 것은 시행착오를 줄일 수 있는 좋은 방법이다.

홍콩 화교계 최고 갑부인 리카싱 李嘉誠은 홍콩 최대 기업인 청쿵 그룹의 회장이다. 리카싱의 운전기사가 약 30년 동안의 운전기사 생활을 정리하고 은퇴하게 되었다. 리카싱 회장은 은퇴하는 운전기사의 노고를 위로하며 2,000만 위안 ^{한화 약 35억}의 수표를 건넸다. 운전기사는 이를 사양하며 말했다.

> "회장님 저도 그동안 2,000만 위안 정도는 모아 놓았습니다.
> 그동안 회장님께 많은 것을 배웠습니다. 그것으로도 충분한데
> 제가 어떻게 받을 수 있겠습니까?"

리카싱 회장은 운전기사가 큰돈을 모았다는 것에 기이하게 생각해서 물었다.

> "월급이 6천 위안(약 100만 원) 정도 되는 것으로 알고 있는데,
> 어떻게 그런 큰 금액을 모았다는 말인가?"

운전기사는 다음과 같이 대답했다.

"제가 운전을 할 때 회장님이 뒷자리에서 땅을 살 것을 주문하는
전화를 할 때마다 저도 조금씩 사두었고요, 주식을 사실 때도
저도 따라서 약간씩 구매해 두었으니까요. 회장님을 따라 한
덕분에 2,000만 위안이 넘는 돈을 모으게 됐습니다."

운전기사는 운전만 한 것이 아니라 리카싱 회장의 모습을 조금씩 복제
하기 시작했다. 그로 인해 그런 거액의 금액을 벌 수 있었다. 이처럼
성공한 사람을 복제하면 자신도 비슷한 성과를 얻을 수 있다. 멘토의
장점을 최대한 자신의 것으로 만들기 위해 최선을 다해야 한다.

세상에 롤 모델로 삼을만한 성공한 사람들이 많이 있다. 하지만, 롤 모델
들이 있다고 해도 서로 소통할 수 없다면 멘토라고 할 수는 없다. 멘토는
멀리 있지 않고 가까이에 있으며 언제 어느 시점에서 나타날지 모른다.
모든 사람이 보물이라는 생각으로 사람들을 대하는 것이 좋다.

피천득 시인의 수필 『인연』에는 '인연'에 대해 다음과 같이 말하고 있다.

"어리석은 사람은 인연을 만나도 몰라보고,
보통 사람은 인연인 줄 알면서도 놓치고,
현명한 사람은 옷깃만 스쳐도 인연을 살려낸다."

멘토는 인생의 또 다른 중요한 인연임이 틀림없다. 자신만의 멘토를
찾아 비전으로 한 걸음 더 나아가기를 바란다.

나의 멘토: 박동철 선생님

나의 멘토는 내가 레크리에이션을 시작하려고 할 때 만난 박동철 멘토님
이다. 박동철 선생님은 레크리에이션 강사로서 'MC 리더스' 소속으로
활동하고 있다. 박동철 선생님을 처음 만난 곳은 '대구 YMCA 레크리
에이션 대학'이었다. 박동철 선생님의 진행 말솜씨는 나를 끌어당겼다.
수업이 끝나고 뒤풀이 시간에 선생님 옆자리에 앉아 내가 처한 상황과
레크리에이션 강사가 되는 것이 목표라는 것을 알리고 행사를 따라가서
보고 싶다고 이야기를 했다.

> 나: "선생님이 진행하시는 레크리에이션 무대나 행사를
> 꼭 보고 싶습니다."
>
> 박동철 멘토: "그것은 어려운 부탁입니다. 누군가와 함께 간다는
> 것은 행사장의 사람들에게 동의를 구해야 하기 때문
> 이에요."

선생님은 처음부터 허락하지는 않으셨다. 하지만, 꼭 레크리에이션
강사가 되어야 했기에 한 번 더 간곡히 부탁했다.

> 나: "방해되지 않게 멀리서 지켜보고만 있겠습니다.
> 꼭 한 번 부탁합니다."
>
> 박동철 멘토: "그렇다면 야외에서 하는 체육대회가 있으니, 거기
> 는 와서 멀리서 구경해도 괜찮으니 그렇게 하세요."

그렇게 허락을 받고 처음으로 선생님이 진행하는 행사를 멀리서나마

보게 되었다. 행사를 지켜보던 중 '선생님께 작은 도움이라도 드려야겠다.'라는 생각이 들어 사진을 찍고, 선생님의 홈페이지 게시판에 사진과 함께 후기를 올렸다. 그렇게 선생님과의 인연이 시작되었다. 선생님의 행사 사진과 동영상을 찍고, 스태프로 도움을 드리면서 선생님과 나는 멘토-멘티의 관계가 될 수 있었다.

선생님에게 배웠던 것 중 가장 인상 깊었던 것은 '긍정적인 태도'였다. 나도 모르게 입에서 한숨을 쉬고 욱하는 것을 선생님께서 알려주었다. 당시 나는 레크리에이션 강사가 되기 위해서는 가장 중요하다고 생각했던 것은 무대 위의 입담과 재치인 줄 알았다. 하지만, 선생님은 제일 중요한 것은 '사람이 되는 것'이라며 '인격과 예의'를 항상 강조하셨다. 선생님은 항상 책을 가까이해야 한다는 '배움'에 대한 가르침도 주셨다. 그렇게 선생님과 오랜기간 동고동락하며 많은 것을 배울 수 있었다. 지금도 인생의 선배이자 스승으로 늘 만나면서 조언과 가르침을 얻고 있다.

나의 멘토: 이외수 선생님

이외수 선생님 또한 나의 멘토이다. 처음에 내게 이외수 선생님은 소통할 수 없는 롤 모델이었다. 2008년에 책을 쓰기 시작할 무렵, 이외수 선생님의 『하악하악』을 접했다. 선물로 우연히 받은 책은 내 마음을 두드리는 많은 문장이 있었다. 나는 책을 계속 반복해서 읽으며, 짧은 문장에도 핵심을 파고드는 촌철살인과 같은 문장들의 매력에 빠졌다.

나는 글 쓰는 것에 대해서는 이외수 선생님을 롤 모델로 정하고, 이외수 선생님의 다른 책들을 읽기 시작했다. 이외수 선생님의 책은 읽으면 읽을수록 빠져드는 문장들이 가득했다. 이외수 선생님이 출연한 동영상을 무한 반복해서 시청했다. 이외수 선생님의 트위터를 항상 지켜보며 댓글을 남기기도 했다. 어느 날은 이외수 선생님이 내 글에 댓글을 남겨주는 영광스러운 날도 있었다.

'감성마을 문학 교실'에서 이외수선생님과 함께

그때부터 단 한 번만이라도 이외수 선생님을 만나고 싶다는 생각을 가졌다. 글과 트위터를 통해서는 만날 수 있지만, 실제로 만나 이야기를 나누고 글에 대한 견해도 이야기하고 싶었다. 2013년 이외수 선생님의 홈페이지에서 연수생을 모집한다는 글을 보았지만, 이미 모집 기간이 지났다. 그때부터 이외수 선생님 홈페이지에서 연수생을 모집하는 글을 놓치지 않기 위해 즐겨찾기를 해 놓고 매주 선생님의 홈페이지를 확인했다. 2014년 1월, 드디어 연수생을 모집한다는 소식이 있었다. 게시 글의 내용은 지원서를 보내면 이외수 선생님이 직접 읽으시고 직접 뽑는다고 적혀 있었다. 이외수 선생님이 직접 읽는다는 말에 설렘을 가지고 글을 적기 시작했다. 지원서를 적고 수정만 20여 번을 했다. 그렇게 쓴 글을 직접 수기 手記로 적어 연수생에 지원했지만, 한 달이 지나도 지원서에 대한 답은 감감무소식이었다. 그러던 어느 날, "감성마을 문학교실 4기 연수생 합격자 메일입니다."라는 제목으로 메일이 왔다. 드디어, 이외수 선생님을 만날 수 있게 되었다. 그것도 매달 만날 수 있게 되었다.

2014년 3월, 강원도 화천 감성마을로 향하며 처음으로 이외수 선생님을 만날 수 있었다.

선생님께서는 연수생에게 수업하는 이유로 지금까지 독자들에게 받은 사랑을 나누어 주고 싶다고 말씀하셨다. "나로 인해 누군가가 더 좋은 글을 써서 많은 사람에게 행복을 준다면 그보다 좋은 일은 없을 것"이라는 말씀도 더 했다.

오후 4시부터 시작해서 밤 10시까지 이어지는 연수생 수업의 맨 앞자리에서 선생님을 지켜보며 모든 것을 담기 위해 열심히 받아 적었다. 10시부터는 담소가 이어졌다. 가볍게 다과를 먹으며 연수생으로 참가한 사람들과 친분도 쌓고 선생님과 둘러앉아 질문도 주고받았다. 밤이 깊어가는 줄도 모르고 선생님에게 많은 질문을 할 수 있었다.

단어 채집법부터 시작해서 선생님의 특별하고 독특한 방식을 수업에서 배울 수 있었다. 매번 이외수 선생님과 연수생들은 새벽의 끝을 잡고 글에 관해 이야기하고, 인생에 관한 이야기를 했다.

"쓰는 이의 고통이 읽는 이의 행복이 될 때까지." 글을 쓰시겠다는 이외수 선생님. 많은 역경을 자신의 글로 바꾸고, 또 읽는 사람의 행복으로 바꾸는 선생님의 삶을 본받아 나 또한 글을 통해 사람들에게 행복을 줄 수 있기를 바라며 오늘도 글을 써 내려간다.

"하늘은 간절히 원하면 이뤄준다."라는 말처럼 이외수 선생님을 만나고 싶은 간절함이 하늘에 닿았고, 소통할 수 있는 멘토로 이어졌다.

될 때까지
계속하라

서광원의 저서 『사장의 자격』 걷는나무에 있는 재미있는 이야기다.

지하철 1호선 신도림역에서 어떤 아저씨가 가방을 들고 탔습니다. 아저씨는 헛기침을 몇 번 하더니 가방을 내려놓고 손잡이를 잡았습니다. 그리고 누구나 예상하는 '익숙한' 이야기가 시작됐습니다.

"자, 여러분! 안녕하십니까? 제가 이렇게 여러분 앞에 나선 이유는 가시는 길에 좋은 물건 하나 소개해드리고 싶어서입니다."

그러자 그는 자신이 묻고 자신이 대답하기 시작했습니다.

"자, 플라스틱 머리에 솔이 달려 있습니다. 이게 무엇일까요?"
"치잇솔입니다."
"이걸 뭐 할라고 가지고 나왔을까요?"
"팔려고 나왔습니다. "
"얼마일까요?:"
"처어넌(천 원)입니다.

"뒷면 돌려보겠습니다."
"영어가 있습니다. 메이드 인 코리아!"
"이게 무슨 뜻일까요?"
"수출했다는 겁니다. 수출이 잘 됐을까요? 안 됐을까요?"
"망했습니다. "
"자, 그럼 여러분에게 하나씩 돌려보겠습니다.""

아저씨는 칫솔을 사람들에게 돌렸습니다. 낯익은 내용이 아닌 지라 황당해진 사람들은 웃지도 못했습니다. 칫솔을 다 돌린 아저씨가 말을 이었습니다.

"자, 여러분, 여기서 제가 몇 개나 팔 수 있을까요?"
"여러분도 궁금하시죠? 저도 궁금합니다."
"잠시 후에 알려드리겠습니다."

칫솔을 판매한 뒤 그는 말이 이어갔습니다.

"자, 여러분, 칫솔 네에개 팔았습니다."
"얼마 벌었을까요? 팔아서 4,000원 벌었습니다."
"제가 실망했을까요? 안 했을까요? 예, 쉬일망(실망)했습니다."
"그럼 제가 여기서 포기할까요? 안 할까요?"
"저얼때(절대) 안 합니다. "
"저에게는 바로 다음 칸이 있으니까요."

아저씨는 가방을 들고 유유히 다음 칸으로 건너갔습니다. 남아 있는 사람들은 난리가 났습니다. 웃다가 생각해보니 아저씨는

네 번째

웃음만 준 것이 아니었습니다. 그 아저씨가 우리에게 보여준 더 중요한 것은 희망. 바로 희망이었습니다. 그 아저씨처럼 우리에게도 누구에게나 '다음 칸'이 있으니까요.

『사장의 자격』 중에서;
서광원 지음/걷는나무

성공의 비밀은 포기하지 않고 계속하는 것이다

미국 서부 골드러시 시대, 많은 사람은 금을 찾기 위해 서부로 몰렸다. R.U. 더비와 그의 숙부도 금광을 찾아 서부로 갔다. 한참을 찾은 끝에 금맥을 발견하고는 금을 채굴하기 위해 빚을 내어 기계와 장비를 샀다. 두 사람은 장비를 이용하여 마침내 금을 캘 수 있었고, 인근에서 가장 질이 좋은 금이었기 때문에 빚도 모두 갚았다. 금은 무한히 나올 것만 같았지만, 몇 달이 지났을 때 채굴 장비를 이용하여 땅을 파도 더는 금이 나오지 않았다. 생각보다 빨리 금이 없어졌다는 것을 인정하고는 채굴 장비를 싼값에 고물상에 팔아버리고 고향으로 돌아갔다.

장비를 산 고물상은 혹시나 하는 마음에 광산 기사를 데리고 가서 광산에 금이 없는지 조사해보았다. 고물상은 광산 기사의 단층에 대한 지식을 토대로 1미터 아래에 금이 있다는 것을 알아내고는 더비가 버리고 간 광산에서 다시 금맥을 발견했다.

나중에 이 소식을 들은 더비는 뼈저리게 후회했다. 더비는 세일즈맨으로 일을 할 때 이러한 사실을 가슴속에 새겼다. "목표한 손님이 '노!'라고 해도 결코, 단념하지 않겠어. 광산에서 겪은 실패를 다시 되풀이하지 말아야지!"라고 다짐했다. 이렇게 더비는 어떤 일에서 쉽게 포기하지 않기로 결심하고 세일즈를 계속하며 결국 연간 100만 달러가 넘는 실적을 올리는 세일즈맨으로 성공을 거두었다.

『놓치고 싶지 않은 나의 꿈 나의 인생』, 중에서;
나폴레온 힐 저/국일미디어

또 다른 금광업을 하는 사람이 있었다. 그 사람은 금을 채취하기 위해 굴을 팔 때마다 금을 발견했다. 사람들은 그가 금이 어디에 있는지 아는 비법이 있다고 생각했다. 이를 궁금하게 여긴 한 사내가 이 사람을 찾아와서 물었다.

> "당신은 손만 대면 금광을 발견합니다. 당신은 광산에 손을 대면 금이 나오는 미다스 midas의 손을 가지고 있습니다. 과연 그 비법은 무엇입니까?"
> "간단합니다. 나는 다른 사람이 파다가 포기한 곳의 굴을 찾습니다. 굴을 판 깊이를 보고 그보다 더 깊이 파서 금광이 나올 때까지 팠을 뿐입니다."

이 사람은 다른 사람이 포기한 곳에서 포기하지 않고 계속하는 것이 비법이었다.

성공학의 아버지인 나폴레온 힐 Napoleon Hill은 성공한 500명을 찾아가 인터뷰를 하여 성공한 사람들의 공통점을 알아내고는 "위대한 성공이라는 것은 사람들이 패배의 투구를 벗은 시점에서 불과 얼마 지나지 않았을 때 찾아온다."라고 말했다.

비전이 이루어지지 않는 원인은 일시적인 실패에 너무 쉽게 단념하고 포기해버리는 것이다. 비전을 이룬 사람들은 일시적인 실패는 과정으로 여기고 생각이 현실로 나타날 때까지, 될 때까지 계속하는 것이다. 성공한 사람은 성공할 때까지 계속하는 사람이다.

될 때까지 노력하는 유재석

가수 리쌍의 노래 「회상」이라는 곡이 있다. 이 곡을 듣다 보면 가사에 '국민 MC 유재석'에 대한 가사가 있다.

> 될 때까지 노력하는 유재석
> 그 성실함을 배워 나를 다시 깨워
> 게으르게 했던 음악이 요즘 너무 재밌어.

리쌍의 멤버인 길과 게리는 서로 다른 프로그램을 통해 유재석을 옆에서 지켜봐 왔다. 유재석은 대한민국에서 가장 유명한 진행자임에도 불구하고 성실과 겸손의 아이콘이다. 국민 MC 유재석도 기나긴 무명 시절이 있었다.

유재석은 1991년 대학개그제로 연예계에 데뷔한 후 10년간 꾸준히 개그맨 활동을 했지만, 무명 시절의 연속이었다. 고작 TV에 나올 때면, 그의 역할은 주연 옆에 있는 창을 들고 있는 포졸 역할, 주연들을 돋보이게 해주는 '학생1'의 역할로 모두 대사는 없었다. 심지어 다른 사람들에게 가려져 얼굴도 제대로 나오지 않는 경우가 다반사였다. 대사가 있는 반장 역할을 맡았을 때 대사는 "차렷, 선생님께 경례"가 모두였다. 유재석은 주변의 지인들로부터 농담 삼아 유재석에게 "넌 연예인인데 왜 TV에 안 나오고 그러느냐"?라는 말을 끊임없이 들었다. 유재석은 자작 영상을 통해 솔직한 자신의 심정을 다음과 같이 털어놓기도 했다.

> "데뷔 동기인 김용만, 박수홍, 김국진, 남희석 등이 인기를 얻고 TV에 나올 때, TV를 안 봤다. 아니 보기 싫었다. 같이 커피 마시고 같이 방송 데뷔한 사람들인데 저들은 웃기고 하는데 나는 지금 집에서 TV로 저들을 보면서 '나는 지금 뭐하고 있는 거지!' 차라리 모르는 사람들이었으면 마음 편히 볼 수 있었을 텐데…"

무명 시절 유재석은 계속 개그맨 생활을 할지 포기할지를 백번도 넘게 고민했다. 늦은 나이에도 부모님에게 용돈을 받아 쓰던 유재석은 '딱 3년만 더 노력해보고 안되면 깨끗하게 포기하자!'라는 심정으로 계속 방송 생활을 해나갔다. 데뷔한 지 10년이 지난 2001년부터 조금씩 시청자들의 마음을 사로잡았다. 「동거동락」, 「X-man」, 「해피투게더」, 「놀러와」, 「느낌표」, 「무한도전」 등 다양한 작품으로 이제는 시청자들의 사랑을 받는 국민 MC가 되었다.

유재석은 '할 때까지', '될 때까지'라는 포기하지 않는 정신으로 한결같이 계속하고 있다.

33년 동안 자신만의 꿈의 궁전을 만들다

프랑스의 오트리브라 마을의 페르디낭 슈발 Ferdinand Cheval, 1836~1924
은 말수도 적고 특별한 취미도 없이 마을의 우체부로 살고 있었다.
그는 우체부 일을 하면서 공상하기를 좋아하여 궁전, 탑 등을 생각했다.
그는 만국박람회에 가고 싶었지만, 경제적 사정이 부족해 배달하는
그림엽서를 보는 것으로 만족해야만 했다.

슈발은 자신의 딸을 위해 무언가를 해주고 싶었다. 어느날 슈발은
개울가의 돌밭을 지나다가 특이한 돌을 발견했고, 돌이 아주 예뻐서
집으로 가져오기 시작했다. 슈발은 가져온 돌을 보던 중 돌로 아름다운
성을 만들기로 마음먹고는 매일 기묘한 돌멩이 3~4개씩 주워서 집으로
가지고 와 쌓아 놓기 시작했다. 슈발은 건축에 대한 교육뿐만 아니라
예술교육도 받은 적도 없었지만, 건축 서적을 독학하면서 틈틈이 궁전을
짓기 시작하였다. 낮에는 하루 30여 km를 걸으며 우편물을 배달하고,
저녁에는 등잔불을 켜놓고 두세 시간만 자면서 궁전을 짓는 일에 몰두
했다. 그렇게 33년의 세월에 걸쳐 1912년, 그의 나이 76세에 궁전을
완성했다.

페르디낭 슈발의 'Le Palais Ideal; 이상의 성'

슈발은 자신의 궁전에 '팔레 이데일 Le Palais Ideal, 이상의 성'이라고 이름을 붙였다. 성의 길이는 26m, 폭 14m, 높이 10m에 달하는 큰 규모였다. 슈발의 성은 마을 사람들을 통해 소문이 퍼지기 시작했고, 프랑스 정부로부터 문화재로 지정받았다. 매년 12만 명이 넘는 관광객이 성을 보기 위해 찾아오고 있다. 많은 관광객은 성을 보며 한 사람이 33년 동안 지었다는 것에 대해 감탄한다.

궁전의 한 벽면에 슈발은 다음의 글을 남겼다.

> "농부의 자식으로 태어나, 농부로 살아온 나는, 나와 같은 계층의 사람 중에도 천재성을 가진 사람, 힘찬 정열을 가진 사람이 있다는 것을 증명하기 위해 살고 또 죽겠노라."

슈발은 자신이 할 수 있다는 자신의 신념을 스스로 믿었기 때문에 주위의 많은 사람의 비아냥거림에도 불구하고 33년 동안 계속 궁전을 완성해 나갈 수 있었다.

한 명의 우체부는 꿈을 꾸었고, 작은 행동을 통해 꿈의 궁전을 완성했다.

1008번의 실패, 1009번째 성공

또 한 명의 끈질긴 사람이 있다. 그의 이름은 커넬 센더슨 Colonel Sanders 이다. 6살에 아버지를 여의고, 일하는 어머니 그리고 두 동생과 함께

네 번째

생활하면서 웬만한 요리는 모두 할 줄 알아 집안일을 도맡아야만 했다. 10살의 나이로 농장에서 일을 해야만 했고, 중학교 1학년 때 학교를 중퇴하고는 어머니의 재혼으로 생긴 의붓아버지의 가정폭력 때문에 집을 떠났다.

샌더슨의 인생은 일의 연속이었다. 거쳤던 직업으로는 군인, 증기선 선원, 보험 판매원, 철도 공사, 농부 등 주변에서 접하고 할 수 있는 대부분의 일이었다. 그렇게 샌더슨의 인생은 중년을 넘어 황혼의 나이로 넘어가고 있었다.

샌더슨이 주유소에서 일할 때 손님들을 대상으로 한 닭요리를 개발하였다. 요리가 인기를 끌면서 레스토랑을 개업하였고, 9년 동안 자신만의 닭튀김 조리법을 개발하여 켄터키주 주지사에게 '켄터키 주 최고의 명예' 호칭도 수여 받을 정도로 제법 인정받을 만한 레스토랑을 운영할 수 있었다. 하지만, 샌더슨의 승승장구는 계속되지 않았다. 운영하던 식당은 적자가 계속되어 결국에는 파산하고 만다. 그때 샌더슨의 나이 65세로 수중에 남은 돈은 사회 보장비 명목으로 지급된 100달러짜리 수표 한 장과 오래된 트럭이 전부였다. 1950년대 미국의 남성의 평균 수명이 65세인 것을 생각하면 샌더슨은 초고령의 노인이었다.

그러나 늦은 나이임에도 불구하고 샌더슨은 자신만의 닭튀김 기술을 통해 사람들에게 맛있는 음식을 주고자 다시 재기를 꿈꾸기 시작하고, 남은 돈 모두로 압력솥을 사서 자신만의 닭튀김 기술을 통한 사업을 제안하기 위해 길을 떠난다. 트럭에서 잠을 자고 주유소 화장실에서

면도하며 미국 전역을 돌아다녔다. "다 늙어서 무슨 사업을 한다는 거야!"라는 주변의 차가운 시선들이 있었지만, 그것보다 더 힘든 것은 자신이 꿈꾸는 사업을 모두 외면하는 것이었다. 허름하고 늙은 노인을 환영해주는 사람은 없었고, 계속해서 이어지는 거절의 연속이었다.

"실패하면 방법을 달리해서 또 도전한다. 할 때까지…
될 때까지… 이룰 때까지…"

샌더슨은 2년 동안 계속 거절을 당한다. 그렇게 거절당한 횟수는 무려 1008번이었다. 2년 동안 1008번의 거절을 당하기 위해서는 하루에 2.7번의 거절을 받아야 했다. 많은 거절에도 불구하고 계속 자신의 발품을 팔아 자신의 제안을 받아줄 사람을 찾고 또 찾아다녔다. 1009번의 제안 끝에 만난 사람이 드디어 그의 제안을 받아주어, 샌더슨의 닭튀김 기술을 이용한 KFC Kentucky Fried Chicken 1호 점을 개점했다. 샌더슨의 나이 67세에 그의 꿈이 시작되었다. KFC는 패스트푸드의 새로운 바람을 몰고 왔다.

KFC와 커넬 샌더슨
https://www.history.com/news/8-facts-real-colonel-sanders-kfc

현재 KFC 매장의 수는 전 세계 약 100개국의 1만 3천여 개가 있다. KFC 매장을 가보면 흰 머리와 흰 양복을 입은 안경을 쓴 할아버지가 입구에서 웃고 있다. 바로 그 할아버지가 1008번의 거절을 이겨 낸 커넬 센더슨이다. 그는 이렇게 말했다.

"훌륭한 생각을 하는 사람은 많지만, 행동으로 옮기는 사람은 드물다. 나는 포기하지 않았다. 대신 무언가를 할 때마다 그 경험에서 배우고 다음에는 더 잘하는 방법을 찾아냈다."

계속하는 사람을 이길 방법은 없다

수학 용어에 수학자 베르누이의 '대수법칙 大數法則'이 있다. 예를 들어 주사위를 던져서 한 면이 나올 확률은 6분의 1이다. 만약 주사위를 12번 던지면 숫자 '6'은 몇 번 나올까? 확률로 계산하면 '6'은 2번 나와야 하지만 실제로는 그렇게 나오지 않는다. 주사위 던지는 횟수를 100번, 1,000번, 10,000번으로 늘리면 늘릴수록 확률은 6분의 1에 가까워진다. '대수법칙'은 어떤 일을 몇 번이고 되풀이하는 경우 확률은 평균에 가까워지는 법칙이다.

만약 자신이 원하는 회사에 다섯 번 지원했는데 모두 떨어졌다고 운이 나쁘다고 한탄할 필요도 없고, 포기할 필요는 더더욱 없다. 다섯 번이 있으면 그다음 여섯 번, 일곱 번, 계속해서 시도하면 평균 확률에 가까워진다.

끈기 있게 계속하는 것이 중요하다. 계속하기 위해서는 자신의 절대적인 비전을 매번 상기해야 한다. 비전을 생각할 때마다, 계속하게 할 수 있는 에너지가 발산되기 때문이다. 항상 볼 수 있는 냉장고 문, 컴퓨터 바탕 화면, 스마트 폰 배경 화면, 책상 위, 자동차 안 등 비전을 상기할 수 있는 곳에 목표를 붙여 놓으면 계속하는 힘이 매번 생겨난다.

어떤 상황이나 문제가 생겼을 때도 버티는 힘, 견뎌내는 힘, 계속하는 힘을 가진 사람은 비전을 이루는 최후의 마지막 열쇠를 가질 수 있다. 계속하는 끈기야말로 비전의 보증서다. 인생은 실패했을 때 끝나는 것이 아니라 포기했을 때 끝나는 것이다.

'끈기'는 불교 용어 중 '근기 根氣'라는 용어와 맥락을 같이 하고 있다. 근기의 '근'은 한자 '根'으로 뿌리를 의미하여, 기본이 되는 힘, 참을성 있게 견뎌 내는 힘을 말한다. 뿌리 깊은 나무는 어떤 어려움에도 쓰러지지 않고 몇천 년을 살 수 있는 것처럼 끈기 있는 사람도 어떤 고난과 역경에도 쓰러지지 않는다.

　그 누구도 넘어졌지만 계속 일어나는 사람을 막을 수는 없다.
　그 누구도 계속하는 사람을 막을 방법은 없다.

실패가 쌓이면 성공의 밑거름이 된다

나의 여섯 번째 책 『내 마음속의 울림』을 출간하는 과정에서 많은 거절이 있었다. 이미 5권의 책을 출간했지만, 모두 컴퓨터 관련 서적이었다. 컴퓨터 관련 서적이 아닌, 내 생각을 담은 책을 쓰고 싶었다. 『내 마음속의 울림』의 출간을 제안하기 위해 서점에 들러 관련된 책들을 찾아 맨 앞장 또는 맨 뒷장을 펼쳐 출판사 연락처 사진을 찍었다. 책의 맨 앞장 또는 뒷장에는 출판사에 대한 연락처와 메일 주소가 들어 있기 때문이다. 책의 샘플을 만들고 제안서를 함께 메일로 보냈다. 대형출판사들은 메일로 보낸 제안서를 열어보는데도 1주일이 넘게 걸렸고, 모두 거절을 당했다. 나는 다시 서점으로 가서 내가 잘 모르는 출판사의 책을 펼쳐 연락처를 알아내고 다시 제안서를 보냈지만, 역시나 거절의 연속이었다.

회신으로 받은 메일 내용의 일부를 보면 대부분 "출판사의 방향과 맞지 않습니다.", "이런 스타일의 책을 출간하지 않습니다.", "원고 접수 했습니다. 회신 드리겠습니다." 등 다양한 거절을 받을 수 있었다. 보낸 메일의 절반은 회신 메일도 없었다. 더 황당한 경우는 수신확인을 해보면 메일을 열어보지도 않는 것이다. 거절 당할 때마다 마음 한구석이 쓰라렸지만, 제안서를 더 업그레이드시켜 출간하는 방법을 찾아내려고 노력했다. 처음에는 "100번 제안하면 그중에 하나 안 되겠어!"라는 마음으로 시작했는데 100번째 제안서도 거절당했다. "65세 샌더슨 할아버지는 1008번을 했는데, 나도 1000번까지 계속해야겠다."라고 생각하며 다시 마음을 다잡았다.

138번째 메일을 보낸 출판사에서 출간하자는 제안을 받아주었다. 회신 메일을 확인한 시각은 새벽 4시였다. 드디어 되었다는 설렘 때문에 잠을 이룰 수 없었다. 나는 본격적으로 책의 원고 작업을 이어갔다.

『내 마음속의 울림』은 캘리그래피 Calligraphy와 함께 한 페이지 내에 들어가는 단문으로 기획된 책이다. 캘리그래피는 먹으로 적은 다양한 방법의 손글씨이다. 원고 초안에 200개의 단문과 200개의 캘리그래피를 담아 출판사에 보냈다. 며칠 뒤 출판사에서는 원고 중 대부분 캘리그래피가 마음에 들지 않는다고 수정을 요청해 왔다. 원고에 수록한 캘리그래피 200개 중 약 80개의 수정 요청이 들어와 어처구니가 없었다. 캘리그래피는 예술작품이라고 할 수 있는데, 예술작품을 수정해 달라는 것은 모나리자에 눈썹이 없으니 눈썹을 그려달라는 꼴밖에 되지 않는다고 생각했다. 나는 출판사의 요청을 수락할 수 없어 계약은 거기에서 파기되었다.

그래도 나는 포기하지 않았다. "지난번에 138번도 도전했는데…"하는 마음으로 완성된 원고를 들고 다시 원고투고를 해야겠다고 마음 먹었다. 다시 서점으로 가서 출판사의 연락처를 알아내어 원고를 보냈다.

이번에는 43번의 도전 끝에 출판사가 연락이 왔다. 출판사와 계약을 하고 원고를 넘겼으나, 내 원고는 어디 가고 없고, 쓰지도 않은 머리말부터 전체가 뒤죽박죽되어 있었다. 결국, 두 번째 출판사와도 계약은 다시 파기되었다. 나는 마음이 너무 아팠지만, 출간하는 과정이 무사히 넘어가기도 어렵다는 것을 깨달았다. 그러나 거기에서 주저앉을 수는 없었다. "샌더슨 할아버지는 65세에 했는데, 나는 그보다 훨씬 젊잖아." "샌더슨 할아버지는 1008번도 도전했는데, 적어도 1000번은 도전해보고 안 되면 그때 다시 생각해보자!"라는 마음을 가지고 계속 도전했다.

칠전팔기의 마음으로 다시 출판사를 찾기 시작했다. 50곳의 출판사에 원고투고를 했고 결국 한 출판사와 계약할 수 있어, 『내 마음속의 울림』은 200번이 넘는 제안과 2번의 계약 파기 끝에 출간되었다.

이러한 책의 출간과정뿐만 아니라 내게는 많은 실패와 좌절이 있었지만, 지금은 실패가 쌓이면 성공의 밑거름이 된다는 것을 깨달았다.

오늘도 나는 도전하고 있다. 실패를 통해 경험을 쌓고 성공을 통해 나만의 방법을 쌓고 있다.

나는 나의 비전이 이뤄질 때까지 비전을 향해 계속 도전할 것이다.

나는 믿는다.

"계속하는 힘은 평범함을 비범함으로 바꾼다."라는 것을….

에필로그

저 또한 처음에는 꿈만 꾸던 사람이었습니다. 대학교 때까지 꾸었던 꿈이 진짜 꿈인 줄 알았습니다. 하지만 그것은 '진짜 꿈'이 아니라 주변에서 권장해주는 '권장 꿈'이었습니다.

제가 무엇을 좋아하고 무엇을 잘하는지 제 자신의 내면에 묻기 시작했습니다. 가장 먼저 좋아하는 일부터 하기 시작했습니다. 무대에 서는 것을 좋아해 가수의 꿈을 가지고 도전했습니다. 하지만, 가수의 꿈은 쉽사리 이뤄지지 않았습니다.

제 자신을 제대로 발견하지 못했다는 것을 알았습니다. 가수에 도전하면서 꿈의 시야가 조금 넓어졌습니다. 무대에 서는 진행자 도 있다는 것을 알게 되었습니다. 진행자가 되어 활동하던 중 무대에서 더 많은 경험을 하게 되었고, 강의를 시작하게 되었 습니다. 강의를 글로 쓰면서 작가가 되었습니다.

제자리에서 보이지 않았던 꿈이, 한 걸음 한 걸음 걸어갈수록 점차 시야가 넓어졌고, 비전을 발견하게 되었습니다. 비전의 발견을 바탕으로 인생의 목적에 대해 설정했고, 세부 목표를 실행하였습니다. 행동이 쌓이니 비전이 조금씩 현실로 이루어졌습니다. 그리고 이 방법을 나누기 시작했습니다. 이 방법이 '비전을 발견하고 디자인하라.', '비·발·디'입니다.

'비·발·디'를 통해 전국구 강사가 되었고, 11권의 책을 출간하는 작가가 되는 꿈을 이루었습니다. 앞으로도 '비·발·디'를 통해 더 성장하겠습니다.

이 방법을 통해 여러분들의 꿈도 이뤄지기를 기원합니다.

꿈 넘어 꿈이 있습니다. 꿈을 이룬 사람들은 정상에서 만난다고 합니다.

우리 정상에서 꼭 만납시다.

2021년 늦가을

이창현